国际中文教育中文水平等级标准
语法学习手册（中等）

汉考国际教育科技（北京）有限公司　编

顾　　问　　刘英林
策　　划　　李佩泽　郭风岚
主　　编　　王鸿滨　金海月　应晨锦　李亚男
参编人员　　白冰冰　付彦白　李　慧　冯传强

Chinese Proficiency Grading Standards for International Chinese Language Education
国际中文教育中文水平等级标准

语法学习手册
Grammar learning manual

汉考国际教育科技（北京）有限公司 ｜ 编
Chinese Testing International Co.,Ltd.

顾问　刘英林
主编　王鸿滨　金海月　应晨锦　李亚男

中等
Intermediate

北京语言大学出版社
BEIJING LANGUAGE AND CULTURE
UNIVERSITY PRESS

© 2022 北京语言大学出版社，社图号 22035

图书在版编目（CIP）数据

国际中文教育中文水平等级标准．语法学习手册：中等／汉考国际教育科技（北京）有限公司编；王鸿滨等主编．-- 北京：北京语言大学出版社，2022.9
ISBN 978-7-5619-6096-7

Ⅰ.①国… Ⅱ.①汉… ②王… Ⅲ.①汉语－语法－对外汉语教学－课程标准 Ⅳ.① H195.3

中国版本图书馆 CIP 数据核字（2022）第 093037 号

国际中文教育中文水平等级标准·语法学习手册（中等）
GUOJI ZHONGWEN JIAOYU ZHONGWEN SHUIPING DENGJI BIAOZHUN·
YUFA XUEXI SHOUCE (ZHONGDENG)

排版制作：	北京创艺涵文化发展有限公司
责任印制：	周　燚

出版发行：	北京语言大学出版社
社　　址：	北京市海淀区学院路 15 号，100083
网　　址：	www.blcup.com
电子信箱：	service@blcup.com
电　　话：	编 辑 部　8610-82303647/3592/3724
	国内发行　8610-82303650/3591/3648
	海外发行　8610-82303365/3080/3668
	北语书店　8610-82303653
	网购咨询　8610-82303908
印　　刷：	北京鑫丰华彩印有限公司

版　次：	2022 年 9 月第 1 版	印　次：	2022 年 9 月第 1 次印刷
开　本：	787 毫米 × 1092 毫米　1/16	印　张：	25.5
字　数：	436 千字		
定　价：	82.00 元		

PRINTED IN CHINA

凡有印装质量问题，本社负责调换。QQ：1367565611，电话：010-82303590

前　言

刘英林

　　编写新型《国际中文教育中文水平等级标准·语法学习手册》（以下简称《语法学习手册》），要从我们自主创新和开放创新新时代国家级《国际中文教育中文水平等级标准》(GF 0025—2021)（以下简称《等级标准》）[①]说起。

　　我们开拓创新《等级标准》有个长达 30 多年的探索、实践和研发的过程。《等级标准》发端于 1988 年《汉语水平等级标准和等级大纲（试行）》、1992 年《汉语水平词汇与汉字等级大纲》，奠基于 1996 年《汉语水平等级标准与语法等级大纲》、2010 年《汉语国际教育用音节汉字词汇等级划分》(GF 0015—2010)（以下简称《等级划分》），成型于 2020 年《汉语国际教育汉语水平等级标准全球化之路》、2021 年国家级《等级标准》。《等级标准》是 71 年国际中文教育历史上第一个由教育部和国家语委发布的具有明显国际中文教育特色的新时代国家级标准，是面向外国中文学习者，全面描绘、评价学习者中文语言技能和水平的规范标准。《等级标准》的发布与实施是国际中文教育学科与事业进一步走向标准化、规范化、国际化的突破性创新和原创标志性成果。

　　《等级标准》中最具中文特色的是音节、汉字、词汇、语法"四维基准"国际化新理念、新规则。"四维基准"坚持原创性的研究，有两次重大变革和创新：一次是在词汇与汉字"二维基准"基础上，2010 年率先创新性引入"音节"，形成以音节、汉字、词汇"三维基准"为特征的《等级划分》；另一次是在"三维基准"的基础上，迎难而上，以 1996 年《汉语水平等级标准与语法等级大纲》等成果为主要依据，集体攻关，解题创新，2021 年以"附录 A（规范性）语法等级大纲"（以下简称"语法等级大纲"）的形式，创新性融入"语法"，形成以音节、汉字、词汇、语法"四维基准"为特色和标志的新时代《等级标准》。从"二维基准"发展为"三维基准"，再拓展到"四维基准"，这个上升路径是国际中文教育学科和事业历时 33 年的一次革故鼎新式的历史性变革，是一个没有先例的新亮点、新规则，将为新时代全世界多层次及多样化教学、测试、学习和评估提供重要的引领作用。

　　"四维基准"中的"语法等级大纲"是怎么来的？ 2018 年，我被国家汉办及汉考国际聘为课题组首席专家，根据我的提议，课题组先后组建了老专家顾问组和中青年

[①]《等级标准》原定名为《汉语国际教育汉语水平等级标准》，2020 年 9 月送国家语委语言文字规范（标准）审定委员会审定后，正式更名为《国际中文教育中文水平等级标准》。《等级标准》于 2021 年 7 月 1 日起实施，2021 年 9 月获教育部第六届全国教育科学研究优秀成果三等奖。

专家组。我们这个能干大事的老、中、青专家团队义无反顾,直奔重中之重的关键项目——自主创新新时代国际中文教育的国家标准。依据我们制定的总体规划和顶层设计,在《等级标准》中,语法等级大纲的研制是最大的难点和亮点,也是我心中期待已久的"国家任务"。

　　当时,我们面临的难题是:语法等级大纲能不能直接融入国家标准?如何稳妥有序地进入国家标准? 1996 年,我们曾经做过一次大胆尝试,以国家汉办汉语水平考试部的名义主编《汉语水平等级标准与语法等级大纲》,推出后反响很好。我们本想一鼓作气,继续前行;但世事难料,我经桂诗春先生推荐、应香港理工大学邀请、受教育部港澳台办委派,只身前往香港,主持香港理工大学"香港普通话水平考试(PSK)"的研发和实施工作,没想到一干就是 13 年!在此期间,PSK 获得成功并于 2003 年通过国家语委语言文字规范(标准)审定委员会审定,2006 年又得到了香港特区政府的认同,实属不易。但是另一方面,想继续修订、优化升级语法等级大纲之事却被长期搁置下来。机会总是留给有准备的人。这一次,我虽走入耄耋之年,依然下决心抓住等待 20 多年的机遇,将搁置已久、急需的语法等级大纲作为重要突破点,转型升级融入新时代《等级标准》,实现一生最大的心愿。

　　为什么不直接研发语法等级大纲,而是定名为"附录 A(规范性)语法等级大纲"呢?我们老专家顾问组经过反复思考,认为基于三个原因:一是从 1996 年《汉语水平等级标准与语法等级大纲》到 20 多年后的今天,虽然教学语法研究取得了不小的进展,进入国家标准的时机逐渐成熟,但是在目前学派林立的情况下,直接融入国家标准在学界争议太多,难度较大,在短期内难以形成足够共识;二是 2010 年我们主编的第一个国家标准《等级划分》的最大贡献之一是在汉语国际教育事业中首先开创音节、汉字、词汇"三维基准"新规则,为后来构建"四维基准"新体系奠定了坚实的基础,这是我们当时循序渐进设计、研发《等级划分》的重要考量之一;三是 2021 年构建新时代《等级标准》的关键一环是创新升级语法等级大纲,并使之有机融入国家标准,创新以中文为中心,音节、汉字、词汇、语法系统完整的"四维基准"国际化新理念、新体系、新规范。对于这个非常重要而紧迫的课题,为稳妥起见,老专家顾问组经过深思熟虑,决定采取两步走的可行路径。第一步,在新时代《等级标准》中,音节表、汉字表、词汇表传承 2010 年《等级划分》的研究成果。《等级划分》是国家标准的正式文本,已是基本事实,没有任何问题。这次研制《等级标准》,当务之急是创制"语法等级大纲","附录 A"表明其性质是规范性附录,虽不是国家标准的正式文本,但属于国家标准的组成部分。我们先以"附录 A(规范性)"的形式稳中求进地往前走几年,这是一种灵活性策略,是解决实际问题的实用性安排。为了更慎重、更稳妥,我们专门成立了由应晨锦、王鸿滨、金海月及李亚男四位年轻专家组成的编写团队,特意召开了专家座谈会,邀请知名语法专家陆俭明、吕文华、丁崇明、郭锐、李泉和卢福波进行座谈咨询。我们请郭锐就全部例句进行了审读和修改；请杨寄洲重点就初等一、二、三级和中等四、五、六级的语法点与几套影响较大的初中等教材进行了实证比对分析研究，并就全部例句从语用层面进行了认真审读与增删。第二步，经过国内外一段时间的广泛实践，待条件成熟时，如经过10年或更长一段时间的验证后，《等级标准》修订完善时，"语法等级大纲"中的"附录A（规范性）"几个字就可顺理成章地拿掉。课题组聘请知名专家组建老专家顾问组的重要原因，就是想起到这种决策作用——定向、把关、坚守。"语法等级大纲"融入国家标准分两步走的策略就是这种关键决策之一。

《语法学习手册》的主要用途和特点如下。

主要用途：

（1）外国学习者自学中文最基本、最实用、最具针对性的语法"学习—获得—交际"一体化教材。

（2）国际中文教育专业本科生和研究生必备的学习材料。

（3）国际中文教育年轻教师和志愿者的重要参考资料。

（4）编写国际中文教材（包括本土教材）的重要参考资料。

《语法学习手册》是在国家标准《等级标准》正式发布后，由汉考国际开发研制的首部创新实践型、普适型语法学习教科书，分为初等、中等和高等三册。我提出了编写的初步构想，理所当然直接由参与构建"语法等级大纲"的应晨锦、王鸿滨、金海月及李亚男四位年轻专家通力合作主编完成。学习的目的全在于运用，《语法学习手册》是在对"语法等级大纲"深层次认知的基础上，以学生为中心，最有效、最有针对性的独特破题应用解读。

《语法学习手册》具有四个特点：

（1）以新时期"四维基准"中的"语法等级大纲"精选的语法点为基本遵循。依据"精要、好懂、管用"（张志公语）原则，精选语法点，注重同一等级音节、汉字、词汇和语法点之间的关联性及一致性，这是《语法学习手册》的一个重要特点，这一点在"语法等级大纲"出台前是难以做到的。

（2）"以语法为纲+言语交际实践"是一种新路向、新趋势。新中国第一部对外汉语教材《汉语教科书》（1958）是以语法为纲的[1]，被称为"对外汉语语法教材的奠基之作"[2]，我们要继承、发扬这个传统，并着力将语法与言语交际能力相融相通。在新时期"语法等级大纲"的引领下，让外国人学中文语法学得简单，学得容易，学得有效。

---

[1] 参见：郭锐，《〈国际中文教育中文水平等级标准·语法等级大纲〉的后续工作》，《国际汉语教学研究》2021年第1期，第14页。

[2] 参见：程棠，《对外汉语教学学科发展说略》，《汉语学习》2004年第6期，第47页。

（3）"典型例句+典型环境对话"是一种综合思维创新模式，即"学习—获得/习得—交际"模式，给学习者提供一种整体性养成、背诵、记忆体验。英文的 acquisition 一般被翻译成"习得"，但是胡明扬先生将其译为"获得"，我们赞赏这个译法。我们倡导把精选的语法点提炼为"典型例句"，并配以"典型环境中的典型对话"，为外国学习者特别是在非中文环境下的学习者提供方便，这一点应引起足够的重视。另外，每个语法点都附有六个补充例句，这为全面掌握该语法点和差异化教学、学习提供了科学依据。

（4）传承"教学做合一"教育理念，倡导"教学用合一"新理念、新模式。我们赞同、套用陶行知先生提出的"教学做合一"（1919）教育理念和实践，引领中文语法教学中的"教学用合一"新理念，主张"在学中用，在用中学"，稳步推进"标准—教材—运用"一体化。

这四个特点，是我们继"四维基准"之后，持续对语法教学和测试进行的一种解题创新式的新探索和新认知。

以上我写的这个"前言"，与一般的"前言"或"序"不大一样。

2021 年 12 月

编写说明

　　《国际中文教育中文水平等级标准·语法学习手册》（以下简称《语法学习手册》）严格依据教育部和国家语委联合发布的《国际中文教育中文水平等级标准》（以下简称《等级标准》）中的"附录A（规范性）语法等级大纲"（以下简称"语法等级大纲"）进行编写，是面向中文学习者的应用型学习手册。本书遵循"以学习者为中心"的教育理念，倡导语法自然习得，在内容编写及板块设计方面力求体现实用性，以达到快速提高学习者言语交际能力的目的。

　　《语法学习手册》分为初等、中等、高等三个分册，分别对应"语法等级大纲"初等、中等和高等的语法点。《语法学习手册》中的语法点并不与"语法等级大纲"逐条对应，而是对"语法等级大纲"中的语法点进行了拆分或合并，围绕"基本语义及用法""典型例句和对话""补充例句""结构特点""小提示"等维度对每个语法点进行详细说明。"基本语义及用法"是语法点的语义解释与用法说明，力求用最简洁的语言，说明语法点的意义、特点和用法等。这部分内容聚焦于语法点的特性及用法说明，并非系统而全面的语法知识介绍。为便于初等和中等水平学习者理解，初等和中等分册的"基本语义及用法"配有英文翻译。"典型例句和对话"将语法点与应用实践相结合，是二语习得养成观的直接体现。典型例句的编写注重典型性、常用性和多样性，每个语法点配有三个典型例句，首选"语法等级大纲"中的例句，再增补其他典型用法的例句。针对每个典型例句，均设置了典型、实用的交际场景，将典型例句放在对话中，为语法点的使用提供了直观、真实的环境。"补充例句"是对"典型例句和对话"的进一步拓展与补充。补充例句的编写注重学习者的习得规律与学习需求，力求从不同角度呈现语法点的语义、句法和语用功能。每个语法点配有六个补充例句，例句用词均在《等级标准》"词汇表"范围内，目标定位准确，符合学习者的中文水平。"结构特点"是对语法结构的简要说明，力求以符号化的公式来归纳语法点的结构形式，以降低语法学习的难度，简明易懂。编者在这部分使用的语法术语缩略形式，将以表格形式汇总附在书后，以便学习者查阅。"小提示"是对语法点的补充说明，主要是对一些形式相近的语法点或语法点的常见偏误进行相关提示，内容精练，针对性强，便于学习者了解语法学习的重点与难点。

　　本书在详解语法点之外，还对一些知识性、理论性较强的语法点，如语素、词类等，进行了聚类汇总，以"附录"形式简明扼要地呈现出来，以求学习者能一目了然，便于理解和掌握。另外，本书还特别设置了"索引"，按语法点的首字音序排列，便于学习者快速查阅各类语法项目及语法点，也便于学习者对本书全部语法点的分布情况进行宏观把握。

编者从教学实际出发，力求编制一本既便于学习者自学，又能指导年轻教师教学的"好懂、好学、好用"的语法学习用书，希望能为国际中文语法学习与教学提供一定的参照与支持。本书尽量用最简洁、最浅显的语言对语法点进行解释说明；例句从多角度展示语法点的各种常用用法，以便学习者能够通过反复诵读，达到举一反三、自然习得的效果。此外，本书还为"典型例句和对话""补充例句"部分配备了音频，学习者可以听说结合，以达到更好的学习效果。

　　本书从策划到出版，得到了数位前辈时贤的指点，也得到了出版社编辑和审校人员的专业建议，在此谨一并致谢！如何将庞杂的语法知识以直观的方式体现出来，为学习者创设自然习得的典型场景，一直是编者在成书过程中着重思考、反复讨论的问题，尽管做了很多尝试与努力，但仍存在一些不足，恳请广大读者批评指正。

编者

2021 年 12 月

目 录

四级语法点

1. 能愿动词：得 　　　　　　　　　3
2. 人称代词：人家 　　　　　　　　4
3. 程度副词（1）：格外 　　　　　　5
4. 程度副词（2）：极、极其 　　　　6
5. 范围、协同副词：共 　　　　　　8
6. 时间副词（1）：按时 　　　　　　9
7. 时间副词（2）：即将 　　　　　　10
8. 时间副词（3）：急忙 　　　　　　11
9. 时间副词（4）：渐渐 　　　　　　13
10. 时间副词（5）：尽快 　　　　　14
11. 频率、重复副词（1）：一再 　　15
12. 频率、重复副词（2）：再三 　　17
13. 关联副词：却 　　　　　　　　18
14. 否定副词：未必 　　　　　　　19
15. 情态副词（1）：几乎 　　　　　20
16. 情态副词（2）：似乎 　　　　　22
17. 语气副词（1）：的确 　　　　　23
18. 语气副词（2）：反而 　　　　　24
19. 语气副词（3）：还[4] 　　　　　26
20. 语气副词（4）：竟然 　　　　　27
21. 语气副词（5）：究竟 　　　　　28
22. 介词（引出时间、处所）：自 　　30
23. 介词（引出对象）：对于 　　　　31
24. 介词（引出对象）：关于 　　　　32
25. 介词（引出对象）：替 　　　　　34
26. 介词（引出凭借、依据）：根据 　35
27. 介词（引出凭借、依据）：作为 　36
28. 连词（连接词或短语）（1）：并[2] 38
29. 连词（连接词或短语）（2）：以及 39
30. 连词（连接分句或句子）（1）：此外 40
31. 连词（连接分句或句子）（2）：而[1] 42
32. 连词（连接分句或句子）（3）：总之 43
33. 其他助词：似的 　　　　　　　44
34. 叹词：啊[2] 　　　　　　　　　45
35. 固定短语：大 A 大 B 　　　　　46
36. 固定短语：一 A 一 B 　　　　　47
37. 固定短语：看来 　　　　　　　49
38. 固定短语：来得及 　　　　　　50
39. 固定短语：来不及 　　　　　　51
40. 固定短语：说不定 　　　　　　52
41. 固定短语：一般来说 　　　　　54
42. 固定格式：一＋量词＋比＋一＋量词 　　　　　　　　　　　　　55
43. 固定格式：（自）……以来 　　56
44. 固定格式：由……组成 　　　　57
45. 固定格式：在……方面 　　　　58
46. 固定格式：在……上 　　　　　60
47. 固定格式：在……下 　　　　　61
48. 固定格式：在……中 　　　　　62
49. 趋向补语 3：表示结果意义（引申用法）（1）：动词＋上 　　　　　64
50. 趋向补语 3：表示结果意义（引申用法）（2）：动词＋出 　　　　　65
51. 趋向补语 3：表示结果意义（引申用法）（3）：动词＋起 　　　　　66
52. 趋向补语 3：表示结果意义（引申用法）

I

（4）：动词+下	67
53. "把"字句2：表处置（1）：主语+把+宾语+动词（+一/了）+动词	69
54. "把"字句2：表处置（2）：主语+把+宾语（+给）+动词+了/着	70
55. "把"字句2：表处置（3）：主语+把+宾语+动词+动量补语/时量补语	72
56. 被动句2：主语+被+动词+其他成分	73
57. 存现句2（1）表示出现：处所词+动词+趋向补语/结果补语+动态助词（了）+数量短语+人/物	75
58. 存现句2（2）表示消失：处所词+动词+结果补语+动态助词（了）+数量短语+人/物	76
59. 兼语句2（1）表爱憎义：主语+表扬/批评+宾语1+动词+宾语2	78
60. 兼语句2（2）表称谓或认定义：主语+叫/称（呼）/说/收/选+宾语1+做/为/当/是+宾语2	79
61. "是……的"句2：强调说话人的看法或态度	81
62. 并列复句：不是……，而是……	82
63. 并列复句：既……，又/也……	84
64. 承接复句：首先……，其次……	85
65. 承接复句：……，于是……	87
66. 递进复句：……，甚至……	88
67. 选择复句：或者……，或者……	90
68. 转折复句：……，然而……	91
69. 假设复句：……，否则……	92
70. 假设复句：假如……，（就）……	94
71. 假设复句：万一……，（就）……	95
72. 条件复句：不管……，都/也……	97
73. 条件复句：无论……，都/也……	98
74. 因果复句：既然……，就……	99
75. 因果复句：……，可见……	101
76. 让步复句：哪怕……，也/还……	102
77. 目的复句：……，好……	103
78. 紧缩复句：无标记	105
79. 紧缩复句：不……也……	106
80. 概数表示法3：数词+来+量词	107
81. 小数、分数、百分数、倍数的表示法	109
82. 用反问句表示强调：由疑问代词构成的反问句	110
83. 用双重否定表示强调	112
84. 用"一+量词（+名词）+也（都）/也没（不）……"表示强调	113
85. 用"连……也/都……"表示强调	114
86. 口语格式：不X白不X	116
87. 口语格式：动词+一X是一X	117
88. 口语格式：（没）有什么（好）X的	118
89. 口语格式：X是X，Y是Y	119
90. 口语格式：X也得X，不X也得X	121
91. 口语格式：X就是了	122
92. 口语格式：还X呢	123
93. 口语格式：你X你的吧	124
94. 口语格式：让/叫你X你就X	125
95. 口语格式：说什么/怎么（着）也得X	126

五级语法点

1. 指示代词（1）：彼此　　131
2. 指示代词（2）：如此　　132
3. 程度副词（1）：过于　　133
4. 程度副词（2）：可¹　　135
5. 程度副词（3）：稍　　136
6. 程度副词（4）：稍微　　137
7. 程度副词（5）：尤其　　139
8. 范围副词：大都　　140
9. 时间副词（1）：不时　　141
10. 时间副词（2）：将　　142
11. 时间副词（3）：将要　　144
12. 时间副词（4）：仍旧　　145
13. 时间副词（5）：时常　　146
14. 时间副词（6）：时刻　　147
15. 时间副词（7）：依旧　　148
16. 时间副词（8）：一向　　150
17. 频率、重复副词（1）：偶尔　　151
18. 频率、重复副词（2）：再次　　152
19. 方式副词：偷偷　　153
20. 语气副词（1）：毕竟　　154
21. 语气副词（2）：不免　　156
22. 语气副词（3）：差（一）点儿　　157
23. 语气副词（4）：倒是　　158
24. 语气副词（5）：干脆　　160
25. 语气副词（6）：就⁴　　161
26. 语气副词（7）：居然　　162
27. 语气副词（8）：可²　　163
28. 语气副词（9）：明明　　165
29. 语气副词（10）：总算　　166
30. 介词（引出时间、处所）：随着　　168
31. 介词（引出受事）：将　　169
32. 介词（引出施事）：由²　　170
33. 介词（引出凭借、依据）：凭　　171
34. 介词（引出凭借、依据）：依据　　173
35. 介词（引出凭借、依据）：依照　　174
36. 连词（连接分句或句子）（1）：从而　　175
37. 连词（连接分句或句子）（2）：加上　　177
38. 连词（连接分句或句子）（3）：完了　　178
39. 连词（连接分句或句子）（4）：一旦　　179
40. 助词：也好　　180
41. 固定短语：A 来 A 去　　182
42. 固定短语：A 着 A 着　　183
43. 固定短语：没 A 没 B　　184
44. 固定短语：说 A 就 A　　186
45. 固定短语：有 A 有 B　　187
46. 固定短语：不得了　　189
47. 固定短语：不敢当　　190
48. 固定短语：得了　　191
49. 固定短语：用不着　　193
50. 固定格式：从……来看　　194
51. 固定格式：到……为止　　195
52. 固定格式：够……的　　196
53. 固定格式：拿……来说　　197
54. 固定格式：A 的 A，B 的 B　　198
55. 固定格式：在……看来　　200
56. 趋向补语 4：表示时间意义（引申用法）（1）表示动作行为的开始：动词＋上／起来　　201
57. 趋向补语 4：表示时间意义（引申用法）（2）表示动作行为的持续：动词＋下去／下来　　202
58. 可能补语 2：动词＋得／不得　　204

III

59. 程度补语2（1）：形容词/心理动词+得+不得了/慌/厉害   205

60. 程度补语2（2）：动词/形容词+坏/透+了   207

61. "有"字句3（1）：表示存在、具有：主语+有+着+宾语   208

62. "有"字句3（2）：表示附着：主语+动词+有+宾语   209

63. "把"字句3：表处置（1）：主语+把+宾语+状语+动词   210

64. "把"字句3：表处置（2）：主语+把+宾语+一+动词   212

65. "把"字句3：表处置（3）：主语+把+宾语+动词+了   213

66. "把"字句3：表处置（4）：主语+把+宾语1+动词+宾语2   215

67. 被动句3：意念被动句   216

68. 连动句3：前后两个动词性词语具有因果、转折、条件关系   218

69. 兼语句3：表致使：主语+叫/令/使/让+人称代词+动词短语   219

70. 比较句5（1）：跟……相比   221

71. 比较句5（2）：A+形容词+B+数量补语   222

72. 选择复句：或是……，或是……   223

73. 转折复句：尽管……，但是/可是……   225

74. 假设复句：一旦……，就……   226

75. 假设复句：要是……，（就）……，否则……   228

76. 条件复句：除非……，才……   229

77. 条件复句：除非……，否则/不然……   231

78. 因果复句：……，因而……   232

79. 让步复句：即使……，也……   233

80. 目的复句：……，为的是   235

81. 目的复句：……，以便……   236

82. 紧缩复句：没有……就没有……   237

83. 紧缩复句：再……也……   239

84. 多重复句：二重复句1：单句+复句；复句+单句   240

85. 用"再也不/没"表示强调   242

86. 用副词"可"表示强调   243

87. 用"怎么都/也+不/没"表示强调   244

88. 口语格式：X也不是，Y也不是   245

89. 口语格式：X也X不得，Y也Y不得   246

90. 口语格式：X是它，Y也是它   247

91. 口语格式：X着也是X着   249

92. 口语格式：X归X，Y归Y   250

93. 口语格式：不管怎样说   251

94. 口语格式：看你X的/瞧他X的   252

95. 口语格式：真有X的   253

96. 口语格式：X什么X   255

97. 口语格式：什么X不X（的）   256

六级语法点

1. 指示代词（1）：本　　259
2. 指示代词（2）：此　　260
3. 程度副词（1）：特　　261
4. 程度副词（2）：异常　　262
5. 范围、协同副词（1）：尽　　263
6. 范围、协同副词（2）：净　　265
7. 范围、协同副词（3）：一齐　　266
8. 范围、协同副词（4）：一同　　268
9. 时间副词（1）：时时　　269
10. 时间副词（2）：一时　　271
11. 时间副词（3）：早晚　　272
12. 关联副词：便　　273
13. 方式副词（1）：不禁　　274
14. 方式副词（2）：赶忙　　276
15. 方式副词（3）：亲眼　　277
16. 方式副词（4）：特地、特意　　278
17. 情态副词：仿佛　　279
18. 语气副词（1）：才³　　281
19. 语气副词（2）：刚好　　282
20. 语气副词（3）：偏　　284
21. 语气副词（4）：恰好　　285
22. 介词（引出时间、处所）：于　　286
23. 介词（引出方向、路径）：沿（着）　　287
24. 介词（引出对象）（1）：同¹　　288
25. 介词（引出对象）（2）：与¹　　290
26. 介词（引出对象）（3）：至于　　291
27. 介词（引出目的、原因）：因　　292
28. 介词（表示排除）：除　　293
29. 介词（引出凭借、依据）：据　　295
30. 连词（连接词或短语）（1）：而²　　296
31. 连词（连接词或短语）（2）：同²　　297
32. 连词（连接词或短语）（3）：与²　　299
33. 连词（连接分句或句子）（1）：不料　　300
34. 连词（连接分句或句子）（2）：可³　　301
35. 连词（连接分句或句子）（3）：若　　302
36. 结构助词：所　　304
37. 语气助词（1）：罢了　　305
38. 语气助词（2）：啦　　306
39. 语气助词（3）：嘛　　308
40. 结构类型：数词＋形容词＋量词　　309
41. 固定短语：或A或B　　310
42. 固定短语：无A无B　　311
43. 固定短语：A这A那　　313
44. 固定短语：左A右B　　314
45. 固定短语：不怎么　　315
46. 固定短语：不怎么样　　317
47. 固定短语：好（不）容易　　318
48. 固定短语：那倒（也）是　　319
49. 固定短语：就是说/这就是说　　321
50. 固定短语：算了　　322
51. 固定格式：A一＋量词，B一＋量词　　324
52. 固定格式：东一A，西一A　　326
53. 固定格式：为了……而……　　327
54. 趋向补语5：表示状态意义（引申用法）（1）：形容词＋下来/下去　　328
55. 趋向补语5：表示状态意义（引申用法）（2）：动词＋起来　　329
56. 趋向补语5：表示状态意义（引申用法）（3）：动词＋过来/过去　　331

v

57. "把"字句4：表致使（1）：主语（非生物体）+把+宾语+动词+其他成分　332
58. "把"字句4：表致使（2）：主语+把+宾语（施事）+动词+其他成分　334
59. 被动句4：主语+被/叫/让+宾语+给+动词+其他成分　335
60. 并列复句：时而……，时而……　336
61. 并列复句：一时……一时……　337
62. 承接复句：……便……　338
63. 递进复句：不但不/不但没有……，反而……　339
64. 递进复句：不是……，还/还是……　341
65. 递进复句：连……也/都……，更……　342
66. 选择复句：要么……，要么……　343
67. 转折复句：虽……，但/可/却/也……　345
68. 假设复句：……，要不然/不然……　346
69. 条件复句：凡是……，都……　348
70. 让步复句：就算/就是……也……　349
71. 紧缩复句：不……不……　351
72. 多重复句：二重复句2：复句+复句　353
73. 用"非……不可"表示强调　354
74. 口语格式：X到Y头上来了　356
75. 口语格式：X就X吧　357
76. 口语格式：X是X　358
77. 口语格式：不X不……，一X……　359
78. 口语格式：好你个X　360
79. 口语格式：动词+什么（就）是什么　361
80. 口语格式：早（也）不X，晚（也）不X　362
81. 口语格式：看/瞧把+宾语（施事）+X得　364
82. 口语格式：放着X不Y　365
83. 口语格式：X来X去，都是/就是……　366
84. 口语格式：X了就X了，（没）有……　367
85. 口语格式：这/那也不X，那/这也不Y　368

附　录

一、语素
　1. 类前缀
　　超－、多－、反－、无－、亚－、准－　373
　2. 类后缀
　　－化、－式、－型、－性　373

二、词类
　1. 名量词
　　打、袋、根、卷、棵、批　373
　　册、朵、幅、届、颗、匹、扇　374
　　餐、串、滴、副、股、集、枝　374

2. 动量词
　　　　番、声、趟　　　　　　　　374
　　3. 借用量词
　　　　碗、脸、手、屋子、桌子　　374
　　　　刀、针　　　　　　　　　　375
三、句子成分
　　主语：主谓短语作主语　　　　　375
　　主语：受事主语　　　　　　　　375
　　定语：多项定语　　　　　　　　375
　　宾语的语义类型1：（1）施事宾语
　　（2）受事宾语　　　　　　　　376

宾语的语义类型2：（1）处所宾语
（2）结果宾语　　　　　　　　376
状语：多项状语　　　　　　　　377
状态补语2：动词/形容词＋得＋短语
　　　　　　　　　　　　　　378

四、句群
　　句群：用代词复指　　　　　　　378
　　句群：带省略成分　　　　　　　379

语法术语缩略形式一览表　　　　　　　　380
索引　　　　　　　　　　　　　　　　　381

四级语法点

1 能愿动词：得 děi* 【四01】

◎ **基本语义及用法**

表示意志上或情理上的需要，或者估计、推测某事必然发生。多用于口语。

It means "have to", indicating a need in the sense of will or reason or a speculation that something is sure to happen. It is usually used in spoken Chinese.

◎ **典型例句和对话**

例句	①时间不早了，我得回学校了。	②我还得考虑考虑。	③这件衣服得几百块吧？
交际实践	（在朋友家） A：你怎么现在就走？ B：时间不早了，我得回学校了。	（在教室） A：你想好去哪儿工作了吗？ B：还没有。这么重要的事，我还得考虑考虑。	（在家） A：这件衣服得几百块吧？看起来质量真不错。 B：你看出来了？一分价钱一分货呀。

◎ **补充例句**

①你以后遇到困难得跟大家一起商量。
②过马路的时候得小心一点儿。
③这件事得你来做，别人做不了。
④最近太累了，今天我得早点儿睡觉。
⑤这个工作得三天才能做完。
⑥你别着急，他一会儿准得来。

◎ **结构特点**

能愿动词"得"用在动词性成分前，也可以用在数量短语前。

① S + 得 + VP
　我　得　去上课　了。

② S + 得 + NumP
　这本书　得　五十块。

---

* 本手册为部分多音字及易错读音节加注了拼音，以便学习者更好地掌握相关知识。

💡 小提示

能愿动词"得"的否定形式为"不用、不必",不能用"不得"。

＊你不得道歉,这不是你的错。

你不用/不必道歉,这不是你的错。

2 人称代词:人家 rénjia 【四02】

◎ **基本语义及用法**

(1)泛指说话人和听话人以外的人,大致等于"别人"。

It refers to people other than the interlocutors in general, similar to "other people".

(2)指上文提到的人,大致等于"他、她"或"他们"。

It refers to the person or people mentioned previously, similar to "he/she" or "they".

(3)也可指说话人自己,等于"我",有亲昵或俏皮的语气,多用于年轻女性。

It can also refer to the speaker himself/herself, equivalent to "I" expressed in an intimate or witty tone. It is usually used by young women.

◎ **典型例句和对话**

例句	①小声一点儿,不要影响人家休息。	②你看人家经常锻炼,身体多好。	③人家等你好久了。
交际实践	(在酒店) A:大家都睡觉了,小声一点儿,不要影响人家休息。 B:不好意思,我会注意的。	(在公园) A:小王总来这儿跑步,你看人家经常锻炼,身体多好。 B:是呀!以后我也要经常锻炼身体。	(在车站) 女:你怎么才来?人家等你好久了。 男:别生气,今天堵车太严重了。

◎ **补充例句**

①他是个非常热心的人,常把人家的事当成自己的事。

②人家能做到的,我也能做到。

③王一正忙着呢,人家没有时间陪你出去。

④他这么关心我,我如果不努力,怎么对得起人家呢?

⑤你走慢点儿，人家跟不上啊！
⑥别叫我，人家不去嘛！

◎ **结构特点**

"人家"可以作主语、宾语或者定语。

> ①人家＋P（作主语）
> 　人家　都走了，你怎么还不走？
> ②S＋V心理＋人家（作宾语）
> 　他　喜欢　人家，我们也没办法。
> ③人家＋的＋N（作定语）
> 　小张这个人非常热心，人家　的　事　就是她自己的事。

3 程度副词（1）：格外 【四05】

◎ **基本语义及用法**

表示超出一般程度。
It indicates an extraordinary degree.

◎ **典型例句和对话**

例句	①老师今天格外开心。	②退休以后，他格外喜欢锻炼身体。	③今晚的月亮格外地圆。
交际实践	（在学校） A：老师今天格外开心，是不是有什么好消息？ B：是的，这次考试我们班的平均成绩全年级第一。	（在公园） A：你爸爸的精神越来越好了。 B：是啊。退休以后，他格外喜欢锻炼身体。	（在校园） A：你看，今晚的月亮格外地圆。 B：今晚的星星也格外亮。

◎ **补充例句**

①你看，今天的天空格外地蓝。
②山上的空气格外新鲜。

③我们坐在第一排，看得格外清楚。
④你穿这件衣服，显得格外精神。
⑤你今天的发言格外有水平。
⑥天快黑了，你出门要格外小心。

◎ **结构特点**

"格外"用在形容词或动词性成分前，作状语。

① S + 格外（+ 地）+ Adj
　老师　今天　格外　开心。
　今晚的月亮　格外　地　圆。
② S + 格外 + VP
　他　格外　喜欢锻炼身体。

◎ **小提示**

（1）"格外"后边可以用结构助词"地"，也可以不用。例如：
　　今晚的月亮格外（地）圆。
（2）"格外"隐含比较的含义，句中常有表示时间、地点等限制条件的词语。例如：
　　老师今天格外开心。（时间）
　　山上的空气格外新鲜。（地点）

4 程度副词（2）：极、极其 【四05】

◎ **基本语义及用法**

表示最高的程度。
It indicates the highest degree.

◎ 典型例句和对话

例句	①这些字极小，我都看不清楚。	②公司目前极缺管理人才。	③校长是一个极其负责的人。
交际实践	（在教室） A：你能看清楚黑板上的字吗？ B：这些字极小，我都看不清楚。	（在公司） A：公司目前极缺管理人才，大家有什么解决方案？ B：我们一方面可以从其他公司引进人才，另一方面可以加强对本公司员工的培养。	（在学校） 教师A：校长会尽快解决我们的住房问题吗？ 教师B：放心吧。校长是一个极其负责的人，他答应了就一定会解决。

◎ 补充例句

①你这样做极不安全。
②他买了一本极厚的词典。
③汽车开得极慢。
④王老师对我们的要求极其严格。
⑤政府现在极其重视环保问题。
⑥他把这个问题解释得极其清楚。

◎ 结构特点

"极、极其"用在形容词或动词性成分前，作状语。

① S + 极 / 极其 + Adj
  这些字　极　小。
  教室里　极其　安静。
② S + 极 / 极其 + VP
  公司　目前　极　缺管理人才。
  政府　现在　极其　重视环保问题。

💡 小提示

（1）"极"在口语和书面语中都能使用，"极其"一般只用于书面语。

（2）"极其"只修饰双音节形容词或动词，"极"没有这个限制。例如：

*教室里极其静。

教室里极其安静。

教室里极静/安静。

5 范围、协同副词：共 【四06】

◎ **基本语义及用法**

意思是"一共、总计"。

It means "altogether; in total".

◎ **典型例句和对话**

例句	①共有三十人出席会议。	②这本书共十五课。	③学费和房费共五千元。
交际实践	（在办公室） A：今天有多少人出席会议？ B：共有三十人出席会议。	（在教室） A：这本书有多少课？ B：这本书共十五课。	（在家） 妈妈：这次培训要多少钱？ 儿子：学费和房费共五千元。

◎ **补充例句**

①那次旅行我们共花了一万两千元。

②这次运动会共来了五百多名运动员。

③这本字典共收八千个汉字。

④这个月我共收到五万元利息。

⑤全书共十卷。

⑥这个学习小组共二十个人。

◎ **结构特点**

"共"用于动词前，作状语，后边一定要出现数量短语。"共"后的动词有时可以省略。

> ① S + 共 + V + NumP + N
>
> 这本字典　共　收　八千个　汉字。
>
> 这个月　我　共　收到　五万元　利息。
>
> ② S + 共 + NumP (+ N)
>
> 全书　共　十卷。
>
> 这个学习小组　共　二十个　人。

6　时间副词（1）：按时　【四07】

◎ 基本语义及用法

表示要按照规定或约定的时间做某事。

It indicates doing something at a specified or appointed time.

◎ 典型例句和对话

例句	①你要按时吃药。	②你应该按时完成作业。	③大家能按时完成这个项目吗？
交际实践	（在家） 妈妈：你要按时吃药，病才好得快。 儿子：知道了，妈妈。	（在办公室） 老师：这是你上周的作业吗？你应该按时完成作业。 学生：对不起，我下次一定按时完成。	（在公司） 经理：大家能按时完成这个项目吗？ 员工：没问题，我们会努力的。

◎ 补充例句

①他每天都按时观看这个电视节目。

②这位乘客没有按时登上飞机，发生了什么事情？

③今天公共汽车没有按时到站，所以我迟到了。

④今天你按时到达活动现场了没有？

⑤请你一定要按时参加这个会议。

⑥运动员们需要按时到体育馆集合吗？

◎ **结构特点**

"按时"只能作状语,用于主语后、动词性成分前。

> S + 按时 + VP
> 你 要 按时 吃药。
> 你 应该 按时 完成作业。

💡 **小提示**

时间副词"按时"只能放在主语后、动词性成分前,不能放在主语前。例如:
* 按时你应该完成作业。
  你应该按时完成作业。

7 时间副词(2):即将 【四07】

◎ **基本语义及用法**

表示事物就要发生变化或事情很快要发生,一般用于书面语。
It indicates something is going to change or will happen soon, usually used in written Chinese.

◎ **典型例句和对话**

例句	①同学们即将毕业。	②演出即将开始,请保持安静。	③期末考试成绩即将公布。
交际实践	(在学校) 校长:同学们即将毕业,要做好与毕业相关的工作。 老师:好的,请学校领导们放心。	(在剧场) 广播:演出即将开始,请保持安静。 观众A:好了,大家都别说话了。	(在教室) A:听老师说期末考试成绩即将公布,我有点儿紧张。 B:放松,要对自己有信心,我相信你。

◎ **补充例句**

①这部电视剧即将播出。
②我们即将完成这项巨大的工程。

③我即将在中国开始新的生活。
④飞机即将起飞，请关闭手机。
⑤比赛即将开始，大家都在做最后的准备。
⑥他即将实现出国留学的梦想。

◎ **结构特点**

"即将"只能作状语，用于主语后、动词性成分前。

> S + 即将 + VP
> 同学们　即将　毕业。
> 他们　即将　完成这项巨大的工程。

◎ **小提示**

（1）"即将"只能放在主语后面，不能放在主语前面。例如：
　　＊即将同学们毕业。
　　同学们即将毕业。
（2）"即将"具有陈述性的意味，一般不用于疑问句。例如：
　　＊这部电视剧即将播出吗？
　　这部电视剧即将播出。
（3）"即将"表示事情还没有发生，一般不用于否定句，前面不能加"不"或"没"。例如：
　　＊他们不即将完成这项巨大的工程。
　　＊他们没即将完成这项巨大的工程。
　　他们即将完成这项巨大的工程。

8 时间副词（3）：急忙

◎ **基本语义及用法**

表示因为着急而赶快去做某事。
It indicates being anxious to do something quickly.

◎ **典型例句和对话**

例句	①快上课了,他急忙跑进教室。	②我一接到老板的电话就急忙往公司赶。	③刚下班他就急忙收好东西回家了。
交际实践	(在教室) A:快上课了,他急忙跑进教室,竟然没迟到。 B:哈哈,来得早不如来得巧!	(在办公室) A:你昨晚来公司加班了吗? B:是的,我一接到老板的电话就急忙往公司赶。	(在公司) A:小王已经走了吗? B:是的,刚下班他就急忙收好东西回家了。

◎ **补充例句**

①听说妈妈生病住院了,她急忙赶到医院。
②她每天送孩子到学校后,又急忙赶去上班。
③他今天早饭都没吃就急忙去学校了。
④接到紧急通知后,大家急忙赶往学校参加活动。
⑤车马上要开了,他急忙跑过去。
⑥看他要生气的样子,我急忙向他解释。

◎ **结构特点**

"急忙"只能作状语,用于主语后、动词性成分前。

> S + 急忙 + VP
> 快上课了,他　急忙　跑进教室。
> 刚下班　他　就　急忙　收好东西回家　了。

◎ **小提示**

(1)"急忙"只能放在主语后面,不能放在主语前面。例如:
　　＊急忙他跑进教室。
　　他急忙跑进教室。

(2)"急忙"具有陈述性的意味,一般不用于疑问句,也不用于否定句,前面或后面不能加"不"或"没"。例如:
　　＊看到有人摔倒,他急忙跑过去把他扶起来吗?
　　看到有人摔倒,他急忙跑过去把他扶起来。

＊听说妈妈生病住院了，她不急忙赶到医院。
＊听说妈妈生病住院了，她急忙没赶到医院。
听说妈妈生病住院了，她急忙赶到医院。

（3）"急忙"的重叠形式是"急急忙忙"，作为副词，放在谓语动词前面。例如：
他今天早饭都没吃，就急急忙忙去学校了。

9 时间副词（4）：渐渐

【四07】

◎ **基本语义及用法**

表示程度或数量缓慢地发生变化。
It indicates a slow change in degree or quantity.

◎ **典型例句和对话**

例句	①春天来了，天气渐渐暖和起来。	②我渐渐明白了学习外语的重要性。	③一起工作一年多，我们渐渐变得熟悉了。
交际实践	（在公园） A：你看，这里的树变绿了。 B：春天来了，天气渐渐暖和起来，花也快开了。	（在公司） A：你最近怎么一直在学外语啊？ B：通过这次出国考察，我渐渐明白了学习外语的重要性。	（在家） 妈妈：你现在和同事相处得怎么样？ 儿子：一起工作一年多，我们渐渐变得熟悉了。

◎ **补充例句**

①渐渐地天黑了，我们准备回家。
②冬天来了，树上的叶子渐渐地掉光了。
③不一会儿，列车渐渐走远了。
④比赛过了一半，他渐渐地进入了状态。
⑤爷爷的身体越来越差，渐渐地听力也下降了。
⑥我已渐渐适应了留学生活。

◎ **结构特点**

①S+渐渐（+地）+VP
　一起工作一年多，我们　渐渐　变得熟悉　了。
　比赛过了一半，他　渐渐　地　进入了状态。
②渐渐地+S+VP
　她的身体越来越差，渐渐地　听力　也下降　了。

◎ **小提示**

时间副词"渐渐"表示对动作或状态的描述，不能用在疑问句和否定句中。例如：

*冬天来了，树上的叶子渐渐地掉光了吗？
　冬天来了，树上的叶子渐渐地掉光了。
*春天来了，天气没有渐渐暖和。
　春天来了，天气渐渐暖和了。

10 时间副词（5）：尽快

◎ **基本语义及用法**

表示尽量快一点儿做某事。
It indicates doing something as soon as possible.

◎ **典型例句和对话**

例句	①你尽快给他回个电话。	②那你尽快去医院看看吧！	③我想尽快回国。
交际实践	（在公司） A：刚才老板找我什么事？ B：你尽快给他回个电话，他说有急事。	（在学校） A：我今天又发烧了，不能跟你去打球了。 B：那你尽快去医院看看吧！	（在学校） A：听说你明天就要回国？ B：是的。我妈妈病了，我想尽快回国。

◎ **补充例句**

①我们要尽快制订新的计划。
②公司要尽快采取措施解决困难。
③我要尽快做完今天的作业。
④你想尽快通过考试,就必须抓紧时间学习。
⑤时间来不及了,我们得尽快完成各自的任务。
⑥你能尽快读完我借给你的那本书吗?

◎ **结构特点**

"尽快"只能作状语,用于主语后、动词性成分前。

> S + 尽快 + VP
> 你　尽快　给他回个电话。
> 我们　要　尽快　制订新的计划。

◎ **小提示**

"尽快"只能放在主语后面、动词性成分前面,不能放在主语前面。例如:
＊尽快你给他回个电话。
　你尽快给他回个电话。

11 频率、重复副词(1):一再 【四08】

◎ **基本语义及用法**

表示一次又一次,多用于书面语。
It means "once and again", usually used in written Chinese.

◎ **典型例句和对话**

例句	①他一再表示自己不会出席这次会议。	②他一再强调不是他做的。	③朋友一再向我介绍这个新产品。
交际实践	(在公司) A：他一再表示自己不会出席这次会议。 B：可他还是来了。	(在学校) A：小王承认了吗？ B：他一再强调不是他做的。	(在商场) A：你打算买这个手机吗？ B：是的。朋友一再向我介绍这个新产品，我想试试。

◎ **补充例句**

①他一再确认自己的考试日期。
②医生一再告诉我，要按时吃药，注意休息。
③考试前老师一再向学生说明考试规则。
④同学们一再要求学校多提供一些实习机会。
⑤你怎么一再迟到呢？
⑥他一再向女朋友保证以后再也不抽烟了。

◎ **结构特点**

"一再"只能作状语，用于主语后、动词性成分前，谓语动词一般为双音节。

> S + 一再 + VP
> 他　一再　表示自己不会出席这次会议。
> 他　一再　确认自己的考试日期。

◎ **小提示**

副词"一再"只能放在主语后面、动词性成分前面，不能放在主语前面。例如：
＊一再他确认自己的考试日期。
　他一再确认自己的考试日期。

12 频率、重复副词（2）：再三 【四08】

◎ **基本语义及用法**

事情或动作一次又一次发生，强调次数很多。
It indicates an event or action happens repeatedly, emphasizing the number of times is great.

◎ **典型例句和对话**

例句	①我再三解释，他还是不相信。	②我再三强调要认真细心，你还是不听。	③我再三考虑，还是决定参加这次比赛。
交际实践	（在公司） A：小张还在跟你生气，你不解释一下儿吗？ B：没办法。我再三解释，他还是不相信。	（在教室） 学生：老师，我没仔细看这道题，又做错了。 老师：我再三强调要认真细心，你还是不听。	（在办公室） 老师：是否参加这次演讲比赛，你想好了吗？ 学生：我再三考虑，还是决定参加这次比赛。

◎ **补充例句**

①他经过再三思考才做出了这个决定。
②公司再三强调禁止员工在办公室抽烟。
③大家经过再三讨论，决定采用这个方案。
④经过我再三请求，妈妈才同意我出国旅游。
⑤由于公司再三要求质量，我们每周都在加班。
⑥老师再三提醒同学们写作业要专心。

◎ **结构特点**

"再三"只能作状语，用于主语后、动词性成分前。

> S + 再三 + VP
> 我　　再三　　解释，他还是不相信。
> 公司　再三　　强调禁止员工在办公室抽烟。

小提示

副词"再三"只能放在主语后面、动词性成分前面,不能放在主语前面。例如:
* 再三我解释,他还是不相信。
　我再三解释,他还是不相信。

13 关联副词:却 【四09】

◎ **基本语义及用法**

表示转折,多用于后一分句。

It means "but; yet", indicating an adversative transition, usually used in the second clause of a sentence.

◎ **典型例句和对话**

例句	①同学们都出去活动了,他却坐在教室里面不动。	②姐姐比较矮,妹妹却很高。	③房子不大,却很干净。
交际实践	(在教室) A:他怎么了? B:我也不清楚。同学们都出去活动了,他却坐在教室里面不动。	(在校园) A:你看她们姐妹俩,姐姐比较矮,妹妹却很高。 B:可能是因为姐姐像妈妈,妹妹像爸爸吧。	(在咖啡馆) A:今天看的房子怎么样? B:房子不大,却很干净,我非常满意。

◎ **补充例句**

①他才学了一年中文,却说得这么流利。
②她很想学习舞蹈,却没有时间。
③虽然他的年龄不大,但是经历却很丰富。
④这件衣服价格便宜,可是质量却很好。
⑤真不巧,我来了,他却走了。
⑥同学们都在操场上运动,他却站在那里不动。

◎ **结构特点**

"却"一般放在主语后、动词性成分或形容词性成分前。

> $S_1 + VP_1/AP_1, (S_2+) 却 + VP_2/AP_2$
> 他　才学了一年中文，却　说得这么流利。
> 姐姐　比较矮，妹妹　却　很高。

◎ **小提示**

"却"可与"可（是）、但（是）、然而"等配合使用，出现在后一分句中，此时前一分句中经常出现"虽然、尽管"等。例如：

这件衣服尽管价格便宜，可是质量却很好。
虽然他的年龄不大，但是经历却很丰富。

14　否定副词：未必

【四 10】

◎ **基本语义及用法**

意思是"不一定"，表示否定性的估计、判断及语气委婉的反驳。
It means "not necessarily", indicating a negative estimation, judgment or a polite refutation.

◎ **典型例句和对话**

例句	①这个消息未必可靠，咱们再等等吧。	②别等了，他未必会来。	③我看他未必不会。
交际实践	（在家） 妻子：咱们就买昨天看的那辆车吧，据说那个牌子的车一直没降过价。 丈夫：这个消息未必可靠，咱们再等等吧。	（在公园门口） A：大卫怎么不接电话，我们再等等？ B：别等了，他未必会来。	（在教室） A：这道题他应该也不会吧？ B：我看他未必不会，他很聪明的，你去问问就知道了。

◎ **补充例句**

①你喜欢的，别人未必喜欢。

②这个牌子不常见，在大商场也未必买得到。
③下午我未必在家，你来的话，提前打个电话。
④虽然赢了比赛，但他未必开心。
⑤他的话未必没有道理，你再想想。
⑥这件事他未必不知道。

◎ **结构特点**

"未必"用在动词性成分、形容词前，在句中作状语，用在肯定式中表示否定。

> S + 未必 + VP/Adj
> 别人　未必　喜欢这个类型。
> 这个消息　未必　可靠。

◎ **小提示**

（1）"未必"可单用，用来回答是非问句。例如：
　　A：他会来吗？
　　B：未必。（不一定来）

（2）在回答正反问句和选择问句时，不能说"未必"，可说"不一定"。例如：
　　A：她还来不来？
　　B：*未必。
　　A：她还来不来？
　　B：不一定。

（3）"未必"用在否定句中委婉地表示肯定，此时否定词"不、没"用在"未必"后。例如：
　　*这件事他不未必知道。
　　这件事他未必不知道。（知道）

15　情态副词（1）：几乎 jīhū 【四11】

◎ **基本语义及用法**

（1）表示状态、程度、范围、数量等差不多，非常接近。
It means "about the same; very close" in terms of state, degree, scope or quantity.

（2）表示某事眼看就要发生。

It means something is "almost" imminent.

◎ **典型例句和对话**

例句	①他的话我几乎都没听懂。	②我几乎走遍了全中国。	③五年不见，我几乎认不出你来了。
交际实践	（在教室） A：他说的你都听明白了吗？ B：对不起，他的话我几乎都没听懂。	（在旅馆） A：你的旅游经历好丰富啊。 B：是啊，我几乎走遍了全中国。	（在车站） A：王一，你不认识我了吗？我是玛丽。 B：五年不见，我几乎认不出你来了，你的变化太大了。

◎ **补充例句**

①这棵树几乎快要倒了。
②他比我几乎高一头。
③他当老师当了几乎三十年了。
④几乎所有的人都参加了这次活动。
⑤路上堵车，我到的时候火车几乎要开了。
⑥事情几乎就要失败了，现在又有了一点儿希望。

◎ **结构特点**

（1）"几乎"在句中作状语，可出现在动词性成分、形容词性成分前。

①几乎 + VP
　声音太小，几乎　听不见。
　路上堵车，我到的时候火车　几乎　要开　了。
②几乎 + AP
　他的头发　几乎　都白　了。

（2）"几乎"也可以修饰名词性成分，"几乎 + NP"在句子中一般作主语。

几乎 + NP + VP
　几乎　所有的人　都参加了这次活动。

小提示

"几乎"表示某事眼看就要发生而结果并未发生,带有夸张的语气。

(1)如果用于肯定句,多指不希望发生的事情。例如:

事情几乎就要失败了,现在又有了一点儿希望。(说话人不希望事情失败)

(2)如果用于否定句,指不希望发生的事情时,意思和肯定句一样,表示事情没发生。例如:

我几乎没迟到。= 我几乎迟到了。(没有迟到)

如果用于否定句,指希望发生的事情时,意思则跟肯定句相反,表示事情最后发生了。例如:

几乎没赶上火车。(赶上了火车)

16 情态副词(2):似乎 sìhū 【四11】

◎ **基本语义及用法**

意思是"仿佛、好像",表示不是十分肯定或者不一定是事实。

It means "as if", indicating uncertainty or that something is not necessarily true.

◎ **典型例句和对话**

例句	①她似乎对自己的表现很不满意。	②这条新闻似乎是假的。	③按照他的说法,似乎书上说的都对。
交际实践	(在学校) A:比赛结束后她为什么哭了? B:她似乎对自己的表现很不满意。	(在地铁上) A:你看到这条新闻了吗? B:这条新闻似乎是假的,你上网查查。	(在教室) A:对他的观点,你怎么看? B:按照他的说法,似乎书上说的都对,但其实书上的内容也会有错误。

◎ **补充例句**

①他似乎已经找到钱包了。

②她似乎很生气。

③他说的似乎有些道理。

④老师似乎不懂我的意思。

⑤听他描述，那个地方似乎很美。

⑥好久不见，他似乎瘦了。

◎ **结构特点**

"似乎"在句中作状语，既可以出现在主语前，也可以出现在主语后。

① S + 似乎 + VP/AP	② 似乎 + S + AP
我　似乎　爱上她　了。	似乎　书上说的　都对。
那个地方　似乎　很美。	

◎ **小提示**

"似乎"不能与"似的、一样"搭配使用。例如：

* 他似乎很生气似的。

　他似乎很生气。

* 我似乎瘦了一样。

　我似乎瘦了。

17　语气副词（1）：的确 díquè

【四 12】

◎ **基本语义及用法**

意思是"确实"，表示跟事实完全一样。

It means "indeed", indicating it is exactly the truth.

◎ **典型例句和对话**

例句	①这的确是我的错。	②她的确很漂亮。	③的确，他最近学习很努力。
交际实践	（在公司） A：这些有问题的数据是你填写的吗？ B：啊，对不起，这的确是我的错。	（在家） A：这个电视剧里的女演员真好看。 B：她的确很漂亮。	（在办公室） A：大卫这次的考试成绩真不错。 B：的确，他最近学习很努力。

◎ **补充例句**

①我最近的确很忙。
②他的确不会跳舞。
③这的确是我画的画儿。
④这本书的确很好看。
⑤的确,妈妈最近很高兴。
⑥他的确是这样说的,也是这样做的。

◎ **结构特点**

(1)"的确"常用在动词性成分或形容词性成分前,作状语。

> S + 的确 + VP/AP
> 他　的确　不会跳舞。
> 我　最近　的确　很忙。

(2)"的确"也可用在句首,此时"的确"后有停顿。

> 的确,S + VP/AP
> 的确,那个时候　我　不太了解中国。
> 的确,妈妈　最近　很高兴。

💡 **小提示**

"的确"可以重叠为"的的确确",表示进一步强调。例如:
我的的确确不知道这件事情。
他的的确确来过这里。

18 语气副词(2):反而 〔四12〕

◎ **基本语义及用法**

表示转折,指跟前边说的意思相反或跟说话人事先想的不一样。
It indicates an adversative transition, meaning being contrary to what was said previously or different from what the speaker thought priorly.

◎ 典型例句和对话

例句	①风不但没停,反而越来越大。	②爸爸退休后反而更忙了。	③他为什么不但不高兴,反而有点儿伤心?
交际实践	(在公司) A:现在风小点儿了吗?我们可以下班回家了吧? B:再等等吧。风不但没停,反而越来越大。	(在家) A:你知道爸爸去哪儿了吗? B:不知道。爸爸退休后反而更忙了,总是不在家。	(在教室) A:大卫期中考试考了第一名,他为什么不但不高兴,反而有点儿伤心? B:他觉得自己不应该做错那么简单的一道填空题。

◎ 补充例句

①房子的价格不但没降,反而上涨了不少。
②她不仅不讨厌他,反而有点儿喜欢他。
③雨不但没停,反而更大了。
④他住的地方离学校最远,反而他第一个到。
⑤这个假期他没有出去玩儿,反而在公司加了三天班。
⑥一次次的失败反而让他更坚强了。

◎ 结构特点

"反而"主要在动词性成分或形容词性成分前,作状语。

> S + 反而 + VP/AP
> 价格　反而　上涨了很多。
> 雨　　反而　更大　了。

💡 小提示

(1)"反而"可以跟"不但、不仅"等词搭配使用,表示进一步。例如:
　　她不仅不讨厌他,反而有点儿喜欢他。
(2)"反而"可以单用,表示情况相反。例如:
　　一次次的失败反而让他更坚强了。

19 语气副词（3）：还⁴ hái 【四12】

◎ 基本语义及用法

（1）表示情况让人感到意外、超出意料，含有赞叹的语气。
It means the situation is out of expectation, implying a tone of admiration.

（2）表示名不副实或言行不一致，含有责备或讥讽的语气。
It means the reputation or word does not match the fact or deed, implying a tone of criticism or irony.

◎ 典型例句和对话

例句	①他还真有办法，问题马上就解决了。	②没想到你还会画画儿！	③你还上过大学呢，这个字都不认识。
交际实践	（在公司） A：这次的问题你又麻烦小张了？ B：是啊。他还真有办法，问题马上就解决了。	（在教室） A：没想到你还会画画儿！ B：我小时候学过画画儿，不过很久没画了。	（在家） A：这个汉字怎么读？ B：你还上过大学呢，这个字都不认识。

◎ 补充例句

①下这么大雨，没想到你还准时到了。
②这件事还真办成了。
③这本书还真不错，你也可以看一看。
④还是经理呢，这点儿常识都没有。
⑤他还说帮我呢，我现在根本找不到他。
⑥还高级饭店呢，服务这么差。

◎ 结构特点

（1）"还⁴"表示"超出意料"义时，常出现在动词性成分或形容词性成分前，作状语。

> S + 还⁴ + VP/AP
> 他　还　真有办法。
> 这本书　还　真不错。

（2）"还⁴"表示"名不副实"义时，常以"还⁴……呢"形式出现。

> (S +) 还⁴ + NP/VP + 呢
>
> 你 还 大学生 呢，这个字都不认识。
>
> 他 还 说帮我 呢，我现在根本找不到他。

20 语气副词（4）：竟然

【四12】

◎ **基本语义及用法**

表示完全没有想到，出乎意料。
It means being totally out of expectation.

◎ **典型例句和对话**

例句	①这道题很简单，同学们竟然都做错了。	②这本书的作者竟然是一个小学生。	③这种水果闻起来味道很奇怪，竟然这么好吃！
交际实践	（在教室） 老师：这道题很简单，同学们竟然都做错了。 学生：老师，我们觉得这道题一点儿都不简单。	（在书店） A：这本书的作者竟然是一个小学生。 B：真的吗？真是没想到。	（在家） A：这种水果闻起来味道很奇怪，竟然这么好吃！ B：是啊。我刚开始也不敢吃，现在非常喜欢。

◎ **补充例句**

①没想到事情竟然这么简单。
②来中国才一年，他的中文竟然说得这么好了。
③真没想到，这么重要的事情他竟然忘了。
④发生了这么大的事，他竟然不知道。
⑤约好了八点见面，他竟然迟到了一个小时。
⑥我看他平时不怎么努力，这次竟然考了个100分。

◎ **结构特点**

"竟然"一般用在主语之后、动词性成分或形容词性成分前,作状语。

> S + 竟然 + VP/AP
> 来中国才一年,他的中文 竟然 已经说得这么好 了。
> 这道题 竟然 这样简单。

◎ **小提示**

"竟然"一般可以替换成"竟"。例如:
一个五岁的孩子竟然/竟会写诗。
这么暖和的天气,竟然/竟下了一场雪。

21 语气副词(5):究竟 【四12】

◎ **基本语义及用法**

(1)用于疑问句,表示进一步追究,希望了解真实的情况或得到明确的答复。
It is used in an interrogative sentence, indicating further inquiry or a hope to learn about the truth or get a sure answer.

(2)用于含有评价意义的陈述句,表示不管怎么说,客观事实是不会改变的。
It is used in a judgmental statement, indicating the fact won't change in any case.

◎ **典型例句和对话**

例句	①明天的晚会你究竟去不去?	②究竟哪个是正确答案?请你告诉我。	③他究竟是老教师,讲课很有经验。
交际实践	(在公司) A:明天的晚会你究竟去不去? B:我还没想好呢。	(在教室) A:究竟哪个是正确答案?请你告诉我。 B:我也不太清楚,下课后咱们一起问问老师吧。	(在教室) A:这个问题王老师讲得真清楚! B:他究竟是老教师,讲课很有经验。

◎ **补充例句**

①你今天究竟是怎么了，这么不高兴？
②这个电脑究竟好不好用？
③究竟问题出在哪里呢？
④虽然还有这样的缺点，但他究竟是一个好人。
⑤孩子究竟还小，不能要求他像大人一样。
⑥事实就是事实，假的究竟代替不了真的。

◎ **结构特点**

（1）"究竟"在疑问句中作状语，一般用在动词性成分或形容词性成分前，也可以用在主语前。

① S + 究竟 + VP/AP？	② 究竟 + S + VP/AP？
你　今天　究竟　是怎么了？	究竟　问题　出在哪里　呢？
这个电脑　究竟　好不好用？	究竟　这个电脑　好不好用？

（2）"究竟"在陈述句中作状语，一般用在动词性成分或形容词性成分前，或用于"是"字句中。

① S + 究竟 + VP/AP	② S + 究竟 + 是 + NP
假的　究竟　代替不了真的。	他　究竟　是　老教师。
孩子　究竟　还小。	

💡 **小提示**

"究竟"不能用在是非问句中。例如：
＊你究竟去吗？
　你究竟去不去？

22 介词（引出时间、处所）：自

【四 13】

◎ **基本语义及用法**

表示时间或者地点的起点，多用于书面语。
It means "from; since", indicating the starting point in time or space, usually used in written Chinese.

◎ **典型例句和对话**

例句	①自1978年以来，中国发生了很大的变化。	②飞机即将自北京出发飞往上海。	③中国的河很多都是自西向东流的。
交际实践	（在公司） A：自1978年以来，中国发生了很大的变化。 B：这次来中国，亲眼看到了这些变化，真让人激动啊！	（在机场） 妈妈：你听，广播说飞机即将自北京出发飞往上海。 儿子：太好了，我们很快就能见到爸爸了。	（在教室） A：你知道吗？中国的河很多都是自西向东流的。 B：我知道，那是因为中国西边高东边低。

◎ **补充例句**

①自他离开后，我们就一直没有联系过。
②自开学以来，我已经读完三本小说了。
③自前年起，公司的规定发生了变化。
④自学校到公司，距离约一千米。
⑤来自北京的朋友们给我们表演了京剧。
⑥这篇文章选自《人民日报》。

◎ **结构特点**

（1）介词"自"表示时间的起点时，常跟"起、以来、后"等搭配使用。

> 自＋时间点＋起／以来／后，……
> 自　前年　起，公司的规定发生了变化。
> 自　开学　以来，我已经读完三本小说了。
> 自　他离开　后，我们就一直没有联系过。

（2）介词"自"表示处所的起点时，常跟处所词语、方位词语组合，有时用在动词前，有时用在动词后。

①自 + L/N_方位 + 到 + L/N_方位
　自　学校　到　公司，距离约一千米。
　这条路　自　南　到　北　都开满了鲜花。
②V_单 + 自 + L/N_方位
　欢迎　来　自　北京　的朋友。

23　介词（引出对象）：对于　【四14】

◎ **基本语义及用法**

引出对象或所讨论的相关事物。
It introduces the target or the subject being talked about, meaning "for; as for".

◎ **典型例句和对话**

例句	①我们对于任何不明白的问题都要认真思考。	②对于美术和音乐，她都很有研究。	③对于这个问题，我们还得认真讨论。
交际实践	（在教室） 老师：我们对于任何不明白的问题都要认真思考，也可以多多请教别人。 学生：明白了，老师。	（在美术馆） A：我觉得这幅画儿的作者想象力非常丰富。 B：是的。对于美术和音乐，她都很有研究。	（在公司） A：这个方案可以确定了吗？ B：还不行。对于这个问题，我们还得认真讨论。

◎ **补充例句**

①同学们对于国际事件非常关心。
②对于奖学金的分配方法，你应该去问李老师。
③这是我们对于明年工作的计划和安排，请多提意见。
④对于有困难的人，我们应该主动帮助他们。

⑤对于这件事情,每个人都有自己的看法。
⑥对于这个词的用法,我还没有学会。

◎ **结构特点**

(1)"对于"多跟名词性成分组合在一起,在句中作状语或定语。

> ①(S+)对于+NP+VP(作状语)
>   同学们 对于 国际事件 非常关心。
> ②对于+NP₁+的+NP₂(作定语)
>   这是我们 对于 明年工作 的 计划和安排。

(2)"对于"与名词性成分组合,可位于句首,其后有停顿。

> 对于+NP,S+VP
> 对于 美术和音乐,她 都很有研究。
> 对于 这个词的用法,我 还没有学会。

💡 **小提示**

"对于"后面的名词性成分指动作的受动者时,"对于……"在主语前,动词后面可用代词复指动作的受动者。例如:

对于有困难的人,我们应该主动帮助他们。("他们"复指"有困难的人")
对于这件小事,没必要去想它。("它"复指"这件小事")

24 介词(引出对象):关于 【四15】

◎ **基本语义及用法**

引出涉及的人或事物。
It introduces the person or thing that is involved, meaning "about".

◎ 典型例句和对话

例句	①我读了几本关于环境保护的书。	②关于明天的考试，学校做了具体的规定。	③这是一部关于战争的电影。
交际实践	（在图书馆） A：你喜欢读哪一类书？ B：只要是书，我都喜欢。最近我读了几本关于环境保护的书。	（在教室） 学生：老师，明天的考试有哪些需要注意的地方？ 老师：关于明天的考试，学校做了具体的规定，我说给大家听听。	（在家） A：你最近看了什么电影？ B：我刚看了《战马》，这是一部关于战争的电影，非常精彩。

◎ 补充例句

①关于国外的情况，我了解得不多。
②关于面试的时间，请大家注意看通知。
③关于他什么时候回国，我并不清楚。
④关于保护环境，大家都有很好的建议。
⑤历史上关于这位诗人的故事有很多。
⑥这本书中有关于历史的知识，还有关于古代音乐的知识。

◎ 结构特点

（1）"关于"常跟名词性成分、动词性成分组合，用在句首。

> 关于 + NP/VP，……
> 关于　国外的情况，我了解得不多。
> 关于　保护环境，大家都有很好的建议。
> 关于　他什么时候回国，我并不清楚。

（2）"关于……"还可以加"的"，修饰名词性成分。

> 关于 + NP/VP + 的 + N
> 关于　这件事　的　结果，大家有不同的意见。
> 关于　保护环境　的　建议，大家有很多。

小提示

"关于"引出的名词性成分可以用作文章的标题。例如：
《关于提高学习效率的方法》
《关于加强学生体育锻炼的看法》

25 介词（引出对象）：替

【四 16】

◎ **基本语义及用法**

引出动作的服务对象或者受益者。
It introduces the target or beneficiary of a service, meaning "on behalf of".

◎ **典型例句和对话**

例句	①你别替我担心了，我自己能处理。	②取得这么好的成绩，大家都替你感到高兴。	③你能替我把这本书还给图书馆吗？
交际实践	（在打电话） 妈妈：你一个人可以处理好这件事吗？ 儿子：妈妈，你别替我担心了，我自己能处理。	（在教室） 学生：老师，谢谢您的指导。 老师：不客气，你取得这么好的成绩，大家都替你感到高兴。	（在教室） A：你能替我把这本书还给图书馆吗？ B：没问题，你放心吧。

◎ **补充例句**

①我们应该站在马丁的角度替他想想。
②我在这里一切都很好，你们不用替我担心。
③你能替大卫交一下儿作业吗？
④你能替我也照一张照片吗？
⑤他终于考上了北京大学，全家人都替他高兴。
⑥我不管在哪儿，妈妈总是替我担心。

◎ **结构特点**

"替"跟名词或代词组合,在句中作状语。

> S + 替 + N/Pron + V/Adj
> 妈妈 总是 替 弟弟 担心。
> 大家 都 替 你 高兴。

26 介词(引出凭借、依据):根据 【四 17】

◎ **基本语义及用法**

表示以某种事物或动作为基础和前提。
It indicates regarding something as the basis and precondition, meaning "according to".

◎ **典型例句和对话**

例句	①学校根据学生的中文水平分班。	②根据大家的意见,我们修改了计划。	③根据交通规则,这条路的路边不能停车。
交际实践	(在学校) A:你们俩是怎么成为一个班的同学的? B:学校根据学生的中文水平分班,我们俩水平正好差不多。	(在公司) A:这个计划和上次的好像不太一样。 B:是的。根据大家的意见,我们修改了计划。	(在路边) A:请问,这里可以停车吗? B:根据交通规则,这条路的路边不能停车。

◎ **补充例句**

①我要根据大家的意见修改报告。
②这篇文章是根据最新材料翻译的。
③根据天气预报,明晚有小雨。
④根据最新统计,今年全国人口增长了1%。
⑤根据我们的调查,越来越多的年轻人不想结婚。
⑥根据他平时的表现,这次比赛应该能获奖。

◎ **结构特点**

（1）"根据"后可以加名词性成分或者动词性成分，一般用在句首。

> 根据 + NP/VP，……
> 根据 检查结果，他的病差不多好了。
> 根据 最新统计，今年全国人口增长了1%。

（2）"根据"和名词性成分组合在一起，也可位于主语后、动词性成分前。

> S + 根据 + NP + VP
> 学校 根据 学生的中文水平 分班。

💡 **小提示**

"根据"后面的动词用作名词，此时动词不能带宾语。例如：
根据最新统计，今年全国人口增长了1%。

27 介词（引出凭借、依据）：作为 【四18】

◎ **基本语义及用法**

针对人的某种身份或事物的某种性质来说。

It indicates speaking from the perspective of a certain identity of somebody or quality of something, meaning "as".

◎ **典型例句和对话**

例句	①作为一名教师，我们应该关心学生，给他们有效的帮助。	②他作为教师代表参加了这次会议。	③作为学生，你应该按时完成作业。
交际实践	（在学校） 教师A：出现这种情况，我们应该怎么做？ 教师B：作为一名教师，我们应该关心学生，给他们有效的帮助。	（在报告厅） A：那不是李老师吗？他怎么也在这里？ B：他作为教师代表参加了这次会议。	（在教室） 教师：作为学生，你应该按时完成作业。 学生：对不起，老师，我以后一定会注意的。

◎ **补充例句**

①作为初级教材来说，这个难度有点儿大。
②作为一个外国人，中文能说到这种程度已经很厉害了。
③作为子女，我们应该多多关心父母。
④作为中文教师，读音一定要准确。
⑤作为这本书的作者，我们希望大家多提意见。
⑥你作为公司的经理，应该加强员工管理。

◎ **结构特点**

（1）"作为"和名词性成分组合在一起指一般情况时，经常和"来说"搭配使用。

> 作为 + NP（+ 来说），……
> 作为　初级教材　来说，这个难度有点儿大。
> 作为　一个外国人，中文能说到这种程度已经很厉害了。

（2）"作为"和名词性成分组合在一起指某种特殊身份时，主语多出现在"作为……"后，也可以出现在"作为……"前。

> ①作为 + NP，S + VP
> 　　作为　公司的经理，你　应该加强员工管理。
> ②S + 作为 + NP，VP
> 　　你　作为　公司的经理，应该加强员工管理。

28 连词（连接词或短语）(1)：并^2 【四 19】

◎ 基本语义及用法

连接词或短语，表示更进一层的意思。多用于书面语。

It connects words or phrases, indicating something further in meaning. It is usually used in written Chinese.

◎ 典型例句和对话

例句	①会议讨论并通过了今年的工作计划。	②他们同意并支持我们的建议。	③我们去了一处古代书院，并参观了一所大学。
交际实践	（在公司） A：昨天的会议内容是什么？ B：会议讨论并通过了今年的工作计划。	（在教室） A：关于周末活动的建议，老师们怎么说？ B：他们同意并支持我们的建议，还把活动计划报告给了学校。	（在办公室） A：昨天你们会议组都去哪里了？ B：我们去了一处古代书院，并参观了一所大学。

◎ 补充例句

①我们要认真阅读并理解这篇课文。
②他迅速并准确地回答了这个问题。
③他的行为合理并合法。
④我们找到了问题的原因，并研究了解决的办法。
⑤他去年来到中国，并考上了北京语言大学。
⑥他热爱这一事业，并为这一事业努力奋斗了一生。

◎ 结构特点

（1）"并^2"一般连接双音节动词或形容词，前后两部分只能有一个主语，主语在"并^2"前。

> $S + V_1/Adj_1 + 并^2 + V_2/Adj_2$
> 会议 讨论 并 通过了 今年的工作计划。
> 他的行为 合理 并 合法。

（2）"并²"还可以连接动词性短语，前后两个分句只能有一个主语。

> S + VP₁，并² + VP₂
> 我们 找到了问题的原因，并 研究了解决办法。
> 他 去年来到中国，并 考上了北京语言大学。

29 连词（连接词或短语）（2）：以及 【四19】

◎ **基本语义及用法**

连接并列的词或短语（"以及"前面往往是重要的），多用于书面语。

It connects paratactic words or phrases (those before 以及 are more important), usually used in written Chinese.

◎ **典型例句和对话**

例句	①玛丽、安娜以及另外三名同学都通过了考试。	②参加会议的有公司经理以及各部门管理人员。	③请把电脑、手机以及其他电子产品放在这里。
交际实践	（在教室） 教师：玛丽、安娜以及另外三名同学都通过了考试。 学生：太好了！我们赶紧去告诉他们吧。	（在会议室） A：请你介绍一下儿参加本次会议的人员。 B：参加会议的有公司经理以及各部门管理人员。	（在机场） 工作人员：请把电脑、手机以及其他电子产品放在这里。 乘客：好的。

◎ **补充例句**

①事物的产生、发展以及消失，都有自己的规律。
②今天参加表演的有歌唱演员、舞蹈演员以及相声演员。
③这个超市有衣服、食品以及鲜花。
④苹果、香蕉以及西瓜是我最喜欢吃的水果。
⑤对于怎么找到问题以及如何解决，你们自己决定。
⑥超市里鱼、肉、蛋，以及果汁、啤酒等商品应有尽有。

◎ 结构特点

（1）在连接同一类别的多项名词、动词、介词短语时，"以及"一般用在最后的连接项前。

> A、B以及C
> 苹果、香蕉以及西瓜 是我最喜欢吃的水果。（A、B、C为名词）
> 事物的 产生、发展以及消失，都有自己的规律。（A、B、C为动词）

（2）当"以及"连接的事物可分成两大不同类别时，"以及"放在两类连接项之间。

> A、B、C以及D、E
> 超市里 鱼、肉、蛋，以及果汁、啤酒 等商品应有尽有。（ABC为一类，DE为另一类）

💡 小提示

"以及"前可以停顿，也可以不停顿。例如：
这个超市有衣服、食品以及鲜花。
这个超市有衣服、食品，以及鲜花。

30 连词（连接分句或句子）(1)：此外 【四20】

◎ 基本语义及用法

连接分句或句子，表示除了前面所说的事物或情况之外的。多用于书面语。

It connects clauses or sentences, indicating "in addition to" the thing or situation talked about previously. It is usually used in written Chinese.

◎ **典型例句和对话**

例句	①我每天要上四个小时中文课,此外一周还要学两次书法。	②我们要认真听讲,此外还要积极完成作业。	③我在北京只有几个老同学,此外,没有认识的人了。
交际实践	(在校园) A:我看你最近特别忙。 B:是呀!我每天要上四个小时中文课,此外一周还要学两次书法。	(在教室) A:上个学期咱俩期末考试都考得很差,这个学期得好好学习了。 B:对啊。我们要认真听讲,此外还要积极完成作业。	(在朋友家) A:你在这里有很多朋友吗? B:不多。我在北京只有几个老同学,此外,没有认识的人了。

◎ **补充例句**

①他收集了不少中国画,此外还有一些其他工艺品。
②我们要认真完成作业,此外还要及时预习、复习。
③要写好作文,只有下功夫多读多写多练,此外没有别的办法。
④他会说汉语、英语,此外也懂点儿法语。
⑤他每天出门散两次步,此外,就在家看书。
⑥我家院子里种着两棵树,此外,还种着一排花。

◎ **结构特点**

"此外"一般连接分句或句子,在句中,位于补充内容的前面。

> $S + VP_1$,此外(,) + VP_2
> 他　每天出门散两次步,此外,就在家看书。
> 他　会说汉语、英语,此外　也懂点儿法语。

💡 **小提示**

"此外"不能连接词,只能连接分句或句子。后面的句子可以是肯定的,表示另外还有别的;也可以是否定的,表示没有别的。例如:

他每天要上四个小时中文课,此外一周还要学两次书法。(肯定)
我在北京只有几个老同学,此外,没有认识的人了。(否定)

31 连词（连接分句或句子）(2)：而[1] 【四20】

◎ **基本语义及用法**

连接分句或句子，表示转折或补充。多用于书面语。

It connects clauses or sentences, indicating an adversative transition or mutual complementation. It is usually used in written Chinese.

◎ **典型例句和对话**

例句	①最近北方下雪越来越少，而南方下雪越来越多。	②读书的时候应该静下心来，而不是思考别的事情。	③我们学校的三个队都取得了不错的成绩，而我们队的成绩最突出。
交际实践	（在咖啡馆） A：最近北方下雪越来越少，而南方下雪越来越多。 B：是啊，最近的天气实在是太奇怪了。	（在教室） A：我读书的时候总是集中不了精神。 B：这样不好。读书的时候应该静下心来，而不是思考别的事情。	（在家） 妈妈：这次比赛你们学校的成绩怎么样？ 儿子：我们学校的三个队都取得了不错的成绩，而我们队的成绩最突出，拿了第一名。

◎ **补充例句**

①妹妹个子很高，而姐姐却很矮。
②南方的气温已经有30度了，而北方还在下大雪。
③这里不适合种树，而适合种花草。
④遇到问题应该多交流，而不是互相不说话。
⑤这几年的冬天都很冷，而今年冬天格外冷。
⑥经验是宝贵的，而经验的获得需要不断地去实践。

◎ **结构特点**

"而[1]"连接分句，用在后一分句前，表示转折或补充。

$S_1 + P_1，而[1] + S_2 + P_2$
妹妹　个子很高，而　姐姐　却很矮。（表示转折）

我们学校的三个队 都取得了不错的成绩,而 我们队的成绩 最突出。(表示补充)

32 连词(连接分句或句子)(3):总之 【四20】

◎ **基本语义及用法**

连接分句或句子,表示下文是总括性的话。
It connects clauses or sentences, meaning "in a word", followed by a summary remark.

◎ **典型例句和对话**

例句	①听说重要,读写也很重要,总之,这四项能力都很重要。	②今天来的有我的朋友、同学、同事,总之都是自己人。	③他家离学校多少公里,我还真不清楚,总之不太远。
交际实践	(在教室) 学生:老师,学习外语时,您认为听说读写哪一项最重要? 老师:听说重要,读写也很重要,总之,这四项能力都很重要。	(在生日会上) A:感谢各位参加我的生日聚会!今天来的有我的朋友、同学、同事,总之都是自己人。祝大家玩儿得开心! B:我们祝你生日快乐,每天开心!	(在出租车上) A:你知道马丁家离学校有几公里吗? B:他家离学校多少公里,我还真不清楚,总之不太远。

◎ **补充例句**

①你爱唱歌,我爱运动,他爱画画儿,总之,每个人都有自己的爱好。
②对于新事物,有的人赞成,有的人反对,有的人怀疑,总之,不可能完全一样。
③天变蓝了,水变清了,街道也变得更干净了,总之,现在的环境好多了。
④获奖那一刻我的心情是很难形容的,总之非常激动。
⑤不管别人同意不同意,总之我不同意。
⑥更多的话我就不说了,总之这个假期大家要多注意安全。

◎ **结构特点**

（1）在多个分句中，"总之"位于最后一个分句中，起总括作用。

> ……，总之 + S + VP
> 不管别人同意不同意，总之 我 不同意。

（2）起总括作用的"总之"也可作为插入成分，其后有停顿。

> ……，总之，S + VP
> 你爱唱歌，我爱运动，他爱画画儿，总之，每个人 都有自己的爱好。

有关其他连词"而是、既然、可见、甚至、假如"的具体内容参见：【四43】并列复句：不是……，而是……；【四55】因果复句：既然……，就……；【四56】因果复句：……，可见……；【四47】递进复句：……，甚至……；【四51】假设复句：假如……，（就）……。

33 其他助词：似的 shìde 【四21】

◎ **基本语义及用法**

表示比喻或说明某种事物或情况相似，多用于书面语。
It indicates a metaphor or a similar thing/situation, usually used in written Chinese.

◎ **典型例句和对话**

例句	①这里的景色像画儿似的。	②他像没听见似的。	③他的中文说得跟中国人似的。
交际实践	①（在公园） A：这里的景色像画儿似的，太美了！ B：是啊，冬天下雪的时候更美。	（在咖啡馆） A：我跟他说了那么多，他像没听见似的。 B：我男朋友也常这样。	（在公司） A：新来的同事中文说得怎么样？ B：特别好。他的中文说得跟中国人似的。

◎ **补充例句**

①他俩好像没见过面似的。

②孩子们的脸好像苹果似的,红红的。
③你看他高兴得像孩子似的。
④树叶很绿,像刚用水洗过似的。
⑤听了这个笑话儿,他乐得什么似的。
⑥他也像我似的经常生气。

◎ **结构特点**

"似的"用在名词性成分、人称代词、动词性成分后面,前面常用"像、仿佛、好像"等词。

> (像/仿佛/好像+) NP/Pron/VP+似的
> 他们　像　老朋友　似的　交谈着。
> 他也　像　我　似的　经常生气。
> 树叶很绿,像　刚用水洗过　似的。

◎ **小提示**

"似的"还常加在疑问代词"什么"后面,作补语,表示程度很高。例如:
听了这个笑话儿,他乐得什么似的。

34 叹词:啊² à 【四22】

◎ **基本语义及用法**

表示一下子明白过来或惊叹。音较长,一般用于口语。

It indicates a sudden realization or exclamation. It is pronounced long and usually used in spoken Chinese.

◎ **典型例句和对话**

例句	①啊,我明白了。	②啊,原来是你呀。	③啊,这里真美呀!
交际实践	(在教室) A:其实这道题这样做就行。 B:啊,我明白了,原来这么简单。	(在街上) A:你不认识我了吗?我是你的小学同学大卫。 B:啊,原来是你呀,你变化太大啦!	(在公园) A:啊,这里真美呀! B:是啊,所以我经常来。

◎ **补充例句**

①啊，竟然下雨了。
②啊，没想到你考了第一名。
③啊，学校的变化真大啊！
④啊，她可真美啊！
⑤啊，你怎么来了？
⑥啊，是这么一回事啊！

◎ **结构特点**

"啊²"常用作感叹语（独立成分）。

> 啊²，……
> 啊，你怎么来了？

💡 **小提示**

"啊"读不同的声调，表示不同的意义。此处"啊²"的读音为à，例如：
啊（à），她可真美呀！（表示赞叹）
啊（à），是这么一回事啊！（表示明白过来）

35 固定短语：大A大B 【四23】

◎ **基本语义及用法**

"大A大B"表示规模大、程度深。
It indicates a large scale or deep degree.

◎ **典型例句和对话**

例句	①他大手大脚的，这点儿钱肯定不够花。	②你天天大吃大喝对身体不好，一定要改改。	③我不喜欢大红大绿的衣服，还是买黑色的吧。
交际实践	（在家） 爸爸：儿子上大学以后，每个月给他两千块钱怎么样？ 妈妈：他大手大脚的，这点儿钱肯定不够花。	（在医院） 医生：你天天大吃大喝对身体不好，一定要改改。 病人：好，我以后会注意的。	③（在商场） A：我觉得这件红衣服很适合你。 B：我不喜欢大红大绿的衣服，还是买黑色的吧。

◎ **补充例句**

①有的人每天大鱼大肉，可有的人还经常吃不饱呢。
②他的考试成绩很不稳定，经常大起大落。
③他们都睡了，你别大喊大叫的。
④她最近心情不好，经常为一点儿小事就大吵大闹。
⑤那个人碰倒了几辆自行车，不但没扶，还大摇大摆地走了。
⑥我不求大富大贵，只希望平平安安。

◎ **结构特点**

四字格"大A大B"中的A、B是意义相近或相关的单音节名词、形容词或动词，"大A大B"可以作谓语、宾语、定语、状语。例如：

有的人每天大鱼大肉，可有的人还经常吃不饱呢。（作谓语）
我不求大富大贵，只希望平平安安。（作宾语）
我不喜欢大红大绿的衣服，还是买黑色的吧。（作定语）
那个人碰倒了几辆自行车，不但没扶，还大摇大摆地走了。（作状语）

36 固定短语：一A一B 【四24】

◎ **基本语义及用法**

（1）表示数量非常少，如"一针一线、一草一木"。

It indicates a very small quantity, for example, 一针一线 (a needle or a piece of thread) and 一草一木 (each blade of grass and every tree).

（2）表示两方面的行动协调配合或两种动作交替进行，如"一问一答、一来一回"。

It indicates the coordination of two parties or the alternation of two actions, for example, 一问一答 (one question and one answer) and 一来一回 (a round trip).

（3）表示两种相反的方位或情况，如"一上一下、一大一小"。

It indicates two opposite directions or situations, for example, 一上一下 (one on top of the other) and 一大一小 (one big, the other small).

◎ 典型例句和对话

例句	①这是别人的东西，我们一针一线都不能拿。	②她一心一意地在家照顾孩子。	③我们一来一回，至少要三个小时。
交际实践	（在活动室） 女儿：爸爸，我可以拿桌子上的玩具吗？ 爸爸：这是别人的东西，我们一针一线都不能拿。	（在咖啡馆） A：毕业以后，你和她还有来往吗？ B：她一心一意地在家照顾孩子，我们很多年没见面了。	（在车上） A：师傅，路上大概要多长时间？ B：我们一来一回，至少要三个小时。

◎ 补充例句

①这里的一草一木都是我种下的。
②下课了，他们一前一后，走出了教室。
③电梯坏了，这一上一下又得爬楼梯了。
④记者和校长一问一答，采访进行得非常顺利。
⑤我把西瓜切成一大一小的两个部分，你吃大的。
⑥他们一高一矮，一胖一瘦，观众一看到他俩就会笑。

◎ 结构特点

固定短语"一A一B"中的A、B可以是名词、动词、形容词或数词，"一A一B"可以作主语、宾语、定语、状语、谓语。例如：

这里的一草一木都是我种下的。(作主语)
我们不能拿老百姓的一针一线。(作宾语)
我把西瓜切成一大一小的两个部分。(作定语)
她一心一意地在家照顾孩子。(作状语)
我们一来一回，至少要三个小时。(作谓语)

37 固定短语：看来 【四25】

◎ **基本语义及用法**

就所看到的和了解的情况来说，表示粗略的判断。

It means "it seems", talking about something based on what's seen and known, indicating a rough judgment.

◎ **典型例句和对话**

例句	①看来他是个好人。	②看来明天不会再下雨了。	③看来这次考试他能通过。
交际实践	（在公司） A：小张多年来照顾的这个老人竟然不是他的亲人。 B：看来他是个好人。	（在教室） A：天气预报显示明天是晴天。 B：看来明天不会再下雨了。	（在家） 妈妈：儿子说这次考试的题他都答对了。 爸爸：看来这次考试他能通过。

◎ **补充例句**

①看来他们还是有感情的，虽然一直吵架但是至今没分手。
②看来这节课你一点儿都没听，我问什么你都答不出来。
③你的作业没有错误，看来你做得很认真。
④他已经完成任务了，看来不需要别人帮忙了。
⑤看来学校跟家长的联系不能放松，很多父母并没有真正参与到学校教育中来。
⑥看来还有时间，我们不用着急，可以慢慢吃。

◎ **结构特点**

"看来"作为插入语，可以放在句首，也可以放在后一分句的开头。

① 看来 (+S) + P₁, S + P₂
　　看来　还有时间，我们　不用着急，可以慢慢吃。
② 看来 + S₁ + P₁, S₂ + P₂
　　看来　学校跟家长的联系　不能放松，很多父母　并没有真正参与到学校教育中来。
③ 看来 + S₁ + P₁, S₂ + P₂
　　看来　你　一点儿都没听，我　问什么你都答不出来。
④ S₁ + P₁, 看来 + S₂ + P₂
　　你的作业　没有错误，看来　你　做得很认真。

38 固定短语：来得及　【四26】

◎ **基本语义及用法**

"来得及"表示还有时间，能够赶上做某事。
It means there is still time to do something on time.

◎ **典型例句和对话**

例句	①你别着急，时间来得及。	②现在刚六点半，你马上去还来得及。	③考试在下个月，还来得及准备。
交际实践	（在家） 儿子：我得出门了，电影快开始了。 妈妈：你别着急，时间来得及。	（在教室） A：讲座已经开始了吧？我是不是赶不上了？ B：现在刚六点半，你马上去还来得及。	（在教室） A：我们是不是快考试了？我还没复习呢。 B：考试在下个月，还来得及准备。

◎ **补充例句**

① 别担心，你现在努力学习还来得及。
② 距离交作业的日期还有几天呢，明天做来得及。
③ 我没来得及把每件事都安排好，现在很担心。
④ 我走得急，没来得及和他告别。

⑤他还没来得及反应，就出事故了。
⑥时间不多了，你还来得及吗？

◎ **结构特点**

> ① N + 来得及
>
> 你别着急，时间　来得及。
>
> ② VP + 来得及
>
> 现在刚六点半，你　马上去　还　来得及。
>
> ③ 来得及 + VP
>
> 考试在下个月，还　来得及　准备。

39 固定短语：来不及　【四26】

◎ **基本语义及用法**

"来不及"表示时间不够用了，赶不上做某事，是"来得及"的反义词。
It means there is not enough time to do something on time, contrary to 来得及.

◎ **典型例句和对话**

例句	①来不及了，我们快走吧。	②时间还早，不会来不及的。	③太晚了，现在已经来不及报名了。
交际实践	（在体育馆门口） A：我想去买瓶水，你等等我吧。 B：比赛就要开始了，来不及了，我们快走吧。	（在家） 妻子：音乐会要开始了吧？我们赶紧出发吧。 丈夫：时间还早，不会来不及的。	（在学校） 学生：老师，我可以报名参加演讲比赛吗？ 老师：太晚了，现在已经来不及报名了。

◎ **补充例句**

①由于情况紧急，他来不及请假就走了。
②来不及准备了，我们现在就得出发了。
③来不及了，商场马上就关门了。

④都快面试了才准备简历是来不及的。

⑤准备工作一定要充分，等到出了问题就来不及了。

⑥现在时间很紧张，我们的计划肯定来不及完成了。

◎ **结构特点**

① S + 来不及 + VP

　我　来不及　吃饭　了，现在就要走。

② 来不及 + 了，S + P

　来不及　了，我们　快走吧。

③ ……是 + 来不及 + 的

　都快面试了才准备简历　是　来不及　的。

◎ **小提示**

（1）"来不及"的反义词是"来得及"。例如：

　时间还早，来得及。

　时间太晚了，来不及了。

（2）"来不及"一般指当前的情况，"没来得及"一般指过去的情况。例如：

　来不及了，商场马上就关门了。

　没来得及逛商场，我们就回家了。

40 固定短语：说不定

【四27】

◎ **基本语义及用法**

（1）动词。表示不确定或不清楚。

It is a verb indicating uncertainty or unclarity.

（2）副词。表示估计，指事情发生的可能性很大。

It is an adverb indicating estimation, meaning something is very likely to happen.

◎ 典型例句和对话

例句	①下雨了，说不定他今天不来了。	②这件事说不定就是他干的。	③今年能不能去中国现在还说不定。
交际实践	（在教室） A：活动快开始了，他还会来吗？ B：下雨了，说不定他今天不来了。	（在公司） A：大家都怀疑是他把文件的内容告诉了别的公司。 B：这件事说不定就是他干的。	（在学校） A：你今年还能去中国留学吗？ B：我母亲病了，要做手术，今年能不能去中国现在还说不定。

◎ 补充例句

①我们可以问问其他人的想法，说不定会有意外的收获。
②我想先试试，说不定我就喜欢上这份工作了。
③他受伤了，能不能参加考试还说不定。
④他想抓住每一个机会，说不定运气好就能找到工作了。
⑤你去请教那位教授吧，说不定他能解决你的问题。
⑥这个项目才刚刚开始，什么时候能出成果还说不定呢。

◎ 结构特点

"说不定"可以放在句子开头、中间和末尾。

> ①说不定……
> 　说不定　他今天不来了。
> ②……说不定……
> 　这件事　说不定　就是他干的。
> ③……说不定
> 　今年能不能去中国现在还　说不定。

💡 小提示

"说不定"本身就是一种否定形式，用来表示一种可能性，所以一般没有否定形式。例如：

＊下雨了，没说不定他今天不来了。
　下雨了，说不定他今天不来了。

41 固定短语：一般来说

【四 28】

◎ **基本语义及用法**

用作插入语，表示通常情况下。
It is used as a parenthesis, meaning "generally speaking".

◎ **典型例句和对话**

例句	①一般来说，选手参加了比赛是不能退出的。	②一般来说，这么重要的场合他是不会迟到的。	③一般来说，跟年轻人相比，老年人的经验更丰富。
交际实践	（在运动场） 运动员：如果受伤了，能不能退出比赛？ 教练：一般来说，选手参加了比赛是不能退出的。	（在公司） 主持人：会议马上开始了，经理怎么还没到？ 秘书：一般来说，这么重要的场合他是不会迟到的。我打电话问问。	（在家） 儿子：爷爷出的主意真不错！ 妈妈：一般来说，跟年轻人相比，老年人的经验更丰富。

◎ **补充例句**

①一般来说，便宜的东西质量都不太好。
②一般来说，专家的话都比较可信。
③一般来说，喜欢读书的人成绩会比较好。
④一般来说，合作和交流会拉近人与人之间的距离。
⑤一般来说，付出得越多，收获得越多。
⑥一般来说，合同不能随便修改。

◎ **结构特点**

"一般来说"作插入语，用在句子开头。

> 一般来说，……
> 一般来说，选手参加了比赛是不能退出的。

小提示

"一般来说"只能用在句子开头,不能用在句子中间或句子末尾。例如:

* 跟年轻人相比,一般来说,老年人的经验更丰富。
* 跟年轻人相比,老年人的经验更丰富,一般来说。

一般来说,跟年轻人相比,老年人的经验更丰富。

42 固定格式:一+量词+比+一+量词 【四29】

◎ **基本语义及用法**

(1)当量词是名量词时,这个格式表示某些人或事物具有的性质、状态很好或程度很高。

When the measure word is a noun-classifier, this structure means the quality or state of the people or things denoted is good or the degree is high.

(2)当量词是动量词和时量词时,这个格式表示随着动作次数的增加、时间的推移,某事物的性质、状态或程度在不断加深。

When the measure word is a verb- or time-classifier, this structure means the quality, state or degree deepens as the action repeats or time goes by.

◎ **典型例句和对话**

例句	①这些球鞋一双比一双好看。	②你的汉字一遍比一遍写得好。	③天气一天比一天暖和。
交际实践	(在商店) A:这些球鞋一双比一双好看。 B:是啊,我都不知道买哪双好。	(在家) 女儿:爸爸,今天的汉字我写了五遍了。 爸爸:真不错。你的汉字一遍比一遍写得好。	(在家) 儿子:春天来了,天气一天比一天暖和。 妈妈:我看该把厚衣服都收起来了。

◎ **补充例句**

①这些孩子一个比一个可爱。
②那些车一辆比一辆贵。

③他的演出一次比一次精彩。
④他没有时间观念，一回比一回来得晚。
⑤开始健身以后，他的身体一天比一天好了。
⑥公司产品的价格一年比一年低。

◎ **结构特点**

"一+量词+比+一+量词"格式一般用在形容词、动词性成分前，作状语，其中的量词可以是名量词、动量词和时量词。

① S + 一 + M名 + 比 + 一 + M名 + Adj
这些球鞋　一　双　比　一　双　好看。
这些孩子　一　个　比　一　个　可爱。

② S + 一 + M动/时 + 比 + 一 + M动/时 + Adj/VP
他的演出　一　次　比　一　次　精彩。
天气　　　一　天　比　一　天　暖和。
你的汉字　一　遍　比　一　遍　写得好。

43 固定格式：（自）……以来 【四30】

◎ **基本语义及用法**

表示从过去某个时间到说话时的一段时间。
It indicates the period of time "since" some time in the past.

◎ **典型例句和对话**

例句	①自去年以来，我一直生活在北京。	②上大学以来，他一直坚持学习中文。	③自换工作以来，她每天都很忙。
交际实践	（在火车上） A：你在北京生活多长时间了？ B：自去年以来，我一直生活在北京。	（在学校） A：你男朋友的中文说得越来越流利了。 B：上大学以来，他一直坚持学习中文。	（在打电话） A：大家好久不见了，我们约玛丽出来聚聚吧。 B：恐怕聚不了。自换工作以来，她每天都很忙。

◎ **补充例句**

①他们自春节以来一直都没上班。
②自开业以来，这个饭馆的生意每天都很好。
③我们工厂自开展创新活动以来，取得了一系列成果。
④今年年初以来，我已经回过五次老家了。
⑤送红包是人们长期以来形成的风俗习惯。
⑥开学以来，我从来没见过麦克。

◎ **结构特点**

"（自）……以来"经常作状语，可以出现在主语前边，也可以出现在主语后边。"自"可以省略。

①（自）……以来，S + VP
　　自　去年　以来，我　一直生活在北京。
　　上大学　以来，他　一直坚持学习中文。
② S +（自）……以来（，）+ VP
　　他们　自　春节　以来　一直都没上班。
　　我们工厂　自　开展创新活动　以来，取得了一系列成果。

◎ **小提示**

格式中的"自"可以用"从、自从"代替。例如：
自去年以来，我一直生活在北京。
从去年以来，我一直生活在北京。
自从去年以来，我一直生活在北京。

44 固定格式：由……组成 【四31】

◎ **基本语义及用法**

表示整体由哪些部分构成，整体包含哪些部分。
It indicates the components that make up a whole, meaning "be composed of...".

◎ **典型例句和对话**

例句	①中华民族是由五十六个民族组成的。	②这篇文章由三个部分组成。	③这张试卷是由十道选择题和一道写作题组成的。
交际实践	(在家) 女儿：爸爸，中华民族包含多少个民族？ 爸爸：中华民族是由五十六个民族组成的。	(在教室) 老师：这篇文章可以分成几个部分？ 学生：这篇文章由三个部分组成。	(在办公室) 王老师：这张试卷是由十道选择题和一道写作题组成的。 李老师：是不是可以增加一些其他类型的题？

◎ **补充例句**

①我们班由两位老师和二十名学生组成。
②这所大学由五个学院组成。
③这段话是由五个句子组成的。
④每个学习小组由三到五人组成。
⑤这份调查报告由五个部分组成。
⑥你看，"节日快乐"这四个字是由不同颜色的鲜花组成的。

◎ **结构特点**

出现在"由……组成"中的通常是名词性短语，"由……组成"一般作谓语。

> S + 由 + NP + 组成
> 中华民族　由　五十六个民族　组成。
> "节日快乐"这四个字　由　不同颜色的鲜花　组成。

45 固定格式：在……方面　　【四32】

◎ **基本语义及用法**

表示某个范围。
It indicates a scope.

◎ 典型例句和对话

例句	①在这方面，我没有什么经验。	②在修理电脑方面，她是个专家。	③机器在很多方面都比人工有优势。
交际实践	（在采访现场） 记者：您能谈一谈培养孩子的经验吗？ 家长：其实，在这方面，我没有什么经验。	（在教室） A：听说是玛丽帮你修好了电脑。 B：是啊。在修理电脑方面，她是个专家。	（在公司） A：这些机器太贵了，差不多要花费我们创业资金的一半。 B：是有些贵，不过机器在很多方面都比人工有优势，比如可以24小时工作，不用付工资。

◎ 补充例句

①在历史研究方面，他非常有名。
②在创新方面，我们还需要进一步努力。
③去年我们学校在对外交流方面取得了很多成果。
④他在管理公司方面有很多自己的想法。
⑤学校应该在教学方面投入更多的资金。
⑥李经理在产品销售方面提了一些建议。

◎ 结构特点

出现在"在……方面"中的可以是名词性成分，也可以是动词性成分。"在……方面"常作状语。

①在 + NP/VP + 方面，S + VP
　在　历史研究　方面，他　非常有名。
　在　修理电脑　方面，她　是个专家。
②S + 在 + NP/VP + 方面 + VP
　机器　在　工作时间　方面　比人工有优势。
　他　在　管理公司　方面　有很多自己的想法。

小提示

"在……方面"用在主语前边时,可以省略"在"。例如:

历史研究方面,他非常有名。

修理电脑方面,她是个专家。

46 固定格式:在……上

【四33】

◎ 基本语义及用法

表示"在……方面"。

It means "in terms of...".

◎ 典型例句和对话

例句	①在这件事情上,你最好多听听父母的意见。	②我们王老师在生活上非常关心我们。	③大家讨论了一些在学习上遇到的问题。
交际实践	(在食堂) A:我还没决定大学毕业后是工作还是读研究生。 B:在这件事情上,你最好多听听父母的意见。	(在采访现场) 记者:你们老师对学生怎么样? 学生:我们王老师在生活上非常关心我们,就像妈妈一样。	(在教室) A:今天的活动怎么样? B:大家讨论了一些在学习上遇到的问题,都觉得收获很大。

◎ 补充例句

①在工作上,我的同事给我提供了很多帮助。

②在公司管理上,李经理遇到了一个难题。

③在学习上,我的中国朋友给了我很多帮助。

④如果你在经济上有困难,一定要告诉我们。

⑤你可以把在学习上遇到的问题整理出来,让大家一起讨论。

⑥我们公司在资金上没有问题。

◎ **结构特点**

出现在"在……上"中的一般是名词性成分。"在……上"常作状语，也可以作定语。

> ① 在 + NP + 上，S + VP
> 　　在　这件事情　上，你　最好多听听父母的意见。
> ② S + 在 + N + 上 + VP
> 　　我们王老师　在　生活　上　非常关心我们。

◎ **小提示**

"在……上"作状语时，"在"有时可以省略。例如：
工作上，我的同事给我提供了很多帮助。
如果你经济上有困难，一定要告诉我们。

47 固定格式：在……下　【四33】

◎ **基本语义及用法**

表示某种条件。
It indicates a condition, meaning "under...(condition)".

◎ **典型例句和对话**

例句	①在他的影响下，我喜欢上了中文。	②在老师的帮助下，我终于申请到了奖学金。	③他在父母的支持下开了一家超市。
交际实践	（在食堂） A：你为什么学习中文？ B：我爷爷是"中国通"。在他的影响下，我喜欢上了中文。	（在家） 爸爸：你今天怎么这么高兴？ 女儿：在老师的帮助下，我终于申请到了奖学金。	（在咖啡馆） A：大学毕业后，大卫去哪儿工作了？ B：他在父母的支持下开了一家超市。

◎ 补充例句

①在这样困难的条件下,科学家们出色地完成了任务。
②他在左腿受伤的情况下,坚持跑完了三千米。
③在朋友的再三要求下,他答应主持他们的婚礼。
④我在父母的教育下养成了良好的生活习惯。
⑤我在老师的指导下完成了毕业论文。
⑥同学们在老师的引导下越来越喜欢写作课了。

◎ 结构特点

"在……下"常作状语。

①在 + NP + 下,S + VP
　在　这样困难的条件　下,科学家们　出色地完成了任务。
②在 + N + 的 + V$_{双}$ + 下,S + VP
　在　老师　的　帮助　下,我　终于申请到了奖学金。
③S + 在 + NP + 下 + VP
　他　在　左腿受伤的情况　下　坚持跑完了三千米。
④S + 在 + N + 的 + V$_{双}$ + 下 + VP
　他　在　父母　的　支持　下　开了一家超市。

💡 小提示

"在 + N + 的 + V$_{双}$ + 下"中,动词是双音节的,不能是单音节的。例如:
*在老师的帮下,我终于申请到了奖学金。
　在老师的帮助下,我终于申请到了奖学金。

48 固定格式:在……中 【四33】

◎ 基本语义及用法

表示范围或过程。
It indicates a scope or process, meaning "among; amid".

◎ **典型例句和对话**

例句	①在这篇课文中,我们一共学了三十个生词。	②在我印象中,李校长是个非常热爱生活的人。	③我们在测试中发现了一些新问题。
交际实践	(在教室) 老师:在这篇课文中,我们一共学了三十个生词。 学生:有些生词还很难。	(在校园) A:李校长是个什么样的人? B:在我印象中,李校长是个非常热爱生活的人。	(在办公室) 员工:经理,我们在测试中发现了一些新问题。 经理:那么,接下来的任务就是解决这些问题。

◎ **补充例句**

①在这些进口商品中,我对服装最感兴趣。
②他在今年的毕业生中是最优秀的。
③在采访中,这位明星提到了小时候的经历。
④他在工作中得到了很多人的帮助。
⑤我们在讨论中提出了一些新的想法。
⑥我在旅行中认识了很多朋友。

◎ **结构特点**

出现在"在……中"中的一般是名词性成分或动词性成分,其中的动词为双音节动词。"在……中"常作状语,也可以作定语。

①在 + NP/V$_{双}$ + 中,S + VP
  在 这些进口商品 中,我 对服装最感兴趣。
  在 采访 中,这位明星 提到了小时候的经历。
②S + 在 + NP/V$_{双}$ + 中 + VP
  他 在 今年的毕业生 中 是最优秀的。
  我们 在 测试 中 发现了一些新问题。

小提示

"在……中"用在主语前边作状语时,"在"可以省略。例如:

这些进口商品中,我对服装最感兴趣。

采访中,这位明星提到了小时候的经历。

49 趋向补语3:表示结果意义(引申用法)(1):动词+上

【四37】

◎ 基本语义及用法

(1)趋向补语"上"表示接触、合拢、关闭、附着以及固定,如"关上窗户、合上书、写上名字"。

The directional complement 上 indicates contact, closing, attachment, fixation, etc., for example, 关上窗户 (to close the window), 合上书 (to close the book), and 写上名字 (to write the name).

(2)趋向补语"上"表示达到了目的(常常是希望且不容易达到的目的),如"考上大学、用上空调"。

The directional complement 上 indicates achieving a goal (usually one that is desirable but not easy to reach), for example, 考上大学 (to get enrolled into a university) and 用上空调 (to be able to afford an air conditioner).

◎ 典型例句和对话

例句	①请同学们离开教室时关上窗户。	②你在这儿写上名字和手机号码。	③他女儿考上了北京大学。
交际实践	(在教室) 老师:今晚的活动到此结束。请同学们离开教室时关上窗户。 学生:好的,老师再见。	(在报名处) A:请你在这儿写上名字和手机号码。 B:好的,谢谢。	(在办公室) A:老王为什么要请客啊? B:你不知道?他女儿考上了北京大学。

◎ 补充例句

①现在请大家合上书,准备听写。

②外边有点儿冷，你把大衣穿上吧。
③你带上伞吧，万一下雨呢。
④我们房间终于用上空调了。
⑤离家多年，我又吃上妈妈包的饺子了。
⑥爷爷住上带电梯的新房了，非常开心。

◎ **结构特点**

> S + V + 上（+ 了）+ O
> 你　在这儿　写　上　　　名字。
> 他女儿　考　上　了　北京大学。

50 趋向补语3：表示结果意义（引申用法）(2)：动词＋出

【四37】

◎ **基本语义及用法**

趋向补语"出"表示动作完成的结果从无到有，从不清楚到清楚，从隐蔽到显露，如"想出办法、说出秘密"。

The directional complement 出 indicates something comes into existence, becomes clear or is revealed as a result of the action, for example, 想出办法 (to come up with an idea) and 说出秘密 (to tell a secret).

◎ **典型例句和对话**

例句	①他向父母说出了自己的愿望。	②我听出她的声音了。	③我想出了一个办法。
交际实践	（在学校） A：听说你男朋友要跟你一起去中国留学。 B：是的。他向父母说出了自己的愿望，得到了他们的支持。	（在房间） A：你听，外边有人在唱歌。 B：是安娜，我听出她的声音了。	（在办公室） A：这个问题挺麻烦的，你想出办法了没有？ B：我想出了一个办法，你听听看。

◎ **补充例句**

①我看出他今天心情不好,就跟他聊了一会儿。
②我在词典里查出这个汉字的意思了。
③我们一定要找出事故发生的原因。
④如果不想说,你也可以在日记本上写出你的秘密。
⑤感谢你校为我们培养出了这么优秀的中文人才。
⑥我相信你一定能很快设计出新的产品。

◎ **结构特点**

> S + V + 出(+ 了)+ O
> 他　向父母　说　出　了　自己的愿望。
> 我　听　出　她的声音　了。

51 趋向补语3:表示结果意义(引申用法)(3):动词 + 起

【四37】

◎ **基本语义及用法**

(1)趋向补语"起"表示连接、结合以至固定,如"包起一点儿盐、建立起朋友关系"。

The directional complement 起 indicates contact, linkage or fixation, for example 包起一点儿盐 (to wrap up a little salt) and 建立起朋友关系 (to build up a friendship).

(2)趋向补语"起"表示动作关涉某事物,如"问起那件事、想起小时候的事",前边的动词常常是"说、谈、讲、问、想"等。

The directional complement 起 indicates that an action involves something, for example, 问起那件事 (to ask about that matter) and 想起小时候的事 (to remember something from childhood). It usually follows verbs such as 说,谈,讲,问,想,etc.

◎ **典型例句和对话**

例句	①爷爷用纸包起一些感冒药片，让我明天带着。	②他们建立起了亲密的朋友关系。	③他终于想起了当时的情况。
交际实践	（在家） 妈妈：爷爷叫你做什么？ 儿子：爷爷用纸包起一些感冒药片，让我明天带着。	（在体育场） A：他们俩的关系什么时候这么好了？ B：在那次篮球比赛中，他们建立起了亲密的朋友关系。	（在咖啡馆） A：他终于想起了当时的情况，觉得很对不起你。 B：过去的事情就让它过去吧。

◎ **补充例句**

①你连起这三个点就能画出一个图。
②最近他没时间，天天关起门准备面试。
③听到声音，她赶紧收起钱，放到包里。
④昨天我妈妈打电话问起你了。
⑤爸爸昨天跟我说起他上小学时的事。
⑥我突然想起了一个笑话儿。

◎ **结构特点**

> S + V + 起（+了）+ O
> 他们　建立　起　了　亲密的朋友关系。
> 他　终于　想　起　了　当时的情况。

52 趋向补语3：表示结果意义（引申用法）(4)：动词+下

【四37】

◎ **基本语义及用法**

（1）趋向补语"下"表示脱离或离开某地方，如"脱下衣服、取下眼镜"。

The directional complement 下 indicates separating from or leaving somewhere, for example, 脱下衣服 (to take off clothes) and 取下眼镜 (to take off glasses).

（2）趋向补语"下"表示使某物固定下来，如"留下地址、录下声音"。

The directional complement 下 indicates making something fixed, for example, 留下地址 (to leave an address) and 录下声音 (to record the sounds).

（3）趋向补语"下"表示容纳一定的数量，如"装下所有的衣服、坐下五十个人"。

The directional complement 下 indicates having a certain capacity, for example 装下所有的衣服 (to be able to hold all the clothes) and 坐下五十个人 (to be able to can seat 50 people).

◎ **典型例句和对话**

例句	①他刚脱下大衣，走进房间去了。	②请留下您的地址和手机号。	③这个箱子装下了所有的东西。
交际实践	（在家） 妈妈：你不是说哥哥回来了吗？人呢？ 弟弟：他刚脱下大衣，走进房间去了。	（在办公室） A：请留下您的地址和手机号。 B：没问题，我已经写好了。	（在火车站） A：你只有一件行李吗？ B：对，这个箱子装下了所有的东西。

◎ **补充例句**

①她进屋以后就脱下了外套。
②他给小女儿脱下湿鞋子，换上了一双新的。
③请在这儿写下你的名字。
④我们一定要录下他的声音。
⑤这个教室能坐下五十个人。
⑥那个房间能住下四个人吗？

◎ **结构特点**

> S + V + 下（+了）+ O
> 他 刚 脱 下 大衣，走进房间去了。
> 这个箱子 装 下 了 所有的东西。

53 "把"字句2：表处置（1）：主语＋把＋宾语＋动词（＋一/了）＋动词

【四38】

◎ 基本语义及用法

"把"字句是介词"把"及其宾语作状语的句子，表示对宾语进行某种处置，使宾语发生某种变化。

The *ba*-sentence is a sentence where the preposition 把 and its object serve as an adverbial modifier. It indicates a certain way of handling the object, resulting in a certain change of the object.

◎ 典型例句和对话

例句	①同学们再把试卷检查检查。	②你把地扫扫，我把桌子擦一擦。	③她把冬天的衣服晒了晒，收在箱子里了。
交际实践	（在考场） 学生：老师，请问现在可以交试卷吗？ 老师：可以。同学们再把试卷检查检查，没问题就可以交了。	（在办公室） A：办公室太脏了，我们打扫一下儿吧。 B：好的。你把地扫扫，我把桌子擦一擦。	（在家） 女儿：今天下午妈妈在房间里忙什么呢？ 爸爸：她把冬天的衣服晒了晒，收在箱子里了。

◎ 补充例句

①我们再把上节课的内容复习复习。
②你把这本书再看看，看不懂的地方可以问我。
③我再把这件事仔细想一想。
④你把那条裙子好好洗一洗。
⑤他把信又看了看，然后放回了信封。
⑥她把那篇文章改了改，就交了。

◎ 结构特点

① S + 把 + O + V单/V双 + V单/V双
我 把 桌子 擦 擦。
同学们 再 把 试卷 检查 检查。
② S + 把 + O + V单 + 一 + V单
我 把 桌子 擦 一 擦。
③ S + 把 + O + V单 + 了 + V单
我 把 桌子 擦 了 擦。

💡 小提示

（1）在"S + 把 + O + V + V"中，频率副词既可以放在"把"的前面，也可以放在动词的前面。例如：

同学们**再**把试卷检查检查。
同学们把试卷**再**检查检查。

（2）表示时间的状语要放在"把"的前面，不能放在动词的前面。例如：

＊我把桌子今天擦了擦。
我今天把桌子擦了擦。

（3）"S + 把 + O + V + V"中的动词既可以是单音节动词，也可以是双音节动词；"S + 把 + O + V + 一 / 了 + V"中的动词只能是单音节动词。例如：

＊你把试卷检查一检查。
你把试卷查一查。
＊他把试卷检查了检查。
他把试卷查了查。

54 "把"字句2：表处置（2）：主语 + 把 + 宾语（+ 给）+ 动词 + 了 / 着

【四38】

◎ 基本语义及用法

"把"字句是介词"把"及其宾语作状语的句子，表示对宾语进行某种处置，使宾语处于某种状态或产生了某种结果。

The *ba*-sentence is a sentence where the preposition 把 and its object serve as an adverbial modifier. It indicates a certain way of handling the object, bringing the object into a certain state or bringing about a certain effect.

◎ **典型例句和对话**

例句	①他把学过的生词都忘了。	②他拿不了了,你帮他把这些东西给拿着。	③你别忘了把护照带着。
交际实践	(在家) 妈妈：你哥哥怎么这么晚还在学习？ 弟弟：他把学过的生词都忘了,现在正在复习。	(在办公室) A：小张要送这么多资料吗？这些也是？ B：是的。他拿不了了,你帮他把这些东西给拿着。	(在家) 妻子：你别忘了把护照带着,再检查一下儿。 丈夫：放心吧,我带了。

◎ **补充例句**

①外面冷,你别把窗子开着。
②离开家乡前,我把老家的房子卖了。
③你一定要把这件事记着,千万别忘了。
④出门前她把那杯牛奶喝了。
⑤会议取消了,我把机票退了。
⑥你先把位置留着,我马上就来。

◎ **结构特点**

①肯定形式：
　S + 把 + O (+给) + V + 了/着
　他　把　学过的生词　都　给　忘　了。
②否定形式：
　S + 别/没/没有 + 把 + O (+给) + V + 了/着
　你　别　把　窗子　开　着。
　她　没/没有　把　那杯牛奶　喝　了。

小提示

在"S+把+O（+给）+V+了/着"中，如果动词为瞬间动词（如"退、忘"），句末应使用"了"；如果动词为持续性动词（如"记、留"），句末应使用"着"。例如：

* 我把机票退着。

　我把机票退了。

* 你一定把这件事记了。

　你一定把这件事记着。

55 "把"字句2：表处置（3）：主语+把+宾语+动词+动量补语/时量补语

【四38】

◎ 基本语义及用法

"把"字句是介词"把"及其宾语作状语的句子，表示对宾语进行某种处置，使宾语产生了某种结果。

The *ba*-sentence is a sentence where the preposition 把 and its object serve as an adverbial modifier. It indicates a certain way of handling the object, causing a certain effect on the object.

◎ 典型例句和对话

例句	①老师把他批评了一顿。	②我把课文读了好几遍。	③他把这个问题认真地考虑了好几天。
交际实践	（在学校） A：中村怎么不开心？ B：老师把他批评了一顿。	（在教室） A：你今天课文读得很流利。 B：昨天我把课文读了好几遍，都会背了。	（在家） 爸爸：儿子毕业后想去工作还是想读研究生？ 妈妈：他把这个问题认真地考虑了好几天，现在还没想好。

◎ 补充例句

①我把这本书看了一遍，挺有意思的。

②老师把那件事的重要性又强调了一回。

③她把这篇论文的题目改了三次。

④妈妈把这次的旅行计划提前了一周。
⑤我把这些零食吃了一个月。
⑥经理把这个会议延长了四十分钟。

◎ **结构特点**

①肯定形式：
　　S＋把＋O＋V＋了＋C_动/C_时
　　老师　把　中村　批评　了　一顿。
　　妈妈　把　这次的旅行计划　提前　了　一周。

②疑问形式：
　　S＋把＋O＋V＋了＋C_动/C_时＋吗？
　　老师　把　中村　批评　了　一顿　吗？
　　妈妈　把　这次的旅行计划　提前　了　一周　吗？

💡 **小提示**

（1）带"动量补语/时量补语"的"把"字句中，"把"前不能加表示否定的"没、没有"。例如：

　　＊她没/没有把这篇论文的题目改了三次。
　　她把这篇论文的题目改了三次。

（2）"S＋把＋O＋V＋C_动/C_时"一般用于已经发生的事情，动词后需要加动态助词"了"，该句式一般不用于未来发生的事情。例如：

　　＊明天他把文章读好几遍。
　　他把文章读了好几遍。

56　被动句2：主语＋被＋动词＋其他成分　【四39】

◎ **基本语义及用法**

表示主语承受某种结果，这种结果既可以是不如意的结果，也可以是一般的结果。
It indicates the subject bears a certain result which can either be undesirable or ordinary.

◎ **典型例句和对话**

例句	①王老师被请去开会了。	②教室的灯早就被关上了。	③那张画儿被买走了。
交际实践	（在办公室门口） 学生：请问王老师在吗？ 老师：不在，王老师被请去开会了。	（在校门口） A：教室的灯关了吗？ B：放心，教室的灯早就被关上了。	（在书店） 顾客：前两天挂在门口的画儿呢？ 老板：那张画儿被买走了。

◎ **补充例句**

①那个孩子被救过来了。
②你不能被打败，再努力一下儿吧。
③他的决心被动摇了。
④她的课本被借走了。
⑤我的杯子被打破了。
⑥这个话题常常被提到。

◎ **结构特点**

在"主语＋被＋动词＋其他成分"中，"其他成分"为动作的结果，通常是各类补语，例如结果补语、状态补语、趋向补语等。

①肯定形式：
　S＋被＋V＋其他成分
　那张画儿　被　买　走了。
②否定形式：
　S＋没/没有＋被＋V＋其他成分
　那张画儿　没/没有　被　买　走。
③疑问形式：
　S＋被＋V＋其他成分＋吗/没有？
　那张画儿　被　买　走了　吗/没有？

小提示

（1）能愿动词、否定副词、时间副词等成分只能放在"被"的前面，不能放在谓语动词的前面。例如：

＊你被不能打败。

你不能被打败。

＊那张画儿被昨天买走了。

那张画儿昨天被买走了。

（2）"S＋被＋V＋其他成分"中的施事不必出现或者施事不必明确，但有时也可以将施事补充出来。例如：

王老师被校长请去开会了。

王老师被请去开会了。

57 存现句2（1）表示出现：处所词＋动词＋趋向补语/结果补语＋动态助词（了）＋数量短语＋人/物

【四40】

◎ **基本语义及用法**

表示某人或某事物从某个处所或位置移动到说话者所在的处所或位置。

It indicates someone or something moves from a certain location or position to where the speaker is.

◎ **典型例句和对话**

例句	①前边开来了一辆车。	②据说学校里一下子冒出了八千多新生。	③对面走来了一位老人。
交际实践	（在车站） A：等了这么久，不会没车了吧。 B：你看，前边开来了一辆车。	（学校门口） A：学校里怎么这么多学生？ B：今天是开学第一天，据说学校里一下子冒出了八千多新生。	（在路上） A：我们找不到地铁站了，怎么办？ B：对面走来了一位老人，我们去问问他。

◎ 补充例句

①教室里走出来一位老师。
②前边开来一辆车。
③商店里走出来一位顾客。
④路口跑过来两个孩子。
⑤楼上走下来几位领导。
⑥我们班转来了一位新同学。

◎ 结构特点

L + V + C$_{趋}$/C$_{结}$（+ 了）+ NumP + N
对面　走　来　了　一位　老人。

💡 小提示

（1）带数量短语的存现句一般不能用于否定形式和疑问形式。例如：
　　＊对面没有走来一位老人。
　　＊对面走来一位老人吗？
　　　对面走来一位老人。

（2）该句式中的动词必须是具有位移性的动词，不能是表示静止状态的动词。例如：
　　＊前边停来一辆车。
　　　前边开来一辆车。

58 存现句2（2）表示消失：处所词＋动词＋结果补语＋动态助词（了）＋数量短语＋人/物 【四40】

◎ 基本语义及用法

表示某人或某事物从某个处所或位置离开。
It indicates someone or something leaves a certain location or position.

◎ 典型例句和对话

例句	①我们班里转走了一个学生。	②阳台上吹跑了一条裙子。	③院子里搬走了两家人。
交际实践	（在办公室） 老师A：你们班怎么少了一个人？ 老师B：我们班里转走了一个学生。	（在家） 妈妈：阳台上吹跑了一条裙子，你去楼下找找。 儿子：好，我马上去。	（在院子外） A：院子里有人搬家吗？ B：是的，院子里搬走了两家人。

◎ 补充例句

①公司调走了几名员工。
②花园里飞走了一只小鸟。
③停车场开走了三辆车。
④河里游走了几条鱼。
⑤钱包里拿走了几张钱。
⑥黑板上擦掉了两行字。

◎ 结构特点

L + V + $C_{结}$ (+了) + NumP + N
我们班里 转 走 了 一个 学生。

💡 小提示

带数量短语的存现句一般不能用于否定形式和疑问形式。例如：

*我们班里没有转走了一个学生。
*你们班里转走了一个学生吗？
　我们班里转走了一个学生。

59 兼语句 2（1）表爱憎义：主语 + 表扬 / 批评 + 宾语 1 + 动词 + 宾语 2

【四 41】

◎ **基本语义及用法**

表示主语对宾语 1 的某个动作行为进行赞赏或批评。
It indicates the subject praises or criticizes a certain action or deed of object₁.

◎ **典型例句和对话**

例句	①老师表扬他帮助同学。	②妈妈总是批评我不整理房间。	③经理批评我们没有及时发送文件。
交际实践	（在家） 爸爸：儿子怎么这么高兴？ 妈妈：今天老师表扬他帮助同学了。	（在咖啡馆） A：我妈妈总是批评我不整理房间。 B：批评得对，你确实应该养成经常整理房间的好习惯。	（在公司） A：上次经理批评我们没有及时发送文件，这次可别忘了。 B：这次我们会议一结束就发送了，放心吧。

◎ **补充例句**

①老板表扬我最近有进步。
②爸爸表扬弟弟取得了好成绩。
③警察表扬那个小伙子提供了真实情况。
④老板批评秘书忘记会议时间。
⑤老师批评我没有完成作业。
⑥父母经常批评我玩儿电脑游戏。

◎ **结构特点**

①肯定形式：
　　S + 表扬 / 批评 + O_1 + V + O_2
　　老师　表扬　他　帮助　同学。
　　老板　批评　秘书　忘记　会议时间。

②否定形式：

S＋没/没有＋表扬/批评＋O₁＋V＋O₂

老师　没/没有　表扬　他　帮助　同学。

老板　没/没有　批评　秘书　忘记　会议时间。

③疑问形式：

a. S＋表扬/批评＋O₁＋V＋O₂＋了＋吗？

老师　表扬　他　帮助　同学　了　吗？

老板　批评　秘书　忘记　会议时间　了　吗？

b. S＋表扬/批评＋O₁＋V＋O₂＋没有？

老师　表扬　他　帮助　同学　没有？

老板　批评　秘书　忘记　会议时间　没有？

c. S＋表扬/批评＋没＋表扬/批评＋O₁＋V＋O₂？

老师　表扬　没　表扬　他　帮助　同学？

老板　批评　没　批评　秘书　忘记　会议时间？

d. S＋有没有＋表扬/批评＋O₁＋V＋O₂？

老师　有没有　表扬　他　帮助　同学？

老板　有没有　批评　秘书　忘记　会议时间？

💡 小提示

在疑问形式中，如果句末使用疑问语气词"吗"，宾语2的后面通常要加动态助词"了"。例如：

＊老板批评秘书忘记会议时间吗？

老板批评秘书忘记会议时间了吗？

60 兼语句2（2）表称谓或认定义：主语＋叫/称（呼）/说/收/选＋宾语1＋做/为/当/是＋宾语2

【四41】

◎ **基本语义及用法**

表示主语将某人称作某一称谓，或将某人认作某一身份。

It indicates the subject calls someone something or regards someone as a certain identity.

◎ **典型例句和对话**

例句	①大家都称他为先生。	②老师们都说他是好学生。	③大家都选他当班长。
交际实践	(在教室) A：这位教授的学问可真大啊！ B：所以大家都称他为先生。	(在学校) A：丹尼这个人怎么样？ B：老师们都说他是好学生。	(在办公室) 老师A：杰克这个同学不错吧？ 老师B：同学们很喜欢他，大家都选他当班长。

◎ **补充例句**

①王教授收我做研究生。
②员工们都称他为王经理。
③同学们都称他为"小老师"。
④他愿意收我当学生。
⑤孩子们都选她当组长。
⑥游客们都说这里是个好地方。

◎ **结构特点**

①肯定形式：

S + 叫 / 称（呼）/ 说 / 收 / 选 + O_1 + 做 / 为 / 当 / 是 + O_2

大家　都　称　他　为　先生。
老师们　都　说　他　是　好学生。
王教授　收　我　做　研究生。
同学们　都　选　他　当　班长。

②否定形式：

S + 没 / 没有 + 叫 / 称（呼）/ 说 / 收 / 选 + O_1 + 做 / 为 / 当 / 是 + O_2

王教授　没 / 没有　收　我　做　研究生。

③疑问形式：

a. S + 叫 / 称（呼）/ 说 / 收 / 选 + O_1 + 做 / 为 / 当 / 是 + O_2 + 了 + 吗 / 没有？

王教授　收　你　做　研究生　了　吗 / 没有？

> b. S + 收/选 + 没 + 收/选 + O₁ + 做/为/当/是 + O₂？
>   同学们 都 选 没 选 他 当 班长？
> c. S + 有没有 + 叫/称（呼）/说/收/选 + O₁ + 做/为/当/是 + O₂？
>   王教授 有没有 收 你 做 研究生？

💡 小提示

否定副词"没"或"没有"只能放在第一个动词的前面，不能放在第二个动词的前面。例如：

*王教授收我没/没有做研究生。

王教授没/没有收我做研究生。

61 "是……的"句2：强调说话人的看法或态度【四42】

◎ **基本语义及用法**

强调说话人的看法或态度。
It emphasizes the speaker's opinion or attitude.

◎ **典型例句和对话**

例句	①这个问题是可以解决的。	②这道题是很简单的。	③那样的事情是绝对不会发生的。
交际实践	（在办公室） 经理：这个问题是可以解决的，你再想一想。 员工：好的，我再试试其他方案。	（在教室） A：这道题我真的不会，你直接告诉我答案吧。 B：不行。这道题是很简单的，你再自己好好想想吧。	（在家） 妈妈：出门的时候千万别忘了带护照和手机。 儿子：你放心，那样的事情是绝对不会发生的。

◎ **补充例句**

①毕业是很不容易的。
②这个设计是很独特的。

③这个方案是可以改进的。
④那个模型是能够复制的。
⑤医生的表情是很沉重的。
⑥我们的试验是可以成功的。

◎ **结构特点**

"是……的"句强调说话人的看法或态度，可以是肯定的，也可以是否定的。

① S + 是 + VP + 的
　这个问题　是　可以解决　的。（肯定）
　这个问题　是　不能解决　的。（否定）
　这个问题　是　解决不了　的。（否定）

② S + 是 + AP + 的
　这道题　是　很简单　的。（肯定）
　这道题　是　很不简单　的。（否定）

💡 **小提示**

（1）"是……的"句中，"是"后面的动词通常要加补语、状语。例如：
　　＊这个问题是解决的。
　　　这个问题是解决不了的。（加补语"不了"）
　　　这个问题是可以解决的。（加状语"可以"）

（2）"是……的"句中，"是"后面的形容词通常要加状语。例如：
　　＊这道题是简单的。
　　　这道题是很简单的。（加状语"很"）

62 并列复句：不是……，而是…… 【四43】

◎ **基本语义及用法**

表明说话人的判断。前后两个分句表示相对的语义内容，并列在一起，形成对照；前后分句关系平等，不分主次。

It explains the speaker's judgment. The two clauses express contrary meanings and form a contrast when put together. The two clauses are in an equal relationship, without one being subordinate to the other.

◎ **典型例句和对话**

例句	①我不是不想去，而是没时间。	②这不是我的书，而是杰克的。	③这件事错的不是我，而是他。
交际实践	（在学校） A：你为什么不想去听那门课？ B：我不是不想去，而是没时间。	（在教室） A：这不是我的书，而是杰克的。 B：看来他一定是把你的书拿走了。	（在咖啡馆） A：这件事错的不是我，而是他。 B：但是你也有不对的地方。

◎ **补充例句**

①他不是不会这道题，而是不认真。
②她的妈妈不是医生，而是老师。
③这幅字不是我写的，而是我朋友写的。
④我不是不帮你寄书，而是邮局已经下班了。
⑤她不是不喜欢那件衣服，而是钱不够了。
⑥他不是不爱喝茶，而是担心晚上睡不着。

◎ **结构特点**

① S + 不是 + N_1/VP_1，而是 + N_2/VP_2
　她的妈妈　不是　医生，而是　老师。
　我　不是　不想去，而是　没时间。

②不是 + S + VP_1，而是 + VP_2
　不是　我　不想去，而是　没时间。

③ S_1 + 不是 + VP_1，而是 + S_2 + VP_2
　我　不是　不帮你寄书，而是　邮局　已经下班　了。

💡 **小提示**

（1）前后分句中出现的人物、事物或情况等一定要属于同一性质、范围。
（2）第一个分句的主语既可以放在"不是"的前面，也可以放在"不是"的后面。例如：

我不是不想去，而是没时间。
不是我不想去，而是没时间。

（3）如果前后两个分句的主语相同，第二个分句的主语可以省略。例如：

我不是不想去，而是我没时间。
我不是不想去，而是没时间。

（4）如果前后两个分句的主语不同，第二个分句的主语应该放在"而是"的后面，而且不能省略。例如：

*我不是不帮你寄书，邮局而是已经下班了。
*我不是不帮你寄书，而是已经下班了。
我不是不帮你寄书，而是邮局已经下班了。

63 并列复句：既……，又/也…… 【四44】

◎ **基本语义及用法**

由两个分句构成，表示主语同时具有两种属性、能力、身份等。

It is made up of two clauses, indicating the subject has two attributes, capabilities, identities, etc. at the same time.

◎ **典型例句和对话**

例句	①这件新衣服既好看，又暖和。	②他既会学习，又会玩儿。	③他既是我们的老师，又是我们的朋友。
交际实践	（在家） 妈妈：我给你买的新衣服怎么样？ 儿子：这件新衣服既好看，又暖和，我很喜欢。	（在办公室） 老师A：大卫这个学生怎么样？ 老师B：他既会学习，又会玩儿，是一个做事情很有计划的人。	（在学校） A：那位是你们的老师吗？ B：没错。他既是我们的老师，又是我们的朋友。

◎ **补充例句**

①他既想喝咖啡，又想喝奶茶。
②这个牌子的巧克力既好吃，又便宜。
③他既想参加比赛，又怕比赛失败。
④他现在既不在家，也不在学校。
⑤我姐姐既是演员，也是模特儿。
⑥她既要做生意，也要照顾孩子。

◎ **结构特点**

S + 既 + VP_1/Adj_1，又 / 也 + VP_2/Adj_2
他　既　会学习，又　会玩儿。
这件新衣服　既　好看，又　暖和。

◎ **小提示**

（1）两个分句的主语通常是相同的。例如：
　　＊他既会学习，我又会玩儿。
　　　他既会学习，又会玩儿。
（2）第一个分句的主语必须放在"既"的前面，第二个分句的主语通常省略。例如：
　　＊既他会学习，又会玩儿。
　　＊他既会学习，他又会玩儿。
　　　他既会学习，又会玩儿。
（3）前后两个分句的内容必须是相关的，结构也是相近的。例如：
　　他既会学习，又会玩儿。
　　他既是我们的老师，又是我们的朋友。
　　他现在既不在家，也不在学校。

64 承接复句：首先……，其次……　【四45】

◎ **基本语义及用法**

由两个分句构成，表示主语按照时间顺序、逻辑顺序或重要程度先后进行两个动作或呈现两种行为。

It is made up of two clauses, indicating the subject performs two actions or shows two kinds of behaviors in the order of time, logic or importance.

◎ **典型例句和对话**

例句	①首先我们要读一遍课文，其次我们要根据课文做一些练习。	②我们球队问题很多，首先是队员不够团结，其次是训练时间太短。	③评价一个学生，首先看品质，其次看成绩。
交际实践	（在教室） 学生：老师，这篇课文要怎么学？ 老师：首先我们要读一遍课文，其次我们要根据课文做一些练习。	（在操场） 教练：我们球队问题很多，首先是队员不够团结，其次是训练时间太短。 队长：您放心，我们一定会团结起来，抓紧时间训练。	（在办公室） 老师A：我们应该如何评价一个学生呢？ 老师B：我认为评价一个学生，首先看品质，其次看成绩。

◎ **补充例句**

①我们首先要有创新精神，其次要善于学习，提高效率。
②要想提高写作水平，首先要多写多练，其次要多读多看。
③他这样做，首先不能解决问题，其次浪费了很多时间。
④大学生创业，首先要对行业有深入的了解，其次要对自己充满信心。
⑤学习首先要有认真的态度，其次要讲究方法。
⑥想要减肥，首先要多运动，其次要少吃零食。

◎ **结构特点**

① S + 首先 + VP_1，其次（+ S）+ VP_2
　　我们　首先　要读一遍课文，其次　我们　要根据课文做一个练习。
②首先 + S + VP_1，其次（+ S）+ VP_2
　　首先　我们　要读一遍课文，其次　我们　要根据课文做一个练习。

💡 小提示

（1）两个分句的主语通常是相同的。例如：

*首先我们要读一遍课文，其次他们要根据课文做一些练习。

首先我们要读一遍课文，其次我们要根据课文做一些练习。

（2）第一个分句的主语既可以放在"首先"的前面，也可以放在"首先"的后面，第二个分句的主语可以省略。例如：

首先我们要读一遍课文，其次（我们）要根据课文做一些练习。

我们首先要读一遍课文，其次（我们）要根据课文做一些练习。

65 承接复句：……，于是……

【四46】

◎ 基本语义及用法

由两个分句构成，表示后一件事紧接着前一件事，后一件事是由前一件事引起的。

It is made up of two clauses, indicating the latter event follows the previous one, and the latter event is caused by the previous one.

◎ 典型例句和对话

例句	①风停了，下起雨来，于是人们纷纷打起了雨伞。	②他不喜欢这个工作，于是就离开了这家公司。	③离开会的时间还早，于是我们去逛了逛书店。
交际实践	（在图书馆） A：刚才的风可真够大的，现在外边怎么样了？ B：风停了，下起雨来，于是人们纷纷打起了雨伞，我们等会儿再走吧。	（在办公室） A：杰克不是就在这家广告公司上班吗？ B：你还不知道？他不喜欢这个工作，于是就离开了这家公司。	（在会议室外） A：你们怎么这个时候才来？会议马上就要开始了。 B：我们提前一个小时就到了，一看离开会的时间还早，于是我们去逛了逛书店。

◎ 补充例句

①工人们请来了老专家，于是问题很快解决了。

②我很喜欢这个手机，于是买了下来。
③他下午有事不能陪我，于是我自己去了医院。
④超市里的苹果特别好，于是她买了几个回来。
⑤这次实验失败了，于是他换了一个方案。
⑥今天外面降温了，于是我多穿了一件衣服。

◎ **结构特点**

① S + VP$_1$，于是 + VP$_2$
　　他　不喜欢这个工作，于是　离开了这家公司。
② S$_1$ + VP$_1$，S$_2$ + 于是 + VP$_2$
　　工人们　请来了老专家，问题　于是　很快解决　了。
③ S$_1$ + VP$_1$，于是 + S$_2$ + VP$_2$
　　他　下午有事不能陪我，于是　我自己　去了医院。

◎ **小提示**

前后两个分句的主语可以相同，也可以不同。如果主语相同，第二个分句的主语可以省略；如果主语不同，第二个分句的主语不可以省略。第二个分句的主语既可以放在"于是"的前面，也可以放在"于是"的后面。例如：

他不喜欢这个工作，于是（他）离开了这家公司。（主语相同）
他下午有事不能陪我，于是我自己去了医院。（主语不同）
他下午有事不能陪我，我于是自己去了医院。（主语不同）

66 递进复句：……，甚至…… 【四47】

◎ **基本语义及用法**

由两个分句构成，后一个分句所表述的内容用来突出和强化前一个分句所呈现的事实。

It is made up of two clauses, the latter of which highlights and strengthens the fact shown in the former.

◎ 典型例句和对话

例句	①他什么都不会，甚至连最简单的汉字也写不了。	②她病得很严重，甚至要做大手术。	③妈妈真的很生气，甚至晚饭都没有吃。
交际实践	（在教室） A：你哥哥的中文怎么样？ B：他什么都不会，甚至连最简单的汉字也写不了。	（在家） 女儿：奶奶怎么样了？ 爸爸：她病得很严重，甚至要做大手术，你去看看她吧。	（在家） 弟弟：看来妈妈真的很生气，甚至晚饭都没有吃。 姐姐：你应该主动跟她承认错误。

◎ 补充例句

①他学习的时候非常专心，甚至忘了吃饭。
②她今天心情很好，甚至给自己放了一天假。
③他们公司的规模很大，甚至在国外也有分公司。
④这次考试非常难，甚至平时学习好的学生都不及格。
⑤他真的决定要减肥了，甚至最近连晚饭都不吃了。
⑥她的中文水平很高，甚至能看中文小说。

◎ 结构特点

① S + VP_1，甚至 + VP_2
她 病得很严重，甚至 要做手术。
② S_1 + AP，甚至 + S_2 + VP
这次考试 非常难，甚至 平时学习好的学生 都不及格。

💡 小提示

两个分句的主语可以是相同的，也可以是不同的。如果主语相同，第二个分句的主语通常省略；如果主语不同，第二个分句的主语不能省略，一般放在"甚至"的后面。例如：

＊她病得很严重，她甚至要做大手术。
她病得很严重，甚至要做大手术。（主语相同）

* 这次考试非常难,甚至都不及格。

　这次考试非常难,甚至平时学习好的学生都不及格。(主语不同)

67 选择复句:或者……,或者……   【四48】

◎ **基本语义及用法**

　由两个或两个以上的分句构成,分别列出多种情况,表示多种情况都可以或都有可能发生。

　It is made up of two or more clauses, enumerating different situations which can or may happen.

◎ **典型例句和对话**

例句	①这件事或者赶快停止,或者重新开始。	②暑假或者去上海,或者去杭州,反正得出去旅行。	③咱们三个人,或者你去,或者我去,或者他去,谁去都可以。
交际实践	(在办公室) 经理:这件事或者赶快停止,或者重新开始,必须马上做出决定。 员工:好的,我们尽快进行讨论。	(在教室) A:你准备怎么过暑假? B:暑假或者去上海,或者去杭州,反正得出去旅行。	(在办公室) A:下周的会议谁去参加? B:咱们三个人,或者你去,或者我去,或者他去,谁去都可以。

◎ **补充例句**

①咱们或者吃中餐,或者吃西餐,我都可以。
②这个周末我或者在家学习,或者和朋友去看电影。
③你或者坐公交车,或者坐地铁,但是不能骑自行车。
④他或者今天走,或者明天走,我也不确定。
⑤你或者买苹果,或者买香蕉,反正得买些水果。
⑥我们或者去食堂,或者点外卖,你决定吧。

◎ **结构特点**

"或者"后面的成分可以是动词性成分,且句法形式与意义前后一致。

> (S +) 或者 + VP₁,或者 + VP₂
> 他　或者　今天走,或者　明天走,我也不确定。
> 这件事　或者　赶快停止,或者　重新开始。

💡 **小提示**

两个分句的主语是相同的,第二个分句的主语通常省略。例如:

* 这件事或者赶快停止,这件事或者重新开始。

* 这件事或者赶快停止,那件事或者重新开始。

　这件事或者赶快停止,或者重新开始。

68 转折复句:……,然而……

【四49】

◎ **基本语义及用法**

前一分句提出某种事实或情况,后一分句表达的是与前面相反或相对的意思,且后一分句才是说话人想要表达的意图。

The first clause presents a certain fact or situation, and the second clause indicates the meaning opposite to the former one. The latter clause is what the speaker wants to say.

◎ **典型例句和对话**

例句	①我知道中文很有用,然而中文也太难了。	②他说他不喜欢这部电影,然而我觉得很有意思。	③我们都认为这场比赛他会赢,然而他输了。
交际实践	(在家) 哥哥:你不是想去中国旅游吗?那就好好学中文吧。 妹妹:我知道中文很有用,然而中文也太难了。	(在电影院门口) 儿子:这部电影你和爸爸都看过了,怎么样? 妈妈:他说他不喜欢这部电影,然而我觉得很有意思。	(在教室) A:你喜欢的那位网球明星昨天表现得怎么样? B:我们都认为这场比赛他会赢,然而他输了。

◎ **补充例句**

①面对错误要勇敢承认,然而很多人没有这样的勇气。
②他确实很想帮忙,然而事实上他没有那个能力。
③这个学期安娜学习更努力了,然而考试成绩还是不理想。
④我们本来计划这周末去爬山,然而下雨了,计划只能取消了。
⑤我们以为经理会亲自主持这次会议,然而她根本就没有出席。
⑥学习是很重要,然而身体健康更重要。

◎ **结构特点**

S_1 + VP_1,然而 + S_2 + VP_2
他　说他不喜欢这部电影,然而　我　觉得很有意思。

💡 **小提示**

后一分句的主语不能放在"然而"前面。例如:
＊我知道中文很有用,中文然而也太难了。
　我知道中文很有用,然而中文也太难了。

69 假设复句:……,否则……

【四50】

◎ **基本语义及用法**

前一分句假设情况是真实的,后一分句用"否则"说明在这种假设情况下可能会产生的相反或相对的结果。

The former clause assumes that the situation is true, and the latter clause uses the word 否则 to describe the opposite or relative results that may be produced in the hypothetical situation.

◎ **典型例句和对话**

例句	①我要认真复习，否则考试会不及格的。	②记得带卡，否则进不了办公室。	③上课前一定要预习好生词和课文，否则就听不懂老师讲的。
交际实践	（在教室） 教师：这次考试会比上次考试还难。 学生：所以我要认真复习，否则考试会不及格的。	（在办公室） A：你们下午都要去会议室开会吗？ B：是的。大家都不在，你记得带卡，否则进不了办公室。	（在教室） A：这篇课文好长，生词和语法都很难。 B：所以上课前一定要预习好生词和课文，否则就听不懂老师讲的。

◎ **补充例句**

①吃不完的菜要放进冰箱保存，否则很快就会坏掉。
②你应该多做运动，锻炼身体，否则很容易生病。
③考试时大家不能查字典，否则就取消成绩。
④你出门前跟妈妈说一声，否则她会担心的。
⑤你最好现在就出发，否则上课会迟到。
⑥上课要多做笔记，否则课后容易忘记。

◎ **结构特点**

① S + VP_1，否则 + VP_2
　我　要认真复习，否则　会不及格的。
② S_1 + VP_1，否则 + S_2 + VP_2
　你　出门前跟妈妈说一声，否则　她　会担心的。

◎ **小提示**

后一分句的主语不能放在"否则"前面。例如：
＊我要认真复习，考试否则会不及格的。
　我要认真复习，否则考试会不及格的。

70 假设复句：假如……，（就）…… 【四51】

◎ **基本语义及用法**

指分句之间具有假设关系的复句。前一分句提出假设的情况，后一分句说明在这种假设情况之下所产生的结果。

It is a complex sentence where the clauses are in a hypothetical relationship. The first clause proposes a hypothetical situation, and the second clause explains the result caused by the assumed situation.

◎ **典型例句和对话**

例句	①假如有困难，你一定要告诉我。	②假如能通过这个考试，我就可以拿到学校的奖学金了。	③假如明天下雨，我们就取消这个旅行计划。
交际实践	（在公司） 员工：我一定会按时完成这个任务的，您放心。 经理：我相信你，假如有困难，你一定要告诉我。	（在家） 爸爸：看起来你特别重视这个考试，它对你很重要吗？ 女儿：当然。假如能通过这个考试，我就可以拿到学校的奖学金了。	（在家） 妻子：假如明天下雨，我们就取消这个旅行计划，怎么样？ 丈夫：我赞成，下雨天出门太麻烦了。

◎ **补充例句**

①假如我们不努力学习，就没办法通过最后的考试。
②假如你没吃过饺子，这次一定要尝尝。
③假如我不能准时到达会议室，你就代替我主持会议。
④假如星期六天气好，我们就去爬长城。
⑤假如计划有变化，麻烦你及时通知大家。
⑥假如他愿意帮助我们，这件事就变得简单了。

◎ 结构特点

①假如（+S）+VP$_1$，S+VP$_2$
假如　有困难，你　一定要告诉我。
②假如+S$_1$+VP$_1$，S$_2$+（就）+VP$_2$
假如　我　不能准时到达会议室，你　就　代替我主持会议。

💡 小提示

（1）如果前一分句和后一分句的主语相同，则这个主语既可以放在"假如"后面，也可以放在后一分句的句首。例如：

假如你有困难，一定要告诉我。
假如有困难，你一定要告诉我。

（2）"假如"后面只能是尚未发生的事情，不能是正在发生或者已经发生了的事情。例如：

＊假如有着困难，你一定要告诉我。
＊假如有过困难，你一定要告诉我。
　假如有困难，你一定要告诉我。

71　假设复句：万一……，（就）……　【四52】

◎ 基本语义及用法

前一分句提出可能性极小的假设，后一分句说明在这种情况下产生的结果，一般用于不如意的事。

The former clause presents a hypothesis of minimal possibility, and the latter clause describes the outcome in such a case.

◎ **典型例句和对话**

例句	①万一我没来，你就自己先去吧。	②一定要把你们的护照带上，万一需要，没带就麻烦了。	③快出发吧，万一迟到就不好了。
交际实践	（在教室） A：明天八点，图书馆门口见。 B：好的。万一我没来，你就自己先去吧。	（在车站） 妈妈：一定要把你们的护照带上，万一需要，没带就麻烦了。 爸爸：放心吧，我和孩子的都带了。	（在家） 儿子：已经8:20了，马上要上课了。 妈妈：快出发吧，万一迟到就不好了。

◎ **补充例句**

①你记得带把伞，万一下雨，就麻烦了。
②万一计划有变化，请你马上告诉我。
③万一她不答应你的请求，你也别生气。
④万一他来家里找我，就说我出门了。
⑤你多带几件衣服吧，万一降温，就用得上了。
⑥我们要准备两个方案，万一第一个有问题，就用第二个。

◎ **结构特点**

万一 + S_1 + VP_1，S_2(+ 就) + VP_2
万一　我　没来，你　就　自己先去　吧。

💡 **小提示**

（1）前一分句的主语既可以放在"万一"前面，也可以放在"万一"后面。例如：
　　我万一没来，你就自己先去吧。
　　万一我没来，你就自己先去吧。

（2）前一分句和后一分句的顺序不能互换，假设句在前，结果句在后。例如：
　　*你就自己先去吧，万一我没来。
　　　万一我没来，你就自己先去吧。

72 条件复句：不管……，都/也…… 【四53】

◎ **基本语义及用法**

前一分句提出一种真实或假设的条件，后一分句说明在任何条件下，结果或结论都不会改变。

The preceding clause puts forward a real or hypothetical condition and the latter clause states that the result or conclusion will not change under any condition.

◎ **典型例句和对话**

例句	①不管明天是否下雨，我都要去看他。	②不管有多难，我也会坚持学下去。	③不管什么年纪，我们都不能停止学习。
交际实践	（在家） 妻子：天气预报说明天下大雨，要不你下次再去看他吧？ 丈夫：已经约好了。不管明天是否下雨，我都要去看他。	（在学校） A：中文这么难，你还想继续学吗？ B：是的。不管有多难，我也会坚持学下去。	（在家） 孙子：奶奶，您这么大年纪了，还在学电脑？ 奶奶：对呀！不管什么年纪，我们都不能停止学习。

◎ **补充例句**

①不管遇到什么困难，我们都要坚强。
②我们不管做什么事，都要好好计划。
③他很喜欢交朋友，不管去哪里，都有很多朋友。
④你不管来不来，都要提前给我打个电话。
⑤不管他说了什么，你也不要生气。
⑥不管多大的困难，我都要自己解决。

◎ **结构特点**

在"不管……"引导的分句里，必须含有疑问词、疑问结构或"是否"。

> ① S + 不管 + VP_1，都/也 + VP_2
> 　我们　不管　做什么事，都　要好好计划。
> ② 不管 + VP_1，S + 都/也 + VP_2
> 　不管　遇到什么困难，我们　都　要坚强。
> 　不管　有多难，我　也　会坚持学下去。

③不管 + S₁ + VP₁，S₂ + 都/也 + VP₂
不管 明天 是否下雨，我 都 要去看他。
不管 他 说了什么，你 也 不要生气。

小提示

（1）前一分句中的时间副词或者主语既可以放在"不管"前面，也可以放在"不管"后面。例如：

明天不管是否下雨，我都要去看他。
不管明天是否下雨，我都要去看他。
不管我们做什么事，都要好好计划。
我们不管做什么事，都要好好计划。

（2）前一分句和后一分句的主语相同时，这个主语既可以放在"不管"前面，也可以放在"都、也"前面。例如：

你不管来不来，都要提前给我打个电话。
不管来不来，你都要提前给我打个电话。

73 条件复句：无论……，都/也…… 【四 54】

◎ **基本语义及用法**

表示不管情况或条件是否发生变化，事情的结果都不变。
It indicates the result won't change no matter how the situation or condition changes.

◎ **典型例句和对话**

例句	①无论学习多么紧张，我都坚持每天锻炼一个小时。	②无论他怎么说，也没有人相信他。	③无论天气情况多么差，快递都会准时送到。
交际实践	（在体育馆） A：快考试了，你怎么还来打球？ B：无论学习多么紧张，我都坚持每天锻炼一个小时。	（在学校） A：他这么说太奇怪了吧，大家会信吗？ B：无论他怎么说，也没有人相信他。	（在公司） A：明天下雪，你说我的快递能按时到吗？ B：你放心吧，无论天气情况多么差，快递都会准时送到。

◎ **补充例句**

①无论妈妈说什么,她都不听。
②无论你遇到什么困难,我都会在你身边。
③无论结果怎么样,你在我心里都是最优秀的。
④无论老板给我加多少工资,我也不会继续留在公司。
⑤无论下多么大的雨,我也要去学校。
⑥无论是什么活动,她都愿意参加。

◎ **结构特点**

在"无论"引导的分句里,必须含有疑问词、疑问结构。

①无论 + S + VP_1,都/也 + VP_2
　无论　他　怎么说,都　没有人相信他。
②无论 + VP_1,S + 都/也 + VP_2
　无论　是什么活动,她　都　愿意参加。
③无论 + S_1 + VP_1,S_2 + 都/也 + VP_2
　无论　妈妈　说什么,她　都　不听。
　无论　老板　给我加多少工资,我　也　不会继续留在公司。

💡 **小提示**

在"无论……,都/也……"中,"都、也"应该位于分句的主语之后。例如:

＊无论妈妈说什么,都她不听。
　无论妈妈说什么,她都不听。
＊无论下多么大的雨,也我要去学校。
　无论下多么大的雨,我也要去学校。

74 因果复句:既然……,就…… 〔四55〕

◎ **基本语义及用法**

表示某件事情发生后,说话人的看法或对情况的判断发生了改变。前一分句提出一个已经发生的事实或者已经确认的想法,后一分句是由此得出的结论、推测或者建议。

It indicates the speaker's opinion or judgment of the situation has changed after the occurrence of something. The first clause states something that has already happened or an idea that has been confirmed, and the second clause is the conclusion, inference or suggestion thus made.

◎ **典型例句和对话**

例句	①既然这事你已经决定了，我就不说什么了。	②既然外面下雨了，我们就明天再去吧。	③既然你通过了面试，我们就好好庆祝一下儿吧。
交际实践	（在家） 儿子：我想选择中文作为我的专业。 妈妈：既然这事你已经决定了，我就不说什么了。	（在公司） A：下班后我们还去喝咖啡吗？ B：既然外面下雨了，我们就明天再去吧。	（在学校） A：告诉你个好消息，我通过了公司的面试。 B：既然你通过了面试，我们就好好庆祝一下儿吧。

◎ **补充例句**

①既然她不喜欢你，你就别追求她了。
②既然设备没有出现问题，你们就继续使用吧。
③既然生病了，你就好好休息吧。
④既然你再三请求，我就答应你吧。
⑤既然酸奶过期了，我们就别喝了。
⑥既然你想知道，我就全告诉你吧。

◎ **结构特点**

前后两个分句的主语可以相同，也可以不同。

①既然 + S_1 + VP_1，S_2 + 就 + VP_2
　既然　你　再三请求，我　就　答应你　吧。
②既然 + VP_1，S + 就 + VP_2
　既然　生病　了，你　就　好好休息　吧。
③ S + 既然 + VP_1，就 + VP_2
　你　既然　生病　了，就　好好休息　吧。

小提示

后一分句如果有主语，主语要放在"就"的前面。例如：

* 既然这事你已经决定了，就我不说什么了。

　既然这事你已经决定了，我就不说什么了。

75　因果复句：……，可见……

【四56】

◎ **基本语义及用法**

前一分句说明一件事情，用"可见"承接上文，并引出后面的判断或结论。

The preceding clause illustrates one thing, and 可见 is used to succeed to what was said above, leading to the following judgment or conclusion.

◎ **典型例句和对话**

例句	①他的中文水平很高，可见他在留学期间学习是多么努力。	②他在我困难的时候一直帮助我，可见他是我多么好的朋友。	③他给你打了好多电话，可见他有多着急。
交际实践	（在公司） A：我听说他大学是在中国读的。 B：是的。他的中文水平很高，可见他在留学期间学习是多么努力。	（在学校） A：你们俩认识这么久了，关系怎么样？ B：他在我困难的时候一直帮助我，可见他是我多么好的朋友。	（在办公室） A：刚才谁在找我？ B：是大卫。他给你打了好多电话，可见他有多着急。

◎ **补充例句**

①老师也没做出这道题，可见这道题有多难。

②校长都出席了会议，可见这次会议有多么重要。

③飞机又晚点了，可见今天天气情况不太好。

④爷爷这么严重的病都治好了，可见这个医生水平有多高。

⑤下载的速度变慢了，可见网络不太稳定。

⑥这么多任务他三天就完成了，可见他的工作效率很高。

◎ 结构特点

① S + VP$_1$，可见 + S + VP$_2$
他　在我困难的时候一直帮助我，可见　他　是我多么好的朋友。
② S$_1$ + VP$_1$，可见 + S$_2$ + VP$_2$
校长　都出席了会议，可见　这次会议　有多么重要。

💡 小提示

后一分句的主语不能省略，并且要放在"可见"后面。例如：
* 他的中文水平很高，可见在留学期间学习是多么努力。
* 他的中文水平很高，他可见在留学期间学习是多么努力。
　他的中文水平很高，可见他在留学期间学习是多么努力。

76 让步复句：哪怕……，也/还…… 【四57】

◎ 基本语义及用法

"哪怕"引导的分句说明假设的情况，"也/还"引出后一分句，说明在假设的情况下结果不变。

The clause led by 哪怕 proposes a hypothetical situation, and 也/还 introduces the second clause, which indicates that the result won't change regardless of the assumed situation.

◎ 典型例句和对话

例句	①哪怕明天下雨，足球比赛也要继续进行。	②哪怕再难，我也要坚持学下去。	③哪怕机会不大，我还是要去试一试。
交际实践	（在体育场） A：如果明天天气不好，比赛还会举行吗？ B：哪怕明天下雨，足球比赛也要继续进行。	（在学校） A：学习中文可真不是一件容易的事，你想好了吗？ B：哪怕再难，我也要坚持学下去。	（在公司） A：听说这次面试非常严格，由总经理亲自主持。 B：哪怕机会不大，我还是要去试一试。

◎ 补充例句

①哪怕失败了，你也不要失去信心。
②哪怕这件衣服已经打折了，价格还是很高。
③哪怕所有人都说我不行，我也要去试一试。
④经理哪怕是亲自去，也解决不了这个问题。
⑤你哪怕非常不愿意，明天也得去一趟，这是工作。
⑥哪怕明天下雪，他也会准时来。

◎ 结构特点

①哪怕 + S_1 + VP_1，S_2 + 也 / 还 + VP_2
　哪怕　所有人　都说我不行，我　也　要试一试。
② S + 哪怕 + VP_1，(S +) 也 / 还 + VP_2
　经理　哪怕　是亲自去，也　解决不了这个问题。

💡 小提示

"哪怕"引导的分句是说话人假设会出现的情况，通常是还没发生的事情或不会发生的事情，因此"哪怕"后面不能跟表示过去的时间词。例如：

＊哪怕昨天下雨，足球比赛也要继续进行。
　哪怕明天下雨，足球比赛也要继续进行。

77　目的复句：……，好……　……，hǎo……　【四58】

◎ 基本语义及用法

前一分句引出一件事情，后一分句说明做这件事情的目的。
The first clause states something, and the second clause explains the purpose for doing it.

◎ **典型例句和对话**

例句	①老师布置了听写作业，好帮助我们练习汉字。	②我们应该不断地引导他，好让他对自己有信心。	③我打算每天步行上班，好锻炼锻炼身体。
交际实践	（在学校） A：老师会帮助你们学习汉字吗？ B：老师布置了听写作业，好帮助我们练习汉字。	（在家） 爸爸：儿子总是害怕自己考不好。 妈妈：我们应该不断地引导他，好让他对自己有信心。	（在办公室） A：你最近怎么不开车了？ B：我打算每天步行上班，好锻炼锻炼身体。

◎ **补充例句**

①他每天都坚持锻炼，好让身体更健康一点儿。
②她用凉水洗了把脸，好让自己保持清醒。
③她一直在坚持学习，好提高自己的工作能力。
④这个新演员不断地拍电视剧，好让大家记住他。
⑤她每天都给家里打电话，好让父母放心。
⑥课本里新增加了一些图片，好帮助学生理解课文内容。

◎ **结构特点**

① S + VP_1，好 + VP_2
　　老师　布置了听写作业，好　帮助我们练习汉字。
② S + VP_1，好 + 让 + O（施事）+ VP_2
　　我们　应该不断地引导他，好　让　他　对自己有信心。

💡 **小提示**

"好"后面的分句表示想要达到的目的，说明目的还没达到，因此后面分句中的动词不能加表示已经完成的"了"。例如：

＊老师布置了听写作业，好帮助了我们练习汉字。

老师布置了听写作业，好帮助我们练习汉字。

78 紧缩复句：无标记 【四59】

◎ **基本语义及用法**

两个以上的句子缩略成一个句子，或一个句子可以分解为两个结构，两个结构之间存在转折、假设等关系。

Two or more sentences are condensed into one, and one sentence can be divided into two structures which have an adversative, hypothetical or some other relationship.

◎ **典型例句和对话**

例句	①你有事你先走。	②你不怕我怕。	③你想去你去。
交际实践	（在会议室） A：对不起，我家里有点儿事，可以请个假吗？ B：你有事你先走吧。	（在马路上） A：我们走那条路吧，虽然那条路很黑，但是我不怕。 B：不行，你不怕我怕。	（在图书馆） A：我们看书看了一上午了，去吃饭吧。 B：我还不饿，你想去你去吧。

◎ **补充例句**

① 你想吃你吃。
② 你喜欢你拿走。
③ 你同意我不同意。
④ 谁观察谁记录。
⑤ 站得高看得远。
⑥ 出了事你负责。

◎ **结构特点**

① (S+) P_1 (+S) + P_2 (+吧)
你　有事　你　先走　吧。
站得高　看得远。

② $S_1 + P_1 + S_2 + P_2$
你　不怕　我　怕。
你　同意　我　不同意。

◎ **小提示**

前一结构代表前一分句，后一结构代表后一分句，可以通过补充关联词语把紧缩复句扩展成一般复句。例如：

你同意我不同意。

虽然你同意，但是我不同意。（转折复句）

出了事你负责。

如果出了事，那么你就得负责。（假设复句）

79 紧缩复句：不……也…… 【四60】

◎ 基本语义及用法

表示无论假设的情况是否发生，结果或要达到的目的都不会改变。

It indicates no matter whether the assumed situation appears or not, the result or the goal to achieve won't change.

◎ 典型例句和对话

例句	①今天晚上我不睡觉也要把这篇作文写完。	②他不吃饭也要帮我修电脑。	③他不休息也要玩儿手机游戏。
交际实践	（在家） 妈妈：现在已经很晚了，别写了，快睡觉吧。 儿子：今天晚上我不睡觉也要把这篇作文写完。	（在办公室） A：中村还在帮你修电脑？ B：没办法，他不吃饭也要帮我修电脑。	（在家） 爸爸：该睡觉了，大卫还在玩儿手机？ 姐姐：对呀，他不休息也要玩儿手机游戏。

◎ 补充例句

①他不喜欢做也得做。

②她不休息也要陪孩子。

③她不旅游也要拿节省下来的钱学舞蹈。

④这位教授不喝水也能演讲两小时。

⑤他不准备也能考出一个好成绩。

⑥这手机不充电也能用一天。

◎ **结构特点**

S + 不 + VP₁ + 也 + VP₂
今天晚上　我　不　睡觉　也　要把这篇作文写完。

◎ **小提示**

"不……也……"通常可以扩展为"哪怕……，也/还……"这种让步复句。例如：

他不喜欢做也得做。
哪怕他不喜欢，他也得做。
她不休息也要陪孩子。
她哪怕不休息，也要陪孩子。

80 概数表示法3：数词 + 来 + 量词　【四61】

◎ **基本语义及用法**

"来"用在数词后表示概数，表示比数词的数目多一点儿或少一点儿。例如，"十来本"可以表示8～12本，"五斤来重"表示比五斤多几两或少几两。

来 is used after a numeral to indicate an approximate number which is a little greater or smaller than the numeral. For example, 十来本 means 8-12 copies, and 五斤来重 indicates a little more or less than 2.5 kilos.

◎ **典型例句和对话**

例句	①我在家看书了，看了十来本书。	②这袋米有五十来斤。	③我已经住了一个来月了。
交际实践	（在教室） A：这个暑假你出去旅行了吗？ B：没有。我在家看书了，看了十来本书。	（在楼下） A：这袋米真重，有多少斤？ B：这袋米有五十来斤，我一个人拿不上去。	（在酒店） A：你在这儿住了多久了？ B：我已经住了一个来月了。

◎ **补充例句**

①王老师三十来岁。
②这件衣服两百来块。
③这儿能停一百来辆车。
④这条鱼三斤来重。
⑤那条围巾三尺来长。
⑥这棵树有十米来高。

◎ **结构特点**

具体来说,"来"有两个位置:在数词和量词中间,在量词后边。

(1)当"来"在数词和量词中间时,数词只能是整十、整百、整千的数字。

Num + 来 + M（+ N）
我看了　十　来　本　书。(作宾语)
王老师　三十　来　岁。(作谓语)
这袋米有　五十　来　斤。(作宾语)

(2)当"来"在量词后面时,数词常常是十以内的数字。这里的量词表示连续的量,可以被分割成更小的量,如表示度量衡的"斤、尺、米、里"等。

Num + M + 来 + Adj
这棵树有　十　米　来　高。
这条鱼　三　斤　来　重。

💡 **小提示**

当数词是"十"时,"来"有两种位置,但意思不同。例如:"十斤来重"表示比十斤多几两或少几两,如"十斤一两";"十来斤重"表示比十斤多一两斤或少一两斤,如"九斤"或"十一斤"。

81 小数、分数、百分数、倍数的表示法 【四62】

◎ **基本语义及用法**

为了更准确地表达数字，可以用小数、分数、百分数、倍数。
Decimals, fractions, percentages, and multiples are used to express numbers more accurately.

◎ **典型例句和对话**

例句	①这一百个汉字，我认识三分之二。	②这种笔的价格比原来降低了百分之五十。	③三班的男生人数是女生人数的三倍。
交际实践	（在教室） A：这些汉字你认识多少？ B：这一百个汉字，我认识三分之二。	（在商店） A：这种笔的价格比原来降低了百分之五十。 B：那便宜了很多，我们多买一些吧。	（在办公室） 老师A：三班的男生看起来比女生多不少。 老师B：是的，三班的男生人数是女生人数的三倍。

◎ **补充例句**

①我这次考试得了九十八点五分。
②今年生产的产品数量比去年增加了百分之四十。
③这件大衣的价格是那件的四倍。
④这个月的广告费比上个月下降了百分之二十。
⑤这个地方很受欢迎，今年的游客人数比去年增加了两倍。
⑥这项调查显示，一百个人里大概有四分之三的人喜欢这部电影。

◎ **结构特点**

① V + …分之…/ 百分之…/…倍

这一百个汉字，我 认识 三分之二。
这种笔的价格比原来 降低了 百分之五十。
这个地方很受欢迎，今年的游客人数比去年 增加了 两倍。

② A + 是 + B + 的 + …分之…/百分之…/…倍
这件大衣的价格　是　那件　的　二分之一。
三班的男生人数　是　女生人数　的　三倍。

小提示

（1）小数的表示方式是"…点…"，在个位数后面加"点"。

（2）分数的表示方式是"…分之…"，在个位数后面加"分之…"。百分数的表示方式是"百分之…"。百分数和分数既可以表示数目的增加，也可以表示数目的减少。例如：

今年生产的产品数量比去年增加了四分之一/百分之二十五。

这个月的广告费比上个月下降了五分之一/百分之二十。

（3）倍数的表达方式是"…倍"，倍数只能用来表示数目的增加，不能表示数目的减少。例如：

*这个地方很受欢迎，今年的游客人数比去年减少了两倍。

这个地方很受欢迎，今年的游客人数比去年增加了两倍。

82 用反问句表示强调：由疑问代词构成的反问句 【四63】

◎ 基本语义及用法

由"谁、什么、哪儿、怎么、为什么"等疑问代词构成的问句也可以用来表示反问。否定形式表达的是肯定义，肯定形式表达的是否定义。说话人经常用这类反问句反驳别人、提出批评或者进行辩解。

Interrogative pronouns such as 谁, 什么, 哪儿, 怎么, 为什么, etc. can be used to form rhetorical questions in which a positive meaning is expressed in the negative form and vice versa. This kind of rhetorical question is often used to retort, criticize or defend.

◎ 典型例句和对话

例句	①他这么有名，谁不知道他啊？	②他没告诉我，我怎么会知道呢？	③作业这么多，我哪儿有时间出去玩儿？
交际实践	（在教室） A：你知道三班的麦克吗？ B：他这么有名，谁不知道他啊？	（在图书馆） A：你旁边的这位同学去哪儿了？ B：他没告诉我，我怎么会知道呢？	（在家） 妈妈：放假了，你别老坐在房间里，应该出去玩儿玩儿。 儿子：作业这么多，我哪儿有时间出去玩儿？

◎ 补充例句

①谁说我没来上班？
②他是个美食家，还有什么好菜没吃过呢？
③我什么时候说过这种话了？
④他在北京这么多年了，哪儿没去过？
⑤你如果早点儿出发，怎么会迟到呢？
⑥你为什么不早一点儿告诉大家呢？

◎ 结构特点

> S + QPr + …… (+ 啊/呢)？
> 我　怎么　会知道　呢？
> 我　哪儿　有时间出去玩儿？
> 你　为什么　不早一点儿告诉大家　呢？

💡 小提示

由疑问代词构成的反问句后面可以用语气助词"啊、呢"，加强反问语气。例如：

他这么有名，谁不知道他啊？
他去哪儿，我怎么会知道呢？

83 用双重否定表示强调 【四64】

◎ **基本语义及用法**

两个否定副词连用，整个格式表示肯定的意思，有加强语气、强调的作用。如"没有孩子不喜欢玩儿"的意思是"所有的孩子都喜欢玩儿"。

Two negative adverbs are used together to express a positive meaning in a strengthened, emphatic tone. For example, 没有孩子不喜欢玩儿 (No kid doesn't love playing) means "all kids love playing".

◎ **典型例句和对话**

例句	①没有孩子不喜欢玩儿。	②这么重要的活动我不可能不参加。	③我们家没有不喜欢唱歌的。
交际实践	（在办公室） A：有些孩子不喜欢学习，只喜欢玩儿。怎么办呢？ B：没有孩子不喜欢玩儿。我们应该想办法让孩子们在玩儿的时候学到知识。	（在教室） A：明天的活动你要去吗？ B：当然要去，这么重要的活动我不可能不参加。	（在学校） A：你家人喜欢唱歌吗？ B：我们家没有不喜欢唱歌的。

◎ **补充例句**

①老师不会不答应我们的请求。
②这个会议你不去不行。
③你一定得来，这里不能没你。
④我们班没有一个人不喜欢他的。
⑤这件事不是我不管，是我管不了。
⑥你哭什么呀？我们又不是见不了面了。

◎ **结构特点**

①不……不/没/没有……
这么重要的活动我 不可能不参加。
这里 不能没你。
②没/没有……不……
没有孩子不喜欢玩儿。
我们班 没有一个人不喜欢他的。
③不是……不/没/没有……
这件事 不是我不管。
我们 不是见不了面了。

84 用"一+量词（+名词）+也（都）/也没（不）……"表示强调

【四65】

◎ **基本语义及用法**

"一+量词（+名词）+也（都）/也没（不）……"通过否定最小的量"一"表示对全体的否定，语气比较强。如"我一本中文书也没看过"的意思是"我从来没看过中文书"。

It negates all by negating the slightest amount denoted by 一, expressing a strong tone. For example, 我一本中文书也没看过 (I haven't read one Chinese book) means "I have never read any Chinese books".

◎ **典型例句和对话**

例句	①我一本中文书也没看过。	②我在北京一个人都不认识。	③那些苹果一个也不甜。
交际实践	（在教室） A：你以前看过中文书吗？ B：我一本中文书也没看过。	（在火车上） A：你刚到北京的时候过得怎么样？ B：那时候，我在北京一个人都不认识。	（在家） A：上次买的苹果好吃吗？ B：不好吃，那些苹果一个也不甜。

◎ **补充例句**

①上海我一次也没去过。
②我要马上离开这儿，一天都不想留了。
③我累得一步路都走不动了。
④刚来中国时，他一句中文也听不懂。
⑤这些衣服一件也不干净。
⑥山上的树叶一片都没红。

◎ **结构特点**

① S + 一 + M（+NP）+ 也 / 都 + 没 / 不 + VP
刚来北京的时候，他 一 个 人 都 不 认识。
我 一 本 中文书 也 没 看过。
② S + 一 + M（+N）+ 也 / 都 + V 不 C
他 一 句 中文 也 听不懂。
我 一 步 路 都 走不动 了。
③ S + 一 + M + 也 / 都 + 不 / 没 + Adj
这些衣服 一 件 也 不 干净。
山上的树叶 一 片 都 没 红。

85 用"连……也 / 都……"表示强调 【四66】

◎ **基本语义及用法**

"连……也 / 都……"表示强调，强调的都是出人意料的情况（即最可能的情况没有出现或最不可能的情况出现了），说话人通过强调这一情况来说明另外的意思。例如："我连最简单的汉字都写不出来"，意味着我更不可能写出比较复杂的汉字，说明我的汉字书写能力很差；"他连最复杂的汉字都会写"，意味着他当然能写出其他相对简单的汉字，说明他的汉字书写能力非常强。

It emphasizes an unexpected situation (where the most possible situation doesn't appear or the most impossible situation appears). By emphasizing this situation, the speaker means something else. For example, 我连最简单的汉字都写不出来 (I can't even write the simplest Chinese character) implies "let alone characters that are more complex", meaning "I" am bad at writing Chinese characters; 他连最复杂的汉字都会写 (He can write even the most complex Chinese character) implies "of course he can write easier Chinese characters", meaning he is great at writing Chinese characters.

◎ 典型例句和对话

例句	①我连最简单的汉字都写不出来。	②他连天安门也没去过。	③这个箱子连小孩子都提得动。
交际实践	（在教室） A：你能帮我写一个中文请假条吗？ B：不行啊，我连最简单的汉字都写不出来。	（在飞机上） A：到了北京，你哥哥能给我们当导游吗？ B：恐怕不行，他连天安门也没去过，整天在家不出门。	（在火车站） A：你怎么带了个这么大的箱子？你提得动吗？ B：这个箱子连小孩子都提得动，我当然没问题。

◎ 补充例句

①他连这个作家的名字也没听说过。
②北京公园这么多，我连一个也没去过。
③他连最复杂的汉字都会写。
④爸爸连一句英文都不会说。
⑤这个地方连很多中国人都不知道。
⑥他忙得连饭都忘记吃了。

◎ 结构特点

① S（人）+ 连 + NP（物）+ 也/都 + VP
  他 连 最复杂的汉字 都 会写。
  他 连 天安门 也 没去过。
② S（物）+ 连 + NP（人）+ 也/都 + VP
  这个箱子 连 小孩子 都 提得动。
  这个地方 连 很多中国人 都 不知道。

小提示

（1）这里的"连"有时可以省略，但"也、都"是不能省略的。例如：
  他天安门也没去过，怎么可能给我们当导游？
  这个箱子小孩子都提得动，我当然没问题。

（2）"连"后边的名词性成分是"一+量词（+名词）"时，后边一般跟否定形式的动词性成分。例如：

爸爸连一句英文都不会说。

北京公园这么多，我连一个也没去过。

86 口语格式：不 X 白不 X 【四67】

◎ **基本语义及用法**

说话人认为做某事（X）不用付出代价，做了也没有坏处，从而强调应该做某事。用于口语，可用于调侃或玩笑。

The speaker thinks that doing something costs nothing or does no harm, emphasizing that one should do something. It is usually used in spoken Chinese. It can be used for the purpose of ridicule or fun.

◎ **典型例句和对话**

例句	①今天班长请客，咱们不吃白不吃。	②这个电影是免费的，不看白不看。	③这些吃的不带走就处理了，多浪费啊，不拿白不拿。
交际实践	（在教室） A：今天班长请客，咱们不吃白不吃。 B：那可得谢谢班长了。	（在电影院门口） A：听说这个电影不怎么样，我们别进去了。 B：这个电影是免费的，不看白不看。	（在家） A：你去参加活动，怎么带了这么多吃的回来？ B：这些吃的不带走就处理了，多浪费啊，不拿白不拿。

◎ **补充例句**

①这是演出公司送的音乐会票，咱们不听白不听。
②免费的京剧为什么不去看？不看白不看。
③每人一份，不要白不要。
④这次旅游又不用自己出钱，咱们不去白不去。
⑤我们不喝白不喝，反正老板买的咖啡也退不了了。
⑥这个机会很难得，不去白不去。

◎ **结构特点**

"不 X 白不 X"作谓语,X 一般是单音节动词。

> ①……,(S+)不+V单+白不+V单
> 今天班长请客,咱们 不 吃 白不 吃。
> 免费的京剧为什么不去看? 不 看 白不 看。
> ②(S+)不+V单+白不+V单,反正……
> 我们 不 喝 白不 喝,反正老板买的咖啡也退不了了。
> 不 要 白不 要,反正不用自己付钱。

◎ **小提示**

"不 X 白不 X"作谓语,上下文中一般有其他句子,说明说话人认为"应该 X"的理由。

87 口语格式:动词 + 一 X 是一 X 【四68】

◎ **基本语义及用法**

表示对最小量的肯定,常用来安慰、鼓励对方或自己。用于口语。

It recognizes the value of the slightest amount, usually used to console or encourage someone else or oneself. It is used in spoken Chinese.

◎ **典型例句和对话**

例句	①日子虽然很难,但咱们过一天是一天。	②事情实在太多了,能做一件是一件吧。	③做一道题是一道题,你一定能做完。
交际实践	(在工厂) A:这些产品卖不掉,下个月工资怎么办? B:日子虽然很难,但咱们过一天是一天,一切都会好起来的。	(在公司) A:最近好几个活动安排到一起,我快忙死了。 B:事情实在太多了,能做一件是一件吧。	(在家) 儿子:这么多作业,我什么时候才能做完啊? 妈妈:做一道题是一道题,你一定能做完。

117

◎ **补充例句**

①现在工作不好找，咱们能干一个月是一个月。
②今天的任务很多，我们慢慢来，完成一项是一项。
③咱们能力有限，能帮一个是一个。
④受伤的人太多了，我们能救一个是一个。
⑤我帮不了你们太多忙，能做一点儿是一点儿。
⑥这些汉字一点儿都不难，你记住一个是一个。

◎ **结构特点**

> S + V + 一 + M（+N）+ 是 + 一 + M（+N）
> 你 做 一 道 题 是 一 道 题，这个月一定能做完。
> 日子虽然很难，但 咱们 过 一 天 是 一 天。

88 口语格式：(没)有什么(好) X 的 【四69】

◎ **基本语义及用法**

"(没)有什么(好) X 的"中的 X 为形容词时，整个格式表示没有必要有 X 这种感受或状态；"(没)有什么(好) X 的"中的 X 为动词时，表示没有必要去做某事。

When X is an adjective, this structure means that there is no need to feel or in the state of X because of something; when X is a verb, it means that something isn't worth doing.

◎ **典型例句和对话**

例句	①这才刚刚开始，没有什么好激动的。	②你还是别担心了，这有什么好害怕的？	③有什么好难过的？这是我们早就想到的结果。
交际实践	（在演出现场） A：啊，他们的表演也太精彩了！ B：这才刚刚开始，没有什么好激动的。	（在学校） A：我好害怕去国外留学没有朋友。 B：你还是别担心了，这有什么好害怕的？	（在体育场） A：大家练习了那么久，这场比赛我们还是输了。 B：有什么好难过的？这是我们早就想到的结果。

◎ **补充例句**

①犯错误是难免的，改正了就好，没什么好怕的。
②我已经尽力去做了，失败了也没什么好难过的。
③这个商场什么东西都没有，有什么逛的？
④那个房间这么干净，没什么好打扫的。
⑤他从小就学中文，这没有什么好吃惊的。
⑥这都是一些不重要的内容，有什么好记录的？

◎ **结构特点**

> ①……，（没）有什么（好）+Adj/V+的
>   这才刚刚开始，没有什么好 激动 的。
>   这个商场什么东西都没有，有什么 逛 的？
> ②（没）有什么（好）+Adj/V+的，……
>   有什么好 难过 的？这是我们早就想到的结果。
>   没有什么好 打扫 的，房间这么干净。

◎ **小提示**

"（没）有什么（好）X 的"是说话人劝听话人不去做某事。例如：

这才刚刚开始，没有什么好激动的。（这才刚刚开始，你别激动。）

这个商场什么东西都没有，有什么逛的？（这个商场什么东西都没有，别逛了。）

89 口语格式：X 是 X，Y 是 Y 【四70】

◎ **基本语义及用法**

强调两个事物是不同的，不能合在一起说。
It emphasizes that the two are different things that cannot be mingled together.

◎ **典型例句和对话**

例句	①一是一，二是二，这要分清楚。	②他是他，我是我，意见不同很正常。	③昨天是昨天，今天是今天，你得交作业。
交际实践	（在公司） A：这两个项目先放一起做，以后再分吧。 B：不行。一是一，二是二，这要分清楚。	（在公司） A：昨天小王在会议上对你的方案提出了反对意见。 B：他是他，我是我，意见不同很正常。	（在教室） 学生：昨天交过作业了，今天还要交吗？ 班长：昨天是昨天，今天是今天，你得交作业。

◎ **补充例句**

①学是学，玩儿是玩儿，要分配好学和玩儿的时间。
②你是你，我是我，我要怎么做不关你的事。
③大人是大人，小孩儿是小孩儿，门票价格不一样。
④公司是公司，家庭是家庭，不要把公司的事情带到家里做。
⑤他是他，你是你，不要太在意他的看法。
⑥理想是理想，现实是现实，总会有些差距的。

◎ **结构特点**

在"X是X，Y是Y"格式中，X可以是名词、代词和动词，Y则是与X相对应的名词、代词和动词。

> $N_1/Pron_1/V_1$ 是 $N_1/Pron_1/V_1$，$N_2/Pron_2/V_2$ 是 $N_2/Pron_2/V_2$，……
> 昨天是昨天，今天是今天，你得交作业。
> 他是他，我是我，意见不同很正常。
> 学是学，玩儿是玩儿，要分配好学和玩儿的时间。

◎ **小提示**

在口语格式"X是X，Y是Y"中，X和Y的结构形式要相同。例如：
* 学是学，玩儿游戏是玩儿游戏，要分配好学和玩儿游戏的时间。
　学是学，玩儿是玩儿，要分配好学和玩儿的时间。

90 口语格式：X 也得 X，不 X 也得 X 【四 71】

◎ **基本语义及用法**

表示一定要求某人做某事，带有强迫的语气。
It is used to require someone to do something, having a coercive tone.

◎ **典型例句和对话**

例句	① 这件事很重要，你做也得做，不做也得做。	② 你吃也得吃，不吃也得吃，不能浪费粮食。	③ 都病成这样了，医院你去也得去，不去也得去。
交际实践	（在公司） A：这件事很重要，你做也得做，不做也得做。 B：好吧，看来我今天只能加班了。	（在家） 儿子：我不喜欢吃面条儿，我想吃米饭。 妈妈：做都做好了，你吃也得吃，不吃也得吃，不能浪费粮食。	（在公司） A：最近公司里的事太多了，我没有时间去医院。 B：都病成这样了，医院你去也得去，不去也得去。

◎ **补充例句**

① 你走也得走，不走也得走，再不走就迟到了。
② 都报名比赛了，你参加也得参加，不参加也得参加。
③ 作文是一定会考的，你写也得写，不写也得写。
④ 这个理论是通过多次实验证明的，你信也得信，不信也得信。
⑤ 你接受也得接受，不接受也得接受，这事就这么定了。
⑥ 这项检查是要收费的，钱你交也得交，不交也得交。

◎ **结构特点**

在"X 也得 X，不 X 也得 X"格式中，前后的 X 为相同的动词。

① S+V+也得+V，不+V+也得+V，……
你 吃 也得 吃，不 吃 也得 吃，不能浪费粮食。
你 接受 也得 接受，不 接受 也得 接受，这事就这么定了。
②……，S+V+也得+V，不+V+也得+V
这件事很重要，你 做 也得 做，不 做 也得 做。
都报名比赛了，你 参加 也得 参加，不 参加 也得 参加。

小提示

在口语格式"X 也得 X，不 X 也得 X"中，X 只能是动词，不能是动词性短语。例如：

*这个事就这么决定了，你接受决定也得接受决定，不接受决定也得接受决定。

这个事就这么决定了，你接受也得接受，不接受也得接受。

91 口语格式：X 就是了

【四 72】

◎ 基本语义及用法

"就是了"用在句子末尾，表示只需做某件事（X），不用做别的。用于口语。

就是了 is used at the end of a sentence to mean "nothing other than X is needed to be done". It is used in spoken Chinese.

◎ 典型例句和对话

例句	①你别浪费时间了，直接说就是了。	②你不要生气，以后别跟他说话就是了。	③放心吧，我不告诉别人就是了。
交际实践	（在办公室） A：我们双方要不要先冷静一下儿再讨论？ B：你别浪费时间了，直接说就是了。	（在咖啡馆） A：我提醒他，他不但不感谢我，反而批评了我一顿。 B：你不要生气，以后别跟他说话就是了。	（在打电话） A：你能帮我保守这个秘密吗？ B：放心吧，我不告诉别人就是了。

◎ **补充例句**

① 这次考不好没关系,下次努力就是了。
② 把票给别人,咱们不去看就是了。
③ 我会努力工作,你在家里照顾好孩子就是了。
④ 你直接去就是了,那边有人来接你。
⑤ 你来就是了,我们会做好准备工作的。
⑥ 我们把错误改正就是了,谁还不会犯错啊。

◎ **结构特点**

① ……,(S+)VP+就是了

你别浪费时间了,直接说 就是了。

②(S+)VP+就是了,……

你 直接去 就是了,那边有人来接你。

92 口语格式:还 X 呢 【四73】

◎ **基本语义及用法**

表示实际情况不像预想的那么好,带有嘲讽的语气。

It indicates the real situation is not as good as expected, expressing a tone of irony.

◎ **典型例句和对话**

例句	①还名牌儿呢,我听都没听过。	②还有名的专家呢,这水平还没我高。	③还著名诗人呢,这诗写得我都看不懂。
交际实践	(在咖啡馆) A:看看,我新买的裙子可是名牌儿。 B:还名牌儿呢,我听都没听过。	(在公司) A:据说这个模型是一位非常有名的专家设计的,不过效果不是很好。 B:还有名的专家呢,这水平还没我高。	(在书店) A:你读过这位诗人的作品吗?他的诗很受年轻人的欢迎。 B:还著名诗人呢,这诗写得我都看不懂。

◎ 补充例句

①还大学生呢,这么简单的问题都不会。
②还名牌儿手机呢,没用一年就坏了。
③还留过学呢,对外国的了解还没我多。
④还运动员呢,跑得还没我快。
⑤还大企业呢,竟然出现这么严重的质量问题。
⑥还创业呢,基本的计划都没做好。

◎ 结构特点

在"还 X 呢"格式中,X 可以是名词性成分和动词性成分。

> 还 + X(NP/VP)+ 呢,……
> 还　名牌儿　呢,我听都没听过。
> 还　有名的专家　呢,这水平还没我高。
> 还　著名诗人　呢,这诗写得我都看不懂。
> 还　留过学　呢,对外国的了解还没我多。

93 口语格式:你 X 你的吧

【四74】

◎ 基本语义及用法

表示让对方做自己的事,不用管其他的人或事。用于口语。

It is used to tell someone to focus on their own business instead of minding anyone or anything else. It is used in spoken Chinese.

◎ 典型例句和对话

例句	①你吃你的吧,别给我留。	②没有什么事,你休息你的吧!	③你忙你的吧,我跟孩子玩儿一会儿。
交际实践	(在打电话) 妻子:你几点能回来?我要给你留晚饭吗? 丈夫:我不知道几点能回来。你吃你的吧,别给我留。	(在学校) A:需要我帮忙吗? B:没有什么事,你休息你的吧!	(在朋友家) 主人:不好意思,你先坐一会儿,我接个电话。 客人:你忙你的吧,我跟孩子玩儿一会儿。

◎ 补充例句

①你玩儿你的吧，不影响我休息。
②你说你的吧，不用管我。
③你做你的吧，不要老听我们说话。
④医生不让我喝酒了，你喝你的吧，我就不喝了。
⑤我先休息一下儿，你干你的吧。
⑥你走你的吧，不用等我。

◎ 结构特点

"你 X 你的吧"中的 X 一般是动词，整个格式可以作为前一分句，也可以作为后一分句，"吧"有时可以省略。

> ①……，你 + V + 你的（+ 吧）
> 　没有什么事，你　休息　你的　吧！
> 　我跟孩子玩儿一会儿，你　忙　你的　吧。
> ②你 + V + 你的（+ 吧），……
> 　你　走　你的　吧，不用等我。
> 　你　忙　你的，不用管我。

94　口语格式：让／叫你 X 你就 X 　【四75】

◎ 基本语义及用法

表示强调要求别人做事情，有命令的语气。用于口语。
It is used to require someone to do something in a commanding tone. It is used in spoken Chinese.

◎ 典型例句和对话

例句	①让你做你就做，别多问了。	②叫你吃你就吃，其他的你别管。	③让你安静你就安静，别老说话。
交际实践	（在公司） A：这项工作不是我们部门负责的，为什么让我们做？ B：**让你做你就做，别多问了。**	（在饭店） A：今天我来请客吧！ B：不用你。**叫你吃你就吃，其他的你别管。**	（在公司） A：**让你安静你就安静，别老说话。** B：那可不行，我有意见当然要说。

◎ 补充例句

①叫你写你就写，肯定没坏处。
②让你拿着你就拿着，不用客气。
③让你唱你就唱，不要不好意思。
④叫你休息你就休息，不要累着自己。
⑤让你走你就走？也不问问原因吗？
⑥不要别人叫你做你就做，你要想清楚再做。

◎ 结构特点

在"让/叫你X你就X"格式中，X是动词，一般只出现在第一个分句中。

> 让/叫你＋V＋你就＋V，……
> 让你　做　你就　做，别多问了。
> 叫你　吃　你就　吃，其他的你别管。

◎ 小提示

在"让/叫你X你就X"格式中，X一般是动作动词，而不能是其他动词。例如：
*让你希望你就希望，别多问了。
　让你做你就做，别多问了。

95 口语格式：说什么／怎么（着）也得X 【四76】

◎ 基本语义及用法

表示无论出现什么情况或无论有什么样的理由，也必须要去做某事。用于口语。
It means something must be done regardless of any situation or reason. It is used in spoken Chinese.

◎ 典型例句和对话

例句	①他生病了，我说什么也得去看看他。	②这么重要的活动，你怎么也得来一下儿。	③没时间了，说什么我也得走了。
交际实践	（在学校） A：你要去医院看望小王？ B：是啊。他生病了，我说什么也得去看看他。	（在公司） A：我下午有事，不能参加开业活动了。 B：这么重要的活动，你怎么也得来一下儿。	（在教室） A：雨太大了，等停了再去吧。 B：没时间了，说什么我也得走了。

◎ 补充例句

①明天要开学了，今天我怎么着也得做完作业。

②这是最后一班车了，我们说什么也得赶上。

③这件事十分重要，你说什么也得保密。

④这台机器已经用了20年了，太落后了，说什么也得换一台。

⑤老师已经连续讲了两个小时的课了，怎么着也得让她喝口水休息一下儿了。

⑥我连续工作了好几个小时，说什么也得休息一下儿了。

◎ 结构特点

> ……，(S+) 说什么/怎么（着）也得 + VP
>
> 他生病了，我　说什么也得　去看看他。

💡 小提示

"说什么/怎么（着）也得 X"表示一定要去做某事，语气上带有强烈的主观愿望，不能用在疑问句中。例如：

＊他生病了，我说什么也得去看看他？

　他生病了，我说什么也得去看看他。

五级语法点

1 指示代词（1）：彼此　　【五01】

◎ 基本语义及用法

这个和那个，双方。

It refers to "this and that, i.e., each other".

◎ 典型例句和对话

例句	①朋友之间应该彼此信任。	②我和玛丽是多年的好朋友，不分彼此。	③彼此的想法不同。
交际实践	（在教室） A：对不起，我不应该怀疑你，朋友之间应该彼此信任。 B：没关系，这就是一场误会。	（在咖啡厅） A：我和玛丽是多年的好朋友，不分彼此，关系特别好。 B：真好，我也想有一个这样的朋友。	（在朋友家） A：唉，我和男朋友又吵架了。 B：彼此的想法不同，这是很正常的，你们要互相理解。

◎ 补充例句

①老朋友再次见面，彼此都很激动。
②大家都是同学，应该彼此关心。
③我们彼此早就认识。
④彼此的认识不同，做法也不同。
⑤彼此的经历虽然不一样，但大家的目标是相同的。
⑥我们分开以后，彼此的联系少了。

◎ 结构特点

"彼此"可以作主语、宾语，也可以与"的、（之）间的"组合，修饰名词，作定语。

①彼此 + 都 + VP（作主语）　　③彼此 + 的/（之）间的 + N（作定语）
　彼此　都　不认识。　　　　　　彼此　的　目标　一致。
②S + V + 彼此（作宾语）　　　　彼此　间的　目标　一致。
　他们　不分　彼此。　　　　　　彼此　之间的　目标　一致。

💡 小提示

表示大家差不多时,常叠用为"彼此彼此"作答话,是一种客套话。

A:您辛苦啦!

B:彼此彼此!

2 指示代词(2):如此

【五01】

◎ **基本语义及用法**

指上文提到的某种情况,相当于"这样"。多用于书面语。

It refers to a situation mentioned previously, equivalent to 这样 (such; like this). It is usually used in written Chinese.

◎ **典型例句和对话**

例句	①天天如此,年年如此。	②想不到这部电影如此有趣。	③他如此认真地锻炼是为了有个健康的身体。
交际实践	(在咖啡厅) A:你喜欢喝咖啡吗? B:非常喜欢。我每天都要喝咖啡,天天如此,年年如此。	(在家) A:电影看完了?感觉怎么样? B:想不到这部电影如此有趣,你一定要去看看。	(在公园) A:他锻炼时可真认真啊! B:他如此认真地锻炼是为了有个健康的身体。

◎ **补充例句**

①做事要坚持,学习如此,锻炼身体也如此。

②世界如此美好,我们要为此奋斗。

③没想到这几年家乡的变化如此巨大。

④张老师对学生可有耐心了,不但如此,还经常鼓励他们。

⑤他的想法与我的如此不同。

⑥雨下得如此大,今天就不去爬山了。

◎ 结构特点

"如此"可单独作谓语，也可以修饰动词、形容词，在句中作状语，还可以组成"不但/虽然+如此"结构，作为插入语，放在两个分句中间。

> ① S+如此
> 天天 如此，年年 如此。
> ② S（+V+得）+如此+Adj
> 雨 下 得 如此 大，今天就不去爬山了。
> 没想到这几年 家乡的变化 如此 巨大。
> ③ S+VP₁，不但/虽然+如此，也/还+VP₂
> 这次的任务 没有上次的重要，虽然 如此，也 要好好完成。
> 张老师 对学生可有耐心 了，不但 如此，还 经常鼓励他们。

💡 小提示

"如此"可单独作谓语，也可用在少数能愿动词后，组成"希望如此、应该如此"等结构，直接作为答话。

A：麦克说他要听老师的话，好好听课。
B：希望如此。

3 程度副词（1）：过于

【五03】

◎ 基本语义及用法

表示程度或数量超过限度，相当于"太"。
It means "over-", indicating an excessive degree or quantity.

◎ **典型例句和对话**

例句	①这件事发生得过于突然了。	②你要注意身体,不要过于伤心。	③你别过于担心他的安全。
交际实践	(在公司) A:你听说了吗?王经理带着整个部门的人辞职了。 B:刚听说,这件事发生得过于突然了。	(在打电话) A:我没想到爷爷这么快就去世了,真是后悔没多陪陪他。 B:你要注意身体,不要过于伤心。	(在家) 妈妈:听说那边不太安全,我不放心儿子去那儿工作。 爸爸:儿子已经长大了,你别过于担心他的安全。

◎ **补充例句**

①你对情况的估计过于乐观,情况比你想的严重多了。
②过于紧张会影响发挥,你一定要放松下来。
③如果教学内容过于单调,同学们就很难集中注意力。
④这里挺安全的,我觉得你过于小心了。
⑤由于他在国外过于想念家人,所以最后提前回国了。
⑥王教练过于重视训练成绩,忽视了队员们的心理健康。

◎ **结构特点**

"过于"一般用在双音节形容词或心理动词前边作状语,句末经常带有语气助词"了"。

① S + 过于 + Adj + 了
这些内容 过于 单调 了。

② S + 过于 + V_{心理} + O
你 别 过于 担心 他的安全。

◎ **小提示**

"过于"不能修饰单音节形容词。例如:
*这个男演员过于矮了。
　这个男演员过于矮小了。
*这儿过于湿,不适合居住。
　这儿过于潮湿,不适合居住。

4 程度副词（2）：可[1]

◎ **基本语义及用法**

表示程度高，带有较强的感情色彩。用于口语。

It indicates a high degree, expressing a strong mood. It is used in spoken Chinese.

◎ **典型例句和对话**

例句	①他女朋友可漂亮了！	②今天的考试可难了！	③我可喜欢吃你做的菜了！
交际实践	（在房间） A：你见过他女朋友吗？ B：见过几次，他女朋友可漂亮了！	（在图书馆） A：你们班考外语了？ B：是的。今天的考试可难了！有几道听力题我都没听懂。	（在朋友家） A：真好吃，我可喜欢吃你做的菜了！ B：欢迎你以后多来我家吃饭。

◎ **补充例句**

①我哥哥可高了！
②南方现在可暖和了！
③他说话可幽默了！
④他的中文说得可流利了！
⑤王经理可热爱工作了！
⑥我可担心妈妈的健康了！

◎ **结构特点**

"可[1]"用在形容词或心理动词前，作状语，句末一定要有语气助词"了"。一般用在感叹句中。

① S + 可[1] + Adj + 了！
　他女朋友　可　漂亮　了！
② S + 可[1] + V$_{心理}$ + O + 了！
　我　可　喜欢　吃你做的菜　了！

小提示

（1）用含有"可¹"的句子时，说话人要告诉对方一个新信息。例如：

（A 和 B 在公园跑步）

A：*今天可热了！

B：是啊，确实很热。

（A 从外边回来，B 在房间）

A：今天外边可热了！

B：真的吗？我在房间里觉得还好。

（2）"可¹+形容词"不能作定语。例如：

*她买了一件可贵的衣服了！

她买了一件很贵/非常贵/特别贵的衣服。

她买的衣服可贵了！

5 程度副词（3）：稍 【五03】

◎ **基本语义及用法**

表示程度不高，数量不多，时间不长等。

It means "slightly", indicating that the degree is not high, the quantity not large, the time not long, etc.

◎ **典型例句和对话**

例句	①这幅画儿最好再挂得稍高一点儿。	②请稍等。	③我在大厅稍坐了一会儿。
交际实践	（在展览室） A：画儿都挂好了，您看怎么样？ B：这幅画儿最好再挂得稍高一点儿。	（在饭馆） 客人：服务员，请给我们加点儿热水。 服务员：好的，请稍等。	（在公司） A：让您等了这么长时间，真不好意思。 B：没关系，我在大厅稍坐了一会儿。

◎ **补充例句**

①这篇文章请您稍看一下儿。

②他稍吃了一点儿东西就急急忙忙地走了。

③这两个地方的距离稍远了一些。
④今天比昨天稍热一点儿。
⑤这条裙子稍长了一点儿。
⑥这儿光线稍暗,不如把书桌放到窗前。

◎ **结构特点**

"稍"一般用在单音节动词或形容词前边作状语。

①稍 + V单/Adj单
　请　稍　等,王经理马上过来。
　这儿光线　稍　暗,不如把书桌放到窗前。
②稍 + V单 + 一下儿/一会儿/一点儿
　请您　稍　等　一下儿。
　我在大厅　稍　坐了　一会儿。
　他　稍　吃了　一点儿　东西就急急忙忙地走了。
③稍 + Adj单 + 一点儿/一些
　今天比昨天　稍　热　一点儿。
　这两个地方的距离　稍　远了　一些。

6 程度副词(4):稍微 【五03】

◎ **基本语义及用法**

表示程度不高,数量不多,时间不长等。

It means "slightly", indicating that the degree is not high, the quantity not large, the time not long, etc.

◎ **典型例句和对话**

例句	①你稍微坚持一下儿，马上就结束了。	②那个箱子比这个稍微大一点儿。	③最后一道题稍微有点儿难。
交际实践	（在医院） 病人：大夫，太疼了，能轻一点儿吗？ 医生：你稍微坚持一下儿，马上就结束了。	（在商店） 顾客：这两个箱子看起来一样。 售货员：还是有点儿差别，那个箱子比这个稍微大一点儿。	（在办公室） 教师A：你觉得这份试卷怎么样？ 教师B：最后一道题稍微有点儿难。

◎ **补充例句**

①现在请各位在这儿稍微休息一会儿。
②你稍微吃一点儿吧，别饿坏了身体。
③他马上就来，请你稍微等一等。
④导演稍微改变了一点儿，但观众完全没看出来。
⑤听了他的话，我的心情稍微平静了一些。
⑥他做事稍微有点儿粗心。

◎ **结构特点**

（1）"稍微"一般用在动词或形容词前边作状语，后边一般要有表示量少的词语，如"一下儿、一会儿、一点儿、一些"等。

①稍微 + V + 一下儿 / 一会儿 / 一点儿 / 一些
　你 稍微 坚持 一下儿，马上就结束了。
　现在请各位在这儿 稍微 休息 一会儿。
　你 稍微 吃 一点儿 吧，别饿坏了身体。
②稍微 + Adj + 一点儿 / 一些
　那个箱子比这个 稍微 大 一点儿。
　听了他的话，我的心情 稍微 平静了 一些。
③稍微 + 有点儿 + Adj
　最后一道题 稍微 有点儿 难。

（2）"稍微"后面可以是单音节动词的重叠形式，如"V单一V单、V单了V单"等。

> 稍微+V单一V单/V单了V单
> 他马上就来，请你 稍微 等一等。
> 汽车在门口 稍微 停了停 就开走了。

💡 **小提示**

"稍、稍微"的意义和用法相近，不过"稍微"后边不能只跟单音节动词或形容词，而"稍"后面只能是单音节动词或形容词。例如：

* 您稍微等。

　您稍微等一下儿。

　请稍等。

　这儿光线稍暗，不如把书桌放到窗前。

7　程度副词（5）：尤其 【五03】

◎ **基本语义及用法**

表示进一步，更加。
It means "further, even more".

◎ **典型例句和对话**

例句	①她喜欢运动，尤其是游泳。	②你开车要注意安全，尤其是不要酒后开车。	③他各门功课都很不错，英语尤其突出。
交际实践	（在咖啡店） A：你妹妹喜欢运动吗？ B：她喜欢运动，尤其是游泳。	（在家） 妈妈：你开车要注意安全，尤其是不要酒后开车。 儿子：妈妈，您放心，我会注意安全的。	（在路上） A：你儿子学习怎么样？ B：他各门功课都很不错，英语尤其突出。

◎ **补充例句**

①山本很喜欢历史，尤其是中国古代历史。
②我们班的学生都非常努力，尤其是惠子。
③我喜欢各种美食，尤其喜欢吃海鲜。

④这项运动比较温和，尤其适合老人。
⑤下过雨后，天空尤其明亮。
⑥这个城市的环境污染尤其严重。

◎ **结构特点**

"尤其"在动词或形容词前作状语。

① S + 尤其 + Adj
下过雨后，天空　尤其　明亮。
这个城市的环境污染　尤其　严重。

② S + VP/AP，尤其 + 是 + NP
山本　很喜欢历史，尤其　是　中国古代历史。
我们班的学生　都非常努力，尤其　是　惠子。

③ S + VP₁/AP，尤其（+ 是）+ VP₂
你　开车要注意安全，尤其　是　不要酒后开车。
我　喜欢各种美食，尤其　喜欢吃海鲜。
这项运动　比较温和，尤其　适合老人。

8 范围副词：大都 dàdū 【五04】

◎ **基本语义及用法**

表示大多数，在口语中也可以读作 dàdōu。
It indicates the majority. It can also be read as dàdōu when it is used in spoken Chinese.

◎ **典型例句和对话**

例句	①参加划船比赛的大都是女生。	②小孩儿大都喜欢吃甜的。	③我们班的学生大都很爱学习。
交际实践	（在比赛场） A：你看，参加划船比赛的大都是女生。 B：那是因为我们学校女生多，男生少。	（在医院） 家长：大夫，我家孩子牙不好，是不是吃糖吃得太多了？ 医生：小孩儿大都喜欢吃甜的。糖可以少吃点儿，吃完好好刷牙就行。	（在图书馆） A：这个学期你们班学生的学习情况怎么样？ B：我们班的学生大都很爱学习。

◎ **补充例句**

①北京人大都很热情,喜欢帮助人。
②这个学院的教师大都是博士。
③外地人到了北京大都会去天安门看看。
④天冷了,周末我们大都不出门。
⑤这儿的蔬菜大都很新鲜。
⑥那时候的工作条件大都比较艰苦。

◎ **结构特点**

"大都"常在动词性成分、形容词性成分前边作状语。

> S + 大都 + VP/AP
> 小孩儿　大都　喜欢吃甜的。
> 这儿的蔬菜　大都　很新鲜。

9 时间副词(1):不时

【五05】

◎ **基本语义及用法**

表示动作经常不断地发生。
It indicates that an action happens often and repeatedly.

◎ **典型例句和对话**

例句	①我不时想起过去的事情。	②他不时朝门外看,似乎是在等人。	③我会不时检查邮箱,及时下载。
交际实践	(在家) 儿子:妈妈,这是你上大学时候的照片吗? 妈妈:是啊。看到这些照片,我不时想起过去的事情。	(在饭店) 服务员:那位顾客需要菜单吗? 经理:再等等吧。他不时朝门外看,似乎是在等人。	(在公司) A:你收到客户的资料了吗? B:还没有。我会不时检查邮箱,及时下载。

◎ **补充例句**

①教室里不时传来阵阵读书声。
②出国以后，我不时会给父母打电话。
③老师不时地提醒我们别忘了今天的作业。
④马丁不时向我打听大卫的消息。
⑤老师会不时给我们准备小礼物。
⑥清晨，窗外不时传来小鸟的声音。

◎ **结构特点**

"不时"位于主语之后、动词性成分之前，作状语。

> S + 不时（+ 地）+ VP
> 我　　不时　想起过去的事情。
> 马丁　不时　向我打听大卫的消息。

◎ **小提示**

"不时"只能用在肯定句中，不能用在否定句中。例如：

* 我不时想不起过去的事情。
　我不时想起过去的事情。

10 时间副词（2）：将 jiāng 【五05】

◎ **基本语义及用法**

（1）用在动词前，表示动作或情况即将发生。
It is used before a verb to indicate that the action or situation is about to happen.
（2）用来对未发生的情况进行推测，表示一定会。一般用于书面语。
It is used to forecast a situation that has not yet occurred, meaning "it sure will". It is usually used in written Chinese.

◎ **典型例句和对话**

例句	①明年我们将去国外考察。	②天气将晴转阴,气温稍有下降。	③实验一旦失败,将导致严重的后果。
交际实践	(在公司) A:今天会议的主要内容是什么? B:明年我们将去国外考察,所以要讨论一下儿具体的细节。	(在家) 爸爸:电视上说明天的天气怎么样? 妈妈:天气将晴转阴,气温稍有下降。	(在实验室) A:你再想想吧,实验一旦失败,将导致严重的后果。 B:我已经想好了,不会让这种事发生的。

◎ **补充例句**

①十天之后,他将离开这里吗?
②我高中毕业后将去国外留学。
③无论是谁,违反了公司规定都将受到处罚。
④一会儿你是否将代表公司发言?
⑤列车将到达终点站,请旅客们收拾行李准备下车。
⑥从今天开始,我将不再担任公司经理的职务。

◎ **结构特点**

"将"作状语,用在主语之后、动词性成分之前。

> S + 将 + VP
> 明年 我们 将 去国外考察。

◎ **小提示**

"将"只能用在动作还没发生的句子中,不能用在动作已经发生的句子中,句末不能用"了"。例如:

* 明年我们将去国外考察了。

明年我们将去国外考察。

11 时间副词（3）：将要 【五05】

◎ **基本语义及用法**

（1）表示动作或情况在不久之后即将发生。
It indicates that the action or situation will happen in a short time.

（2）表示对事情发展的方向进行推测。
It indicates a forecast about how something will turn out.

◎ **典型例句和对话**

例句	①电视剧将要开始了。	②他们将要搬家了。	③听说为了缓解交通压力，政府将要在这里修建地铁。
交际实践	（在家） 爸爸：你怎么换频道了？ 妈妈：北京台的电视剧将要开始了。	（在门口） A：小王家门口怎么堆着这么多东西？ B：你还不知道？小王他们将要搬家了。	（在公司门口） A：公司门口这条路现在越来越堵了。 B：听说为了缓解交通压力，政府将要在这里修建地铁。

◎ **补充例句**

①研究所的成员们将要深入农村进行考察。
②受天气影响，我们的比赛将要延期举行了。
③这位明星将要到北京开演唱会了。
④体育馆里的足球比赛将要开始了吗？
⑤公司下周将要举行开业典礼。
⑥听说公司将要开发新的市场了，你有什么打算？

◎ **结构特点**

"将要"作状语，用在主语之后、动词性成分之前。

> S + 将要 + VP（+了）
> 电视剧　将要　开始　了。
> 政府　将要　在这里修建地铁。

小提示

"将要"表示对马上要发生的事情进行推测,因而一般不用于否定句。例如:

* 电视剧不/没将要开始了。

　电视剧将要开始了。

12　时间副词（4）：仍旧

【五05】

◎ **基本语义及用法**

表示情况和以前一样,没有改变,可以用在具有转折关系的句子中。

It means "still", indicating the situation has not changed. It can be used in a sentence where there is an adversative turning.

◎ **典型例句和对话**

例句	①二十年过去了,他仍旧没结婚。	②这位年轻人在创业的过程中遇到过很多困难,但仍旧没有放弃。	③虽然现在生活变好了,但是爷爷仍旧保持着节约的习惯。
交际实践	（在公园） A：听说老王年轻时有过女朋友,分手以后就一直一个人了。 B：是的。现在二十年过去了,他仍旧没结婚。	（在公司） A：这位年轻人在创业的过程中遇到过很多困难,但仍旧没有放弃。 B：真不容易,他的公司现在发展得越来越好了。	（在家） 女儿：爷爷这件衣服穿了快30年了吧。 爸爸：是的。虽然现在生活变好了,但是爷爷仍旧保持着节约的习惯。

◎ **补充例句**

①他为这次面试准备了很长时间,但仍旧失败了。

②这里禁止游泳,但这些人却仍旧在这里游泳。

③分手那么久了,他仍旧没有忘记他以前的女朋友吗?

④老师身体不太舒服,但是仍旧打算来给我们上课。

⑤这孩子已经不怕水了,但仍旧不喜欢游泳。

⑥十年过去了,周围的环境仍旧没变。

◎ **结构特点**

① S + 仍旧 + VP
爷爷　仍旧　保持着节约的习惯。
周围的环境　仍旧　没变。
② S + 仍旧 + 没/没有/不 + VP
二十年过去了，他　仍旧　没　结婚。
这孩子　已经不怕水了，但　仍旧　不　喜欢游泳。

13 时间副词（5）：时常 【五05】

◎ **基本语义及用法**

表示动作经常发生。
It means "often", indicating that the action happens frequently.

◎ **典型例句和对话**

例句	①长大以后，我时常怀念我的故乡。	②我们虽然不在一起，却也时常联系。	③我时常帮助别人，别人也时常帮助我。
交际实践	（在家看照片） 儿子：妈妈，这是你小时候住过的地方吗？ 妈妈：是的，我一直住到15岁才离开。长大以后，我时常怀念我的故乡。	（在学校） A：毕业五年了，你和小王的关系还是这么好。 B：我们虽然不在一起，却也时常联系。	（在公园） A：我经常看见您帮助别人，您真是个热心人。 B：这没什么。我时常帮助别人，别人也时常帮助我。

◎ **补充例句**

①有空儿的时候，他时常去爬爬山。
②学校时常会组织一些有趣的活动。
③下班以后，他是不是时常到公园散步？
④去了那家公司之后，他就不会时常到外地出差了。
⑤毕业以后，他时常会去学校拜访以前的老师。
⑥这位明星时常在电视剧里扮演女主角。

◎ **结构特点**

"时常"作状语,用在主语之后、动词性成分之前。

> S + 时常 + VP
> 长大以后,我 时常 怀念我的故乡。
> 毕业以后,他 时常 去学校拜访以前的老师。

◎ **小提示**

"时常"用来修饰经常发生的动作,因此不能用在表示动作已经完成的句子中。
例如:

* 长大以后,我时常怀念过我的故乡。
长大以后,我时常怀念我的故乡。

14 时间副词(6):时刻 【五05】

◎ **基本语义及用法**

每时每刻,经常。
It means "moment by moment, frequently".

◎ **典型例句和对话**

例句	①在国外,我时刻想念着国内的亲人。	②我们时刻准备献出我们的力量。	③我们要时刻关注病人的状况。
交际实践	(在咖啡馆) A:三年了,你终于回国了。 B:是啊。在国外,我时刻想念着国内的亲人。	(在典礼上) 校长:祝贺同学们毕业了,学校永远欢迎你们回来! 学生代表:谢谢校长。只要学校需要,我们时刻准备献出我们的力量。	(在医院) 护士:王大夫,这里交给我们了,您去休息一下儿吧。 医生:好的。我们要时刻关注病人的状况,有情况马上通知我。

◎ **补充例句**

①作为军人,我们时刻不能忘记自己的责任。
②你出国以后,妈妈时刻想念着你。
③参加比赛前,运动员时刻都在训练。
④他受伤以后,家人时刻都在照顾他。
⑤我们时刻关注市场动态。
⑥他做了错事,时刻担心被别人发现。

◎ **结构特点**

① S + 时刻 + VP
　我们　时刻　准备献出我们的力量。
② S + 时刻 + V(+着) + O
　在国外,我　时刻　想念　着　国内的亲人。

◎ **小提示**

"时刻"表示一个持续的动作,动词后面可以加"着",但不能加表示完成或经历的助词"了、过"。例如:
　*在国外,我时刻想念了国内的亲人。
　*在国外,我时刻想念过国内的亲人。
　在国外,我时刻想念着国内的亲人。
　在国外,我时刻想念国内的亲人。

15　时间副词(7):依旧　【五05】

◎ **基本语义及用法**

表示过了一段时间以后,情况没有改变。
It means "still", indicating that the situation has not changed after a period of time.

◎ 典型例句和对话

例句	①十年过去了，他依旧住在那里。	②这次金牌销售员依旧是杰克。	③过了这么多年，家乡依旧这么美。
交际实践	（在家看照片） A：爷爷现在还住在老房子里吗？ B：是的。十年过去了，他依旧住在那里。	（在公司） A：谁是公司本季度的金牌销售员？ B：这次金牌销售员依旧是杰克。	（在咖啡馆） 记者：您已经离开家乡多年了，这次重新回来有什么感受？ 爷爷：过了这么多年，家乡依旧这么美。

◎ 补充例句

①多年过去了，她依旧是原来的样子。
②经历了这么多事情之后，我们依旧是好朋友。
③已经下班了，但他的办公室依旧亮着灯。
④他已经60岁了，但是依旧没有放弃学习。
⑤我已经跟他说了很多遍，他依旧不明白。
⑥几年过去了，她依旧是最受学生欢迎的老师。

◎ 结构特点

> S + 依旧 + AP/VP
> 过了这么多年，家乡　依旧　这么美。
> 十年过去了，他　依旧　住在那里。

💡 小提示

"依旧"和否定词"不、没/没有"同时出现时，否定词"不、没/没有"只能出现在"依旧"后面。例如：

＊我已经跟他说了很多遍，他不依旧明白。
　我已经跟他说了很多遍，他依旧不明白。

＊他已经60岁了，但是没/没有依旧放弃学习。
　他已经60岁了，但是依旧没/没有放弃学习。

16 时间副词（8）：一向 【五05】

◎ **基本语义及用法**

表示一直，从以前到现在都一样。
It means "all along", indicating something has always been this way.

◎ **典型例句和对话**

例句	①他一向不爱说话。	②她一向对中国文化很感兴趣。	③中国人一向把珍珠作为健康和美丽的象征。
交际实践	（在教室） A：开学以来，他从没跟我说过话。 B：这很正常，他一向不爱说话。	（在学校） A：听说她假期的时候去中国旅游了。 B：是啊，她一向对中国文化很感兴趣。	（在商场） A：你买珍珠是要送给中国朋友吗？ B：是的，中国人一向把珍珠作为健康和美丽的象征。

◎ **补充例句**

①他们俩的关系一向不好，吵架一点儿都不奇怪。
②她一向不喜欢吃米饭。
③他一向重视输赢，这次也不例外。
④爸爸一向喜欢吃完饭后在客厅看电视。
⑤周末的时候，她一向会去看场电影。
⑥杰克一向学习认真，所以他的成绩很好。

◎ **结构特点**

> S + 一向 + VP
> 杰克　一向　学习认真，所以他的成绩很好。
> 她　一向　不喜欢吃米饭。

小提示

"一向"表示长期稳定、具有规律的状态,不能和表示具体时间的词同时出现。例如:

* 昨天,她一向在咖啡馆学习。

周末的时候,她一向在咖啡馆学习。

17 频率、重复副词(1):偶尔 【五06】

◎ 基本语义及用法

表示动作很少会发生。
It means "occasionally", indicating that the action seldom happens.

◎ 典型例句和对话

例句	①他不常请假,只是偶尔迟到一次。	②这里的冬天很暖和,偶尔才下一场雪。	③他学习成绩一般,但偶尔也能考高分。
交际实践	(在办公室) 教师A:小王经常请假吗? 教师B:他不常请假,只是偶尔迟到一次。	(在公园) A:这里的气候真舒服,冬天冷吗? B:这里的冬天很暖和,偶尔才下一场雪。	(在朋友家) A:你儿子的学习成绩不错吧? B:他学习成绩一般,但偶尔也能考高分。

◎ 补充例句

①他喜欢读散文,偶尔也会读读诗歌。

②她偶尔会来这家餐厅吃饭。

③他不是偶尔才这样,这种失误已经很多次了。

④公园离市区很远,偶尔才会有游客来。

⑤尽管爷爷是个很严肃的人,但是偶尔也会跟我们开玩笑。

⑥退休以后他偶尔会来学校看看。

◎ 结构特点

> S + 偶尔 + VP
> 她　偶尔　会来这家餐厅吃饭。

18 频率、重复副词（2）：再次

【五06】

◎ 基本语义及用法

表示第二次、又一次。
It means "the second time; again".

◎ 典型例句和对话

例句	①我们决不让类似的事情再次发生。	②我们足球队再次获得了比赛的冠军。	③十年后再次见到他，我依旧觉得很亲切。
交际实践	（在公司） 经理：这次你们的失误给公司造成了很大的损失。 员工：对不起，经理，我们决不让类似的事情再次发生。	（在教室） A：这次比赛你们球队表现得怎么样？ B：我们足球队再次获得了比赛的冠军。	（在咖啡馆） A：听说你前几天去拜访你的高中老师了？ B：是的。十年后再次见到他，我依旧觉得很亲切。

◎ 补充例句

①小偷儿逃跑以后再次被警察抓住了。
②我再次站到舞台上，觉得又回到了从前。
③离婚后不久，他再次结婚了。
④这种失误千万不要再次发生了。
⑤你还想再次见到他吗？
⑥你们一定要避免再次和顾客发生冲突。

◎ 结构特点

（1）肯定形式
"再次"通常在主语之后、动词性成分之前。

> S + 再次 + VP
> 我们足球队　再次　获得了比赛的冠军。
> 我　再次　站到舞台上，觉得又回到了从前。

（2）否定形式

"再次"可与"不要、避免"组合成否定形式，具有劝说的意义。

> S + 不要/避免 + 再次 + VP
> 这种失误　千万　不要　再次　发生　了。
> 你们　一定要　避免　再次　和顾客发生冲突。

💡 **小提示**

当"再次"与"不要、避免"等表示否定意义的词同时出现的时候，否定词不能放在"再次"之后。例如：

* 这种失误千万再次不要发生了。

　这种失误千万不要再次发生了。

19　方式副词：偷偷

[五07]

◎ **基本语义及用法**

表示行动不使人觉察，常与"地"连用。

It means "stealthily", indicating that the action goes unnoticed. It is often used with 地.

◎ **典型例句和对话**

例句	①我偷偷送给他一件礼物。	②我偷偷地从窗户向外看。	③我偷偷玩儿游戏。
交际实践	（在咖啡厅） A：他生日时我偷偷送给他一件礼物。 B：是吗？他知道是你送的吗？	（在教室） A：刚才课上我偷偷地从窗户向外看，你猜我看见什么了？ B：是大卫在操场跑步吧？我也看到了。	（在教室） A：上课时我偷偷玩儿游戏，结果被老师发现了。 B：那可不应该呀！老师肯定批评你了。

◎ **补充例句**

①那个小孩儿在偷偷吃糖。
②在别人不注意的时候,他偷偷走了。
③这次他没有偷偷离开。
④我偷偷地给妈妈买了一束花。
⑤我保证上课时再也不偷偷地玩儿手机了。
⑥从那以后,他再也没有偷偷地给她寄过钱了。

◎ **结构特点**

(1)"偷偷"修饰动词性成分,在句中作状语。

> S+偷偷(+地)+VP
> 我　偷偷地　给妈妈买了一束花。

(2)"偷偷"与否定词"没/没有、不"共现时,否定词在前,"偷偷"在后。

> S+没(有)/不+偷偷(+地)+VP
> 我　再也　不　偷偷地　玩儿手机　了。
> 他　再也　没有　偷偷地　给她寄过钱　了。

💡 **小提示**

"偷偷"常用于在别人不注意的情况下发生的动作、行为,表示不愿意让别人发现,有时可与"悄悄"替换使用,但意思不完全一样。例如:

在妈妈不注意的时候,他偷偷地走了。(强调"不被妈妈发现")
在妈妈不注意的时候,他悄悄地走了。(强调"声音很小而没被妈妈发现")

20 语气副词(1):毕竟 【五08】

◎ **基本语义及用法**

表示追根究底所得的结论,强调事实或原因。
It indicates reaching the conclusion after a thorough inquiry, emphasizing the fact or reason.

◎ 典型例句和对话

例句	①不要怪他，他毕竟还小。	②情况毕竟不清楚，我们再等等。	③不论怎么说，她毕竟还是来了。
交际实践	（在餐厅） 家长：你怎么这么不小心，快跟阿姨说对不起。 客人：不要怪他，他毕竟还小，以后小心一点儿就可以了。	（在医院） 女儿：爸，我们要不要换家大医院去看一看？ 爸爸：你先别着急，医生在检查，情况毕竟不清楚，我们再等等。	（在医院） 爸爸：这孩子怎么回事！妈妈住院了，过了三天才来医院！ 护士：您别生气，一定是有什么原因吧。不论怎么说，她毕竟还是来了。

◎ 补充例句

①不管怎么说，你这么做毕竟不太好。
②不管结果怎么样，他毕竟已经努力过，不要批评他了。
③毕竟他知道错了，你就别批评他了。
④毕竟他是个男生，我们女生喜欢什么，他不太懂。
⑤这些问题毕竟不是重大原则问题，你别放心上。
⑥毕竟孩子大了，有自己的想法很正常。

◎ 结构特点

（1）"毕竟"通常修饰动词性成分或形容词性成分，在句中作状语。

S + 毕竟 + VP/AP
她　毕竟　还是来　了。
他　毕竟　还小。

（2）"毕竟"也可以用在主语前。

毕竟 + S + VP/AP
毕竟　他　知道错　了，你就别批评他了。
毕竟　孩子　大　了，有自己的想法很正常。

小提示

"毕竟"用于陈述句,不能用于疑问句。例如:
* 你今天毕竟是怎么了,怎么这么不高兴?
  你今天究竟是怎么了,怎么这么不高兴?
* 你毕竟去不去?
  你到底去不去?

21 语气副词(2):不免 【五08】

◎ 基本语义及用法

意思是"免不了",表示因为某种原因而导致不太希望的结果。多用于后一分句。

It means "inevitably", indicating that an undesirable result comes out of a certain reason. It is usually used in the second clause.

◎ 典型例句和对话

例句	①第一次参加大型考试,不免有些紧张。	②最近买了房子,经济上不免困难一些。	③他刚毕业没多久,工作上有时不免缺少一些经验。
交际实践	(在家) 爸爸:这次考试你准备好了吗? 女儿:第一次参加大型考试,不免有些紧张。	(在咖啡厅) A:麦克太节省了,什么都不舍得买。 B:他最近买了房子,经济上不免困难一些。	(在公司) A:新来的小李工作怎么样? B:他刚毕业没多久,工作上有时不免缺少一些经验,不过总的来说还不错。

◎ 补充例句

①回到家乡,我不免想起了很多小时候的事。
②时间快到了,同学们心里不免着急了起来。
③杰克一大早就出门了,这不免有些奇怪。
④大卫刚去中国,不免有些不习惯。
⑤年轻人不免会犯些错误。

⑥小孩子不免有些不懂事。

◎ **结构特点**

"不免"经常修饰动词性成分或形容词性成分，在句中作状语。

> ……，(S+) 不免 + VP/AP
> 时间快到了，同学们心里 不免 着急了起来。
> 第一次参加大型考试，不免 有些紧张。

◎ **小提示**

"不免"与否定词"不"一起修饰谓语时，"不免"与"不"之间需要有其他修饰谓语的副词。例如：

＊大卫刚去中国，不免不习惯。
　大卫刚去中国，不免有些不习惯。
＊人太胖，活动起来不免不方便。
　人太胖，活动起来不免有点儿不方便。

22 语气副词（3）：差（一）点儿 chà (yì)diǎnr 【五08】

◎ **基本语义及用法**

表示某种事情几乎实现而没有实现或几乎不能实现而终于实现。
It means "almost", indicating that something is almost realized or almost fails to be realized.

◎ **典型例句和对话**

例句	①我今天上学差点儿迟到。	②这次考试我差点儿没及格。	③对手很厉害，我们队差一点儿就赢了。
交际实践	（在教室） A：你今天怎么来那么晚？ B：别提了。没赶上公交车，我今天上学差点儿迟到。	（在图书馆） A：你这次考得怎么样？ B：不怎么样。题目很难，这次考试我差点儿没及格。	（在打电话） A：昨天的比赛你们队赢了吗？ B：没有。对手很厉害，我们队差一点儿就赢了。

◎ 补充例句

①今天雨很大，我差点儿没能回家。
②票很难买，我差点儿没买到。
③我那时刚离开，差点儿就见到他了。
④刚才我差一点儿就赶上火车了。
⑤太危险了，刚才我差一点儿被汽车撞了。
⑥刚才走路看手机，我差点儿摔倒了。

◎ 结构特点

"差（一）点儿"修饰动词性成分，在句中作状语。

> S + 差（一）点儿 +（就）+ VP
> 今天　我　差点儿　　就　迟到　了。
> 我　　差一点儿　　　没买到票。

◎ 小提示

（1）当"差（一）点儿"后面的事情是人们不希望发生的事情时，动词可以用肯定式，也可以用否定式，都表示事情没发生。例如：

　　差点儿摔倒。（没摔倒）

　　差点儿没摔倒。（没摔倒）

（2）当"差（一）点儿"后面的事情是人们希望发生的事情时，如果动词用否定式，意思是事情最终发生了；如果动词用肯定式（前面常有"就"），意思是事情没有发生。例如：

　　差点儿没赶上火车。（赶上了火车）

　　差点儿就赶上了火车。（没赶上火车）

23 语气副词（4）：倒是 dàoshì

◎ 基本语义及用法

表示跟一般的情理、事实相反，出乎意料或转折。

It indicates being unexpectedly contrary to common sense or fact.

◎ 典型例句和对话

例句	①这种做法倒是怪新鲜的，从来没见过。	②我的听力不行，不过这次我考得倒是不错。	③有这样的事？我倒是要听听。
交际实践	（在公司） A：这次的项目是新来的经理负责的。 B：我说呢，这种做法倒是怪新鲜的，从来没见过。	（在教室） A：你的听力考得不错啊！ B：我的听力不行，不过这次我考得倒是不错。	（在咖啡厅） A：有人说你要结婚了，是真的吗？ B：有这样的事？我倒是要听听，我到底是和谁结婚。

◎ 补充例句

①咱们多年的老朋友了，你倒是跟我客气了。
②你说得倒是简单，你来试试看。
③你这么一说，我倒是想起来了。
④这篇文章的内容一般，语言倒是生动有趣。
⑤我还没吃药，这病倒是自己好了。
⑥质量倒是不错，就是价格有点儿高。

◎ 结构特点

（1）"倒是"通常修饰动词性成分或形容词性成分，在句中作状语。

> S + 倒是 + VP/AP
> 我　倒是　要听听，我到底是和谁结婚。
> 妹妹　倒是　比姐姐　高一些。

（2）"倒是"表示跟事实相反时，经常用于"得"字句，"得"字前的动词为单音节动词。

> ① S + $V_{单}$ + 得 + 倒是 + Adj
> 我的听力不行，不过这次　我　考　得　倒是　不错。
> 你　说　得　倒是　简单，你来试试看。
> ② S_1 + VP_1/AP_1，S_2 + 倒是 + VP_2/AP_2
> 你　这么一说，我　倒是　想起来　了。
> 这篇文章的内容　一般，语言　倒是　生动有趣。

③ S$_1$ + 倒是 + VP$_1$/AP$_1$，就是 / 可是 + S$_2$ + VP$_2$/AP$_2$
质量 倒是 不错，就是 价格 有点儿高。

24 语气副词（5）：干脆 【五 08】

◎ **基本语义及用法**

表示在条件不能满足时，下决心采取别的方式。多用于口语。

It means "simply; might as well", indicating being determined to take other means when the conditions cannot be satisfied. It is usually used in spoken Chinese.

◎ **典型例句和对话**

例句	①这个人不讲道理，我们干脆不和他合作了。	②双方既然都有自己的看法，干脆各派一名代表发言。	③家里没有菜了，今天我们干脆出去吃，然后再看个电影。
交际实践	（在会议室） A：这个人不讲道理，我们干脆不和他合作了。 B：我也这样觉得，咱们重新找人合作吧。	（在会议室） A：双方既然都有自己的看法，干脆各派一名代表发言。 B：那我先说一下儿我方的想法。	（在家） 儿子：冰箱里的菜都吃完了，没有可以吃的了。 妈妈：家里没有菜了，今天我们干脆出去吃，然后再看个电影。

◎ **补充例句**

①他经营不下去了，所以干脆把公司转给了别人。
②麦克不爱干家务，妈妈打扫卫生的时候，他干脆躲了出去。
③明天早上还有会，你干脆早点儿休息吧。
④都这么晚了，干脆午饭和晚饭合在一起吃吧。
⑤既然身体不舒服，你今天干脆别去上课了。
⑥双方意见不统一，干脆我们就自己做自己的吧。

◎ **结构特点**

"干脆"通常修饰动词性成分,在句中作状语。

① S + 干脆 + VP

　我们　干脆　出去吃。

② 干脆 + S + VP

　双方意见不统一,干脆　我们　就自己做自己的　吧。

25　语气副词(6):就^4

【五 08】

◎ **基本语义及用法**

加强肯定,多用于口语。

It emphasizes the tone of confirmation, usually used in spoken Chinese.

◎ **典型例句和对话**

例句	①别劝我,我就要去。	②这儿就是我们学校。	③不用去别的地方,这儿就很安静。
交际实践	(在家) 妻子:下这么大雨,你不要去了! 丈夫:别劝我,我就要去,你劝我也没有用。	(在学校门口) A:这里看起来不像你们学校,我们没走错吧? B:这儿就是我们学校,你看前面就是大门。	(在咖啡厅) A:我们去找一个安静的地方聊一聊,怎么样? B:不用去别的地方,这儿就很安静。

◎ **补充例句**

① 我就不信我学不会。

② 你不让我练,我就要练。

③ 我家就在前面,走路只用十分钟。

④ 他就练过书法,你可以请他写。

⑤ 这个颜色就很好,不用再选了。

⑥ 不管别人说什么,我就觉得不错。

◎ **结构特点**

（1）"就⁴"用在动词性成分前，表示意志坚决，不容易改变。此时"就⁴"要重读。

> S + 就⁴ + VP
> 你不让我练，我 就 要练。

（2）"就⁴"用在"是、在"前，表示加强判断或存在的语气。

> S + 就⁴ + 是/在 + NP
> 这儿 就 是 我们学校。
> 我家 就 在 前面。

（3）"就⁴"用在动词性成分或形容词性成分前，表示主语已符合谓语所提的条件，不必再寻找其他主语。此时主语要重读，"就⁴"要轻读。

> S + 就⁴ + VP/AP
> 他 就 练过书法，你可以请他写。
> 这个颜色 就 很好，不用再选了。

26 语气副词（7）：居然 【五08】

◎ **基本语义及用法**

表示出乎意料，本来不可能、不应该发生的事发生了或者不容易做到的事做到了。

It shows unexpectedness due to the occurrence of something that should have been impossible or should not happen or the completion of something difficult.

◎ 典型例句和对话

例句	①没想到，这件事居然是她干的。	②居然有这样的事？	③他俩性格完全不同，居然在一起了。
交际实践	（在公司） A：你听说了吗？是小张偷了公司的文件。 B：真的吗？没想到，这件事居然是她干的。	（在公司） A：快11点了，小李还没来上班。 B：居然有这样的事？他可是从来不迟到的人。	（在咖啡馆） A：山本和惠子结婚了，你知道吗？ B：是吗？他俩性格完全不同，居然在一起了。

◎ 补充例句

①事情才过去了几天，他居然忘了。
②这么大声音，你居然没听见？
③他本来性格比较急，这回居然冷静起来了。
④他结婚的事我们居然不知道。
⑤一个大人居然被小孩儿骗了。
⑥他就在你旁边，居然你没看见！

◎ 结构特点

"居然"通常修饰动词性成分，在句中作状语。

① S + 居然 + VP
他　居然　不知道。

②居然 + S + VP
居然　你　没看见！

27　语气副词（8）：可²　　　【五08】

◎ 基本语义及用法

用于一般陈述句，表示加强语气，有时稍有出乎意料的意思。多用于口语。

It is used in a declarative sentence, indicating slight unexpectedness in an emphatic tone. It is usually used in spoken Chinese.

◎ 典型例句和对话

例句	①我可记不住这么多生词。	②这个问题可不简单，需要各部门的经理好好研究、集中讨论一下儿。	③这一问可把我给问住了。
交际实践	（在学校） A：咱们一天背50个生词，怎么样？ B：我可记不住这么多生词。	（在办公室） A：请问下午可以讨论出结果吗？ B：别着急，这个问题可不简单，需要各部门的经理好好研究、集中讨论一下儿。	（在咖啡厅） A：今天面试，经理问我大学学了什么课程。这一问可把我给问住了。 B：哈哈，你是不是太紧张了？咱们毕业才一年，你这么快就不记得了吗？

◎ 补充例句

①我可知道他的性格，要么不说，说了一定做到。
②我可没说过这话，你听错了吧？
③我觉得评价一个人可不能只看学习成绩。
④这些种子可不一般，是从太空带回的。
⑤他跑得可不快，你肯定能追上他。
⑥你让孩子一个人回家，这可不行。

◎ 结构特点

（1）"可²"修饰动词性成分，在句中作状语。

> S + 可² + VP
> 我　可　知道他的性格。
> 我　可　没说过这话。

（2）"可²"修饰形容词，常以否定形式出现。此时"可²"在句中作状语，或与形容词一起在句中作补语。

> ① S + 可² + 不 + Adj　　　　② S + V + 得 + 可² + 不 + Adj
> 这个问题　可　不　简单。　　　他　跑得　可　不　快。

 **小提示**

"可²"用于一般陈述句时,可替换为"可是"。例如:

我可知道他的性格。

我可是知道他的性格。

我可没说过这话。

我可是没说过这话。

他跑得可不快。

他跑得可是不快。

28 语气副词(9):明明 【五08】

◎ **基本语义及用法**

表示显然是这样,下文常常是表示反问或者转折的分句。

It means "obviously", usually followed by a clause which asks a rhetorical question or expresses an adversative meaning.

◎ **典型例句和对话**

例句	①明明是你做的,为什么要说是别人做的?	②明明教室里很干净,山本还觉得脏。	③我刚才明明讲过,你怎么不知道呢?
交际实践	(在警察局) A:不是我偷的,是我旁边那个人偷的。 B:摄像机都拍下来了,明明是你做的,为什么要说是别人做的?	(在教室) A:明明教室里很干净,山本还觉得脏。 B:说明你打扫得不够认真。	(在公司) 员工:经理,今天的任务是什么? 经理:我刚才明明讲过,你怎么不知道呢?

◎ **补充例句**

①怎么找不到了,我明明把手机放这里了。

②明明是他错了,可他就是不承认。

③这件事明明不是大卫做的,但是同学们都说是他。

④这明明违反了学校纪律,我们能不管吗?

⑤明明这是我的书，怎么说是你的呢？

⑥我明明说过很多次，你为什么记不住呢？

◎ **结构特点**

"明明"通常修饰动词性成分或形容词性成分，在句中作状语。

① S + 明明 + VP/AP，反问句/转折句

　　这　　明明　违反了学校纪律，我们能不管吗？

　　这件事　明明　不是大卫做的，但是同学们都说是他。

② 明明 + S + VP/AP，反问句/转折句

　　明明　这　是我的书，怎么说是你的呢？

　　明明　教室里　很干净，山本还觉得脏。

💡 **小提示**

"明明"可用在主语前，也可用在主语后。例如：

这明明是我的书，怎么说是你的呢？

明明这是我的书，怎么说是你的呢？

明明是他错了，可他就是不承认。

他明明是错了，可他就是不承认。

29　语气副词（10）：总算 【五 08】

◎ **基本语义及用法**

　　表示经过相当长的时间或很大的努力，才实现某个愿望或者大致达到要求。多用于口语。

　　It means "finally", indicating that a wish is realized or a requirement is reached after a long time has passed or great efforts have been put in. It is usually used in spoken Chinese.

◎ 典型例句和对话

例句	①这本书总算学完了。	②一年的努力总算没有浪费,她很有希望能考进名校。	③下了三天的雨总算停了。
交际实践	（在教室） A：学了一年，这本书总算学完了，好难啊！ B：是啊。还要考试，不知道能不能考过。	（在学校） 老师：小清的成绩这次有了很大的进步，这一年的努力总算没有浪费，她很有希望能考进名校。 小清妈妈：真不容易，谢谢老师的帮助。	（在办公室） A：下了三天的雨总算停了。 B：是啊，今年的雨怎么这么多呢？

◎ 补充例句

①调查了很长时间，事情总算搞清楚了。
②跑了好几家书店，他总算买到了这本书。
③我写的报告总算得到了老师的肯定。
④有了这份工作，我下学期的学费总算够了。
⑤他总算没有让大家失望。
⑥学了一年，中村总算学会了几首中文歌。

◎ 结构特点

"总算"修饰动词性成分，在句中作状语。

> S + 总算 + VP
> 一年的努力　总算　没有浪费。
> 跑了好几家书店，他　总算　买到了这本书。

💡 小提示

"总算"表示某种愿望好不容易才实现，句子里常有表示完成的"了"。例如：
*跑了一家书店，他总算买到了这本书。
　跑了好几家书店，他总算买到了这本书。
*调查了一会儿，事情总算搞清楚了。
　调查了很长时间，事情总算搞清楚了。

30 介词（引出时间、处所）：随着 【五09】

◎ **基本语义及用法**

在某件事发生的同时，另一件事紧接着发生。多用于书面语。

It means "along with", indicating that one thing happens immediately after the other. It is usually used in written Chinese.

◎ **典型例句和对话**

例句	①随着时间的推进，我慢慢理解了他的做法。	②随着冬天的到来，房间越来越冷。	③随着经济的发展，现在大家的生活水平提高了。
交际实践	（在咖啡厅） A：你和你男朋友最近怎么样？还吵架吗？ B：早就不吵了。随着时间的推进，我慢慢理解了他的做法。	（在家） A：随着冬天的到来，房间越来越冷。 B：那咱们开暖气吧！	（在咖啡馆） A：随着经济的发展，现在大家的生活水平提高了，想买什么都能买到。 B：是啊。哪像以前，很多东西都买不到，也买不起。

◎ **补充例句**

①随着技术的发展，现在出门都不用带现金了。
②随着计算机的更新，它的功能越来越多了。
③随着学习的深入，我发现自己掌握的知识太少了。
④随着研究的深入，大家越来越有信心了。
⑤很多老年人的记忆力随着年龄的增加而越来越差。
⑥大部分花草随着冬天的到来都死了。

◎ **结构特点**

（1）"随着"常与"名词+的+动词"格式组合在一起，在句中作状语，后面常有停顿。

> 随着 + N + 的 + V，S + VP/AP
> 随着 时间 的 推进，我 慢慢理解了他的做法。
> 随着 计算机 的 更新，它的功能 越来越多。

（2）主语也可位于"随着"之前。

> S + 随着 + N + 的 + V（+ 而）+ AP
> 很多老年人的记忆力 随着 年龄 的 增加 而 越来越差。

💡 **小提示**

"随着 + NP"不可用在主句之后。例如：
* 我发现自己知道的很少，随着学习的深入。
* 很多老年人的记忆力越来越差，随着年龄的增加。
* 大家越来越有信心了，随着研究的深入。

31 介词（引出受事）：将 jiāng 【五10】

◎ **基本语义及用法**

引出受事，同"把"。多用于书面语。
It introduces the patient of an action, equivalent to 把. It is usually used in written Chinese.

◎ **典型例句和对话**

例句	①父母将他送到中国留学。	②禁止将书带出阅览室。	③将没回国的同学们请到家里来。
交际实践	（在公园） A：大卫去哪里了？最近都没看到他。 B：他父母将他送到中国留学，上周已经离开美国了。	（在图书馆） 管理员：图书馆禁止将书带出阅览室。 学生：好的，我会遵守规定的。	（在家） 妈妈：我们将没回国的同学们请到家里来一起过春节，怎么样？ 儿子：好啊，人多热闹。

169

◎ **补充例句**

①同学们离开教室时请将窗户关好。
②一定要将工作做好。
③他将这些故事写成了小说。
④他没有将这件事告诉我。
⑤你有没有将这件事放在心上？
⑥我不想将关系搞坏。

◎ **结构特点**

"将"后引出受事宾语，置于动词性成分前。

> （S+）将+NP+VP
> 禁止　将　书　带出阅览室。
> 他　将　这些故事　写成了小说。

💡 **小提示**

"将"与"把"用法相近，可互换使用。相比较而言，"将"多用于书面语。

32 介词（引出施事）：由² 【五11】

◎ **基本语义及用法**

引出施事，多用于书面语。
It introduces the doer of an action, usually used in written Chinese.

◎ **典型例句和对话**

例句	①这道题由你来回答吧。	②这件事情由班长负责。	③现在由我来为大家介绍故宫。
交际实践	（在教室） 老师：大家都做完了，大卫，这道题由你来回答吧。 大卫：好的，老师。	（在学校） 老师：学校将组织学生去爬长城，这件事情由班长负责，想参加的同学尽快去班长那里报名。 学生：太好了，我报名。	（在故宫） 导游：大家好，现在由我来为大家介绍故宫，请大家过来集合。 游客：来了。

◎ **补充例句**

①这件事还是由我来解决吧。
②一部分教育费用由政府支付。
③这次事故不能完全由他一个人负责。
④这届主席继续由他担任。
⑤买什么颜色的手机，由你决定。
⑥这个问题由我来为大家详细说明。

◎ **结构特点**

"由²"与表示施事的名词或者代词组合，经常与"来"呼应。

> S + 由² + N/Pron（+来）+ V
> 一部分教育费用　由　政府　支付。
> 这届主席　继续　由　他　担任。

◎ **小提示**

"由²"用作介词时，读的时候重音在"由²"后面的名词或代词上。

33 介词（引出凭借、依据）：凭 【五 12】

◎ **基本语义及用法**

表示凭借、根据、依靠。
It means "relying on; according to; by means of".

◎ **典型例句和对话**

例句	①凭他的水平，通过这次考试没有问题。	②凭经验进行判断往往是不准确的。	③凭这一点，你一定能选上。
交际实践	（在学校） A：麦克也参加了这次HSK考试，但能不能通过，他没把握。 B：凭他的水平，通过这次考试没有问题。	（在公司） A：根据以往的经验，这个项目我们一定能按时完成。 B：凭经验进行判断往往是不准确的，咱们要凭数据说话。	（在公司） A：你说这次选优秀员工，我有机会吗？ B：今年你的那个项目是完成得最好的，凭这一点，你一定能选上。

◎ **补充例句**

①学生要凭学生卡进校。
②我们不能只凭经验做事。
③她凭着优秀的成绩考上了北京大学。
④各位乘客要凭机票和护照办理手续。
⑤观众朋友需要凭票进入剧场。
⑥这不是我的错，你凭什么批评我？

◎ **结构特点**

（1）"凭"常跟名词性成分组合在一起，在句中作状语。

> S + 凭（+ 着）+ NP + VP
> 我们 不能只 凭 经验 做事。
> 她 凭 着 优秀的成绩 考上了北京大学。

（2）"凭（+ 着）+ NP"也可以在主语前，后面有停顿。

> 凭（+ 着）+ NP，S + VP
> 凭 着 优秀的成绩，她 考上了北京大学。

小提示

（1）当"凭"后面的名词性短语较长时，必须加"着"。例如：
   ＊凭优秀的成绩，她考上了北京大学。
   　凭着优秀的成绩，她考上了北京大学。
（2）"凭什么"用于反问句，表示不满和责备，意思是某种行为毫无道理。例如：
   这不是我的错，你凭什么批评我？

34 介词（引出凭借、依据）：依据 【五13】

◎ **基本语义及用法**

表示以某一事实、意见、理论、标准为根据，做出决定或进行处理。多用于书面语。

It means that a decision is made or something is handled according to a fact, opinion, theory or standard. It is usually used in written Chinese.

◎ **典型例句和对话**

例句	①要依据事实办事。	②警察依据线索抓住了坏人。	③会议依据大家的建议，正在修改方案。
交际实践	（在警察局） 杰克：我绝对不会做这样的事！ 警察：我们警察要依据事实办事，如果你真的没有违法，我们会放你走的。	（在家） A：电视上报道的那个被抢事件最后是怎么解决的？ B：警察依据线索抓住了坏人，也找回了被抢的物品。	（在公司） A：新方案可以公布了吗？ B：会议依据大家的建议，正在修改方案，还不能公布。

◎ **补充例句**

①公司将依据不同的情况分别处理。
②你们依据什么这样说呢？
③依据历史资料判断，这是500年前的作品。

④依据不同学生的情况，学校提出了不同的要求。
⑤依据公司的规定，新员工的实习时间不少于3个月。
⑥依据新的情况，我们对原来的计划做了一些修改。

◎ **结构特点**

（1）"依据"常与名词性成分组合在一起，在句中作状语。

> S＋依据＋NP＋VP
>
> 公司　将　依据　不同的情况　分别处理。

（2）"依据＋NP"也可以在主语前，有停顿。

> 依据＋NP，S＋VP
>
> 依据　新的情况，我们　对原来的计划做了一些修改。

35 介词（引出凭借、依据）：依照　【五14】

◎ **基本语义及用法**

表示以某一规定、情况等为标准，多用于书面语。
It indicates taking a regulation or situation as the standard, usually used in written Chinese.

◎ **典型例句和对话**

例句	①他想依照自己喜欢的方式去生活。	②依照学校的规定，学生要按时上课，不能迟到。	③计划要依照新规定进行调整。
交际实践	（在公司） A：你听说了吗？小王辞职去农村生活了。 B：真的吗？他想依照自己喜欢的方式去生活，真的很有勇气。	（在教室） A：大卫，依照学校的规定，学生要按时上课，不能迟到。 B：老师，我知道了，从明天开始我一定准时来上课。	（在学校） A：杰克，你们的计划要依照新规定进行调整。 B：明白了，我们马上调整。

◎ **补充例句**

①我们要依照法律办理业务。
②学生要依照学校的规定完成学习任务。
③依照医生的要求,他每天按时吃药。
④依照最新的规定,这些员工可以拿到一大笔奖金。
⑤依照公司的规定,我们下周放假三天。
⑥依照医院的规定,下午六点以后家属不能来看望病人。

◎ **结构特点**

(1)"依照"常与名词性成分组合在一起,在句中作状语。

> S + 依照 + NP + VP
> 学生 要 依照 学校的规定 完成学习任务。

(2)"依照 + NP"也可以在主语前,后面有停顿。

> 依照 + NP,S + VP
> 依照 最新的规定,这些员工 可以拿到一大笔奖金。

💡 **小提示**

与"依照"组合的名词一般是双音节名词。例如:
* 我们要依照法来办事。
　我们要依照法律来办事。

36 连词(连接分句或句子)(1):从而

◎ **基本语义及用法**

表示结果、目的或进一步的行动,多用于书面语。
It indicates the result, purpose, or further action, usually used in written Chinese.

◎ **典型例句和对话**

例句	①他努力学习，从而实现了当翻译的理想。	②这些年北京修了很多地铁，从而减少了堵车现象。	③学生可以根据自己的爱好选择学习内容，从而实现个性化教育。
交际实践	（在咖啡馆） A：我记得你们班有一个叫大卫的学生，每天打游戏，不好好学习。 B：后来他努力学习，从而实现了当翻译的理想。	（在咖啡厅） A：北京这两年交通好多了，以前开车上班都要开两个小时。 B：是啊。这些年北京修了很多地铁，从而减少了堵车现象。	（在学校） 记者：请问学校最大的特点是什么？ 校长：在我们学校，学生可以根据自己的爱好选择学习内容，从而实现个性化教育。

◎ **补充例句**

①父母阅读会影响孩子，从而有利于培养孩子的阅读习惯。
②学校开展了多种多样的课外活动，从而扩大了同学们的知识面。
③每到开学的时候，我都要总结上一学期的学习情况，从而调整学习方法。
④兴趣能使我们的注意力集中，从而让我们能更好地完成自己的工作。
⑤我们要充分认识自己，从而做自己善于做的事。
⑥我们要不断地完善自己，从而让自己的人生更精彩。

◎ **结构特点**

"从而"用于后一分句的开头，沿用前一分句的主语。

> S + VP$_1$，从而 + VP$_2$
> 我们　要不断地完善自我，从而　让自己的人生更精彩。

◎ 💡 **小提示**

"从而"用于后一分句，后一分句不需要再出现主语。例如：

＊父母阅读会影响孩子，父母从而有利于培养孩子的阅读习惯。
　父母阅读会影响孩子，从而有利于培养孩子的阅读习惯。

* 我们要充分认识自己，我们从而做自己善于做的事。

我们要充分认识自己，从而做自己善于做的事。

37 连词（连接分句或句子）（2）：加上 【五15】

◎ **基本语义及用法**

承接上句，有进一步的意思，下文多表示结果。多用于口语。

It is a continuation of the previous clause, introducing a further meaning. It is usually used in spoken Chinese, followed by a result.

◎ **典型例句和对话**

例句	①今天天气不太好，加上你还有很多作业，我们还是别去公园了吧。	②今天我本来就不舒服，加上还有考试，就更难受了。	③好几年没见了，加上你的变化这么大，我都认不出了。
交际实践	（在图书馆） A：今天天气不太好，加上你还有很多作业，我们还是别去公园了吧。 B：好吧，只好这样了。	（在家） 女儿：今天我本来就不舒服，加上还有考试，就更难受了。 爸爸：那今晚就别复习了，早点儿上床休息吧。	（在街上） A：好几年没见了，加上你的变化这么大，我都认不出了。 B：确实，大家变化都很大。

◎ **补充例句**

①我的工资本来就不低，加上自己有房，不用付房租，所以生活挺好的。

②她喜欢唱歌，加上努力练习，最后成为一名歌手。

③这个中文故事很长，加上生词太多，我完全看不懂。

④她很聪明，加上学习努力，所以成绩非常好。

⑤他从小身体不好，加上缺少锻炼，所以经常生病。

⑥她喜欢旅游，加上工作不忙，所以去过很多地方。

◎ **结构特点**

"加上"常连接句子或短语，作为前面情况的补充。例如：

> S + VP₁/AP₁, 加上 (+ S) + VP₂/AP₂, (所以)……
> 她 喜欢旅游, 加上 工作不忙, 所以去过很多地方。
> 她 喜欢唱歌, 加上 努力练习, 最后成为一名歌手。

小提示

"加上"前面必须要有一个分句。如果"加上"所在的后一分句和前一分句的主语一致,后一分句的主语可省略。例如:

她很聪明,加上学习努力,所以成绩非常好。

他从小身体不好,加上缺少锻炼,所以经常生病。

38 连词(连接分句或句子)(3):完了 wánle 【五15】

◎ **基本语义及用法**

表示两件事相承接,依次发生。多用于口语。

It indicates that two things happen in sequence, usually used in spoken Chinese.

◎ **典型例句和对话**

例句	①你快点儿写作业,完了我们去操场玩儿。	②下了班得接孩子,完了还得买菜。	③早上要去图书馆,完了还要去看爷爷。
交际实践	(在教室) A:我不想写作业。 B:不行,你快点儿写作业,完了我们去操场玩儿。	(在公司) A:下了班一起吃饭怎么样? B:不行啊,我今天没空,下了班得接孩子,完了还得买菜。	(在打电话) A:明天是周末,咱们出去玩儿,怎么样? B:不行,早上要去图书馆,完了还要去看爷爷。

◎ **补充例句**

①她前年本科毕业,完了先去工作了一年,然后又读的研究生。

②我先吃饭,完了再去找你。

③我们先去学校见老师,完了再去图书馆吧。
④先做饭,完了再做菜。
⑤我先打个电话,完了还要发个邮件。
⑥我打算今天下课后先运动,完了回教室写作业。

◎ **结构特点**

"完了"用于后一分句的开头,沿用前一分句的主语。

> S + VP₁,完了 + VP₂
> 我们　先去学校见老师,完了　再去图书馆　吧。

39 连词(连接分句或句子)(4):一旦 【五15】

◎ **基本语义及用法**

表示不确定的某一时间或某一天。可以用于已经发生的事情,表示"忽然有一天";也可以用在未来可能发生的事情,表示"假如有一天、万一有一天"。

It indicates some time or day. It can be used for something that has already happened, meaning "all of a sudden", or for something that might happen in the future, meaning "some day" or "in case".

◎ **典型例句和对话**

例句	①你要想好了,一旦选择了就不能放弃。	②一旦有什么困难,尽管来找我。	③那么多年的好朋友一旦分别,真是有些舍不得。
交际实践	(在家) 儿子:妈妈,我想学画画儿。 妈妈:你要想好了,一旦选择了就不能放弃。	(在学校) 老师:大卫,一旦有什么困难,尽管来找我。 大卫:好的,谢谢老师。	(在机场) A:咱们俩那么多年的好朋友一旦分别,真是有些舍不得。 B:别伤心了,我以后会常回来看你的。

◎ **补充例句**

①病人的情况一旦有什么变化，你一定要马上通知我。
②很多东西一旦失去，才会知道它的珍贵。
③孩子过马路一定要小心，一旦被车撞了，后悔都来不及。
④这种病一旦得了就很难治好。
⑤人类一旦忽视环境问题，就会给自己造成巨大危害。
⑥坏毛病一旦不及时改正，再改起来就难了。

◎ **结构特点**

"一旦"用在动词性成分前，在句中作状语。

> （S +）一旦 + VP，……
> 一旦　有什么困难，尽管来找我。（表示"假如有一天"）
> 那么多年的好朋友　一旦　分别，真是有些舍不得。（表示"忽然有一天"）

40 助词：也好 【五16】

◎ **基本语义及用法**

（1）表示在无法改变的时候，接受某种情况的存在或发生，常置于句末。

　　It means "not a bad idea", indicating the acceptance of the existence or occurrence of a certain situation because nothing can be done about it. It is often used at the end of a sentence.

（2）连用两个，表示在任何情况下都如此。

　　When two 也好 are used together, it means that it is the same under all circumstances.

◎ 典型例句和对话

例句	①让他亲自在现场试一试也好。	②你来也好，不来也好，都可以。	③多学一门语言也好，将来可以凭这个找份工作。
交际实践	（在游泳馆） 教练A：这次比赛让大卫参加，怎么样？ 教练B：我觉得他平时训练很努力，这次让他亲自在现场试一试也好。	（在公司） A：我明天下午有会，晚上的活动不知道能不能赶上。 B：没事儿。你来也好，不来也好，都可以。	（在家） 女儿：爸爸，我想学习法语。 爸爸：好啊。多学一门语言也好，将来可以凭这个找份工作。

◎ 补充例句

①既然他身体不舒服，不来也好。
②不去也好，你就在家休息一天吧。
③我的手机坏了，这样也好，终于可以买新手机了。
④他正在写毕业论文，不管电视也好，电影也好，都没时间看。
⑤今天也好，明天也好，只要能完成就可以。
⑥学习中文，说对也好，说错也好，一定要敢说、多说。

◎ 结构特点

（1）"也好"在句末，表示在无法改变的时候，接受某种情况的存在或发生。

> （S+）VP+也好
> 他　不来　也好。
> 让他亲自去现场试一试　也好。

（2）"也好"与名词和动词性成分组合，以两个或两个以上"N/VP+也好"连用的形式，表示在任何情况下都如此。前面常跟"不管、无论"搭配，后面常跟"都"。

> （不管/无论+）N_1/VP_1+也好，N_2/VP_2+也好，……
> 他正在写毕业论文，不管　电视　也好，电影　也好，都没时间看。
> 学生　也好，老师　也好，上课都不能迟到。
> 说对　也好，说错　也好，一定要敢说、多说。

小提示

"也好"所在的一句通常说明同意和接受的事实,另一句补充有利的一面或依据。例如:

下雨也好,可以在家休息一天。(接受"下雨"这一事实,补充"可以在家休息"这一有利的一面。)

他身体不舒服,不来也好。(接受"他不来"这一事实,补充"身体不舒服"这一依据。)

41 固定短语:A 来 A 去

【五 17】

◎ 基本语义及用法

表示动作的多次重复。

It indicates multiple repetitions of an action.

◎ 典型例句和对话

例句	①想来想去,还是山本最合适。	②大家讨论来讨论去,最后还是没解决。	③她是一名导游,经常在世界各地飞来飞去。
交际实践	(在教室) A:这三位同学,你们觉得谁最合适? B:想来想去,还是山本最合适。	(在教室) 老师:你们在课下讨论出解决办法了吗? 学生:大家讨论来讨论去,最后还是没解决。	(在咖啡馆) A:你姐姐做什么工作? B:她是一名导游,经常在世界各地飞来飞去。

◎ 补充例句

①鱼在水中自由地游来游去。

②孩子们在操场上跑来跑去。

③他在门口走来走去,好像在思考什么。

④研究来研究去,专家们终于解决了这个技术难题。

⑤爸爸考虑来考虑去,最后同意了我的选择。

⑥他俩商量来商量去,还是没决定送什么礼物。

◎ **结构特点**

"A 来 A 去"一般作谓语,A 一般是同一个动词。

> S + V 来 V 去
> 鱼 在水中自由地 游来游去。
> 他俩 商量来商量去,还是没决定送什么礼物。

◎ **小提示**

"A 来 A 去"后边不能带宾语。例如:

* 大家讨论来讨论去这个问题,最后还是没解决。
  大家讨论来讨论去,最后这个问题还是没解决。

42 固定短语:A 着 A 着

【五 18】

◎ **基本语义及用法**

后边经常出现"就 VP",表示某动作或状态持续了一段时间后出现了新情况。
It is often followed by 就 VP, indicating that a new situation appears after one action or state has lasted for a period of time.

◎ **典型例句和对话**

例句	①她说着说着就哭起来了。	②我躺在床上看电视,看着看着就睡着了。	③我们聊着聊着就聊到半夜了。
交际实践	(在教室) A:玛丽怎么哭了? B:刚才我们在聊自己的妈妈,她说着说着就哭起来了。	(在家) 妈妈:你昨天夜里怎么没有关电视? 儿子:我躺在床上看电视,看着看着就睡着了。	(在公司) A:你今天怎么这么困? B:别提了,昨晚我只睡了三四个小时。同学聚会,我们聊着聊着就聊到半夜了。

◎ 补充例句

①我走着走着就到家了。
②最近工作太多太累，累着累着，身体就出现问题了。
③笑着笑着，他突然哭了起来。
④吃着吃着，电话突然响了。
⑤他一整天都在工作，忙着忙着就把吃饭给忘了。
⑥不吃早饭可不行，饿着饿着胃病就来了。

◎ 结构特点

A 一般是单音节动词或形容词。"A 着 A 着"不能单独作谓语，后面要有动词性成分，中间经常出现"就、突然、忽然"等。

> ① S + V/Adj 着 V/Adj 着（+ 就）+ VP
> 　她　说着说着　就　哭起来　了。
> 　我们　聊着聊着　就　聊到半夜　了。
> ② V/Adj 着 V/Adj 着，S（+ 就）+ VP
> 　笑着笑着，他　突然哭了起来。
> 　累着累着，身体就出现问题　了。

43 固定短语：没 A 没 B 【五19】

◎ 基本语义及用法

（1）当 A、B 的意义相同或相关时，"没 A 没 B"强调没有，如"没头没脑、没吃没喝"。

When A and B are the same or related in meaning, 没 A 没 B emphasizes the negation, for example, 没头没脑 (illogical; pointless) and 没吃没喝 (not to eat or drink anything; to have nothing to eat or drink).

（2）当 A、B 的意义相反时，"没 A 没 B"表示应有区别但没有区别，有不认同的意思，如"没日没夜、没大没小"。

When A and B are contrary in meaning, 没 A 没 B means there isn't any difference between the two though there should be, implying disagreement, for example, 没日没夜 ([to work] all day and night) and 没大没小 (to show no respect for one's elders).

◎ 典型例句和对话

例句	①一上午没吃没喝，我要饿死了。	②这孩子说话没大没小的，一点儿礼貌都没有。	③他们没日没夜地加班。
交际实践	（在教室） A：你的脸色很不好，身体不舒服吗？ B：忙得一上午没吃没喝，我要饿死了。	（在家） A：这孩子说话没大没小的，一点儿礼貌都没有。 B：这可不行，咱们得提醒她父母。	（在公司） A：这几天，他们没日没夜地加班，肯定累坏了。 B：今天你让他们按时下班，回家好好休息休息。

◎ 补充例句

①一个人要知进退，不能没脸没皮。
②他说话没头没脑的，我一点儿都没听懂。
③我们没偷没抢，靠自己的劳动挣钱。
④中国人没吃没喝的日子已经结束了。
⑤你以后说话做事都要注意，不能再这样没轻没重了。
⑥她说话就这样，没深没浅，你别往心里去啊。

◎ 结构特点

（1）从内部构造上看，A、B可以是名词，如"没头没脑、没脸没皮、没日没夜、没上没下"；也可以是动词，如"没吃没喝、没完没了、没喊没叫、没偷没抢"；还可以是形容词，如"没大没小、没轻没重、没深没浅"。

（2）"没A没B"可以作谓语、定语和状语。

①S + 没 $N_1/V_1/Adj_1$ 没 $N_2/V_2/Adj_2$ (+的)，……（作谓语）
　他说话　没头没脑　的，我一点儿都没听懂。
　我们　没偷没抢，靠自己的劳动挣钱。
　这孩子说话　没大没小　的，一点儿礼貌都没有。

②没 $N_1/V_1/Adj_1$ 没 $N_2/V_2/Adj_2$ + 的 + N（作定语）
　他就是个　没脸没皮　的　人。
　中国人　没吃没喝　的　日子　已经结束了。
　我看不惯他们那　没大没小　的　样子。

③没 $N_1/V_1/Adj_1$ 没 $N_2/V_2/Adj_2$ + 地 + VP（作状语）

他们　没日没夜　地　加班，肯定累坏了。
我们　没吃没喝　地　走了半天，终于到家了。
你总这样　没深没浅　地　说话，别人会怎么看你？

44 固定短语：说A就A 【五 20】

◎ **基本语义及用法**

表示动作发生得快，状态或变化出现得快，相当于"说到A就很快A"。用于口语。

It indicates that the action happens fast or a state or change appears fast, meaning "A appears immediately as one mentions it." It is used in spoken Chinese.

◎ **典型例句和对话**

例句	①为什么人生需要有一次说走就走的旅行？	②说干就干，只有干才能找到办法。	③那么贵的衣服，她说买就买了。
交际实践	（在咖啡馆） A：为什么人生需要有一次说走就走的旅行？ B：因为我们永远不知道明天和意外哪个先到来。	（在会议室） A：现在有两种方案，我们分两组进行实验，怎么样？ B：没问题。说干就干，只有干才能找到办法。	（在商场） A：她把刚发的工资都花完了？ B：是啊。那么贵的衣服，她说买就买了，我都劝不住。

◎ **补充例句**

①他俩说去就去，吃完饭就走了。
②我真没想到你说来就来了。
③这个女演员演得真好，说笑就笑，说哭就哭。

④夫妻吵架很正常,你们怎么说离婚就离婚呢?
⑤北方的天气说冷就冷了。
⑥她这说高兴就高兴、说生气就生气的性格,像孩子一样。

◎ **结构特点**

A 一般是动词或形容词。"说 A 就 A"一般作谓语,也能作定语。

①S + 说 + V/Adj + 就 + V/Adj(作谓语)
你们 怎么 说 离婚 就 离婚 呢?
北方的天气 说 冷 就 冷 了。
②说 + V/Adj + 就 + V/Adj + 的 + N(作定语)
为什么人生需要有一次 说 走 就 走 的 旅行?
她这 说 高兴 就 高兴、说 生气 就 生气 的 性格,像孩子一样。

45 固定短语:有 A 有 B 【五21】

◎ **基本语义及用法**

(1)当 A、B 的意义相同或相关时,"有 A 有 B"表示强调,如"有山有水、有说有笑"。

When A and B are the same or related in meaning, 有 A 有 B indicates emphasis, for example, 有山有水 ([beautiful landscape] with mountains and waters) and 有说有笑 (talking and laughing).

(2)当 A、B 的意义相反时,"有 A 有 B"表示同时有两方面不同的情况,如"有头有尾、有来有往、有多有少"。

When A and B are contrary in meaning, 有 A 有 B indicates having two sides at the same time, for example, 有头有尾 (to have a beginning and an end – to carry something through to the end), 有来有往 (to have a reciprocal relation), and 有多有少 (some have more, others fewer).

◎ **典型例句和对话**

例句	①下课了,同学们有说有笑地走出了教室。	②这里的农村有山有水,空气好,农民们过上了好日子。	③节日的公园里有男有女,有老有少,十分热闹。
交际实践	(在教室) 老师:谁能用一句话描述一下儿这幅图? 学生:我来。"下课了,同学们有说有笑地走出了教室。"	(在农村) 游客A:这里的农村有山有水,空气好,农民们过上了好日子。 游客B:这就是报纸上说的"新农村"吧。	(在家) 妈妈:今天的公园里人很多吧? 儿子:节日的公园里有男有女,有老有少,十分热闹。

◎ **补充例句**

①我们有手有脚,到哪儿都能生活得很好。
②这个人物被写得有血有肉,十分生动。
③有吃有喝的日子过久了,你是不是忘记以前受的苦了?
④这几年的生活虽然有吵有闹,有哭有笑,但我觉得很幸福。
⑤学校根据学生的需求开班,时间有长有短,课程有多有少。
⑥城市有大有小,建筑有高有低,道路有宽有窄,每个城市都有自己的个性。

◎ **结构特点**

(1)从内部构造上看,A、B可以是名词,如"有山有水、有头有脸、有手有脚、有血有肉";也可以是动词,如"有说有笑、有吃有喝、有吵有闹、有哭有笑";还可以是形容词,如"有男有女、有老有少、有多有少、有大有小、有高有低"。

(2)"有A有B"可以作谓语、定语、状语和补语。

①S + 有 $N_1/V_1/Adj_1$ 有 $N_2/V_2/Adj_2$(作谓语)
　这里　有山有水,空气好。
　这几年的生活　虽然　有吵有闹,有哭有笑,但我觉得很幸福。
　学校根据学生的需求开班,时间　有长有短,课程　有多有少。

②有 N_1/V_1 有 N_2/V_2 + 的 + N(作定语)
　他在我们家乡是个　有头有脸　的　人。
　有吃有喝　的　日子　过久了,你是不是忘记以前受的苦了?

③有 V_1 有 V_2 + 地 + VP（作状语）

　同学们　有说有笑　地　走出了教室。

④S + 被 + V 得 + 有 N_1/Adj_1 有 N_2/Adj_2（作补语）

　这个人物　被　写得　有血有肉，十分生动。

　蛋糕　被　切得　有大有小。

46 固定短语：不得了 bùdéliǎo 【五22】

◎ **基本语义及用法**

表示非常厉害（意义积极）或情况非常严重（意义消极），情绪往往比较激动或表示夸张。用于口语。

It means "awesome" in the positive sense or "serious" in the negative sense, usually expressing an excited or exaggerative emotion. It is used in spoken Chinese.

◎ **典型例句和对话**

例句	①你又考了第一名，真是不得了！	②不得了了，房间里进水了。	③完了完了，不得了了，电脑坏了。
交际实践	（在教室） A：你又考了第一名，真是不得了！ B：你也考得很不错啊。	（在家） A：不得了了，房间里进水了。 B：不要慌，赶紧打电话找人来修吧。	（在公司） A：完了完了，不得了了，电脑坏了。 B：别着急，我帮你看看。

◎ **补充例句**

①如果发生了安全事故，那可不得了。

②通火车这件事在我们山区可是一件不得了的事情。

③父母在孩子眼中都是非常不得了的人物。

④那个小孩子可爱得不得了。

⑤不得了了，房子着火了！

⑥不得了了，奶奶摔倒了！

◎ **结构特点**

① S + 不得了

如果出了事故，那可不得了。

② 不得了了，S + VP

不得了了，房间里进水了。

③ 不得了 + 的 + N

父母在孩子眼中都是非常不得了的人物。

◎ **小提示**

"不得了"作程度补语，具体参见【五36】程度补语2（1）：形容词/心理动词+得+不得了/慌/厉害。例如：

那个小孩子可爱得不得了。

47 固定短语：不敢当 bùgǎndāng 【五23】

◎ **基本语义及用法**

表示对别人给予自己的信任、感谢、称赞等不能承受，常用作谦辞。

It is a term of modesty, meaning that one cannot take the other party's trust, gratefulness, compliment, etc.

◎ **典型例句和对话**

例句	①这样的奖励我真是不敢当。	②不敢当，我只是做了我应该做的事情。	③您千万别这样说，我实在是不敢当。
交际实践	（在办公室） 老板：祝贺你在这次比赛中获得了一等奖，这是你的奖金。 员工：这是大家一起努力的结果，这样的奖励我真是不敢当。	（在马路上） 老人：小伙子，谢谢你帮我找到了钱包，你真是个热心人。 年轻人：不敢当，我只是做了我应该做的事情。	（在公司） 经理：这次公司能顺利签订合同，全靠你的努力。 员工：您千万别这样说，我实在是不敢当。

◎ **补充例句**

①你这么客气，我真的不敢当。
②不敢当，你比我优秀多了。
③这么宝贵的礼物，我真是不敢当！
④不敢当，我也没帮上你什么忙。
⑤你这样称赞我，我真是不敢当。
⑥指导不敢当，我只是提出了一点儿建议。

◎ **结构特点**

"不敢当"可以放在句子的开头和结尾。

> ①……不敢当
> 　这样的奖励我真是　不敢当。
> ②不敢当，……
> 　不敢当，我只是做了我应该做的事情。
> ③V＋不敢当，……
> 　指导　不敢当，我只是提出了一点儿建议。

💡 **小提示**

"不敢当"后面不能加其他成分，不能放在句子中间。例如：
＊我真是不敢当这样的奖励。
　这样的奖励我真是不敢当。

48 固定短语：得了 déle 【五24】

◎ **基本语义及用法**

（1）单独成句或作谓语，常用来结束话题，相当于"行了、算了"，表示不同意对方的意见或观点。用于口语。

It is used as an independent sentence or as the predicate in a sentence. It is usually used to bring a topic to the end, equivalent to 行了 and 算了, meaning one does not agree with the other party's opinion. It is used in spoken Chinese.

（2）用于陈述句的句末，表示肯定，有加强语气的作用。用于口语。

It is used at the end of a declarative sentence to indicate confirmation and strengthen the tone. It is used in spoken Chinese.

◎ 典型例句和对话

例句	①得了吧，给别人添麻烦多不好啊！	②你可得了吧，谁能这么想呢？	③麻烦别人还不如你自己去得了。
交际实践	（在咖啡馆） A：我跟大卫说说，让他来帮你一下儿。 B：得了吧，给别人添麻烦多不好啊！	（在教室） A：如果我提前交试卷，别人就会觉得我不够虚心。 B：你可得了吧，谁能这么想呢？	（在学校门口） A：我让朋友帮忙买一下儿票吧。 B：麻烦别人还不如你自己去得了。

◎ 补充例句

①得了，大家别再说了。
②得了啊，就这么办吧！
③你们得了吧，光说不做有什么用啊？
④现在可能会堵车，咱们骑自行车去得了。
⑤妈妈一个人做饭太辛苦了，我们干脆去饭馆吃得了。
⑥你在家待着得了，外边下着雨，跑什么步啊？

◎ 结构特点

（1）"得了"作谓语，用于前半句，主语一般是"你、你们"，后边常用语气助词"啊、吧"；后半句说明说话人的看法。

> (S+) 得了 (+啊/吧),（S+) P
> 得了，大家　别再说了。
> 得了　啊，就这么办吧！
> 你　可　得了　吧，谁　能这么想呢？

（2）"得了"用于陈述句句末。

①S+P+得了，……
　你　在家待着　得了，外边下着雨，跑什么步啊？
②……，S+P+得了
　现在可能会堵车，咱们　骑自行车去　得了。

49 固定短语：用不着 yòngbuzháo 【五25】

◎ 基本语义及用法

意思是"不用，不必"，表示某事对将要做的事没有什么帮助或根本没有必要。
It means "no need to", indicating that something is of no help or is totally unnecessary.

◎ 典型例句和对话

例句	①你有话可以直接说，用不着害怕。	②用不着听他的，你自己决定吧。	③孩子们都工作了，你用不着担心了。
交际实践	（在公司） 员工：我可以谈谈我的看法吗？如果有不对的地方，请大家多提意见。 经理：你有话可以直接说，用不着害怕。	（在学校） A：小王说我水平不够，不应该报名。 B：用不着听他的，你自己决定吧。	（在家） 妈妈：我儿子总是和同事相处不好，真怕他又辞职。 邻居：孩子们都工作了，你用不着担心了。

◎ 补充例句

①用不着你送，我自己打车过去就行了。
②这笔钱我用不着，你留着吧。
③这些工作我们自己就能完成，用不着别人帮忙。
④遇到困难用不着抱怨，还是赶紧想想解决的办法吧。
⑤你用不着因为这点儿小事难过，不值得。
⑥你做得已经很好了，用不着一直否定自己。

◎ **结构特点**

"用不着"可以充当句子的状语、谓语等。

① S + 用不着 + VP

　你 用不着 担心 了。

② ……，用不着 + VP

　你做得已经很好了，用不着 一直否定自己。

③ 用不着 + VP，……

　用不着 听他的，你自己决定吧。

④ S + 用不着，……

　这笔钱我 用不着，你留着吧。

💡 **小提示**

"用不着"是"用得着"的否定形式，所以它自身没有否定形式。例如：

＊你不 / 没用不着因为这点儿小事难过。

　你用不着因为这点儿小事难过。

50 固定格式：从……来看 【五26】

◎ **基本语义及用法**

表示从某个角度来提出看法。
It expresses an opinion from a certain perspective.

◎ **典型例句和对话**

例句	①从这次考试成绩来看，他复习得很充分。	②从以往的经验来看，这件事基本上没有问题。	③从数据来看，学习中文的人数每年都在增加。
交际实践	（在办公室） 教师A：大卫最近表现怎么样？ 教师B：从这次考试成绩来看，他复习得很充分。	（在会议室） A：李经理，你看我们这样处理合适吗？ B：从以往的经验来看，这件事基本上没有问题。	（在图书馆） A：据说来中国留学的外国人越来越多了。 B：从数据来看，学习中文的人数每年都在增加。

◎ 补充例句

①从价格来看,这个牌子的东西确实比较实惠。
②从效果来看,那种教学模式值得推广。
③从这个角度来看,很多问题都可以解决。
④从消费者的角度看,他们当然不希望物价上涨。
⑤从销售量来看,这个公司已经成为国内最大的手机制造商。
⑥从调查结果来看,中国老年人的生活状况总体不错。

◎ 结构特点

"从……来看"一般作状语,出现在主语前边。

> 从 + NP + 来看,S + VP
> 从　这次考试成绩　来看,他　复习得很充分。

51 固定格式:到……为止 【五 27】

◎ 基本语义及用法

"到……为止"表示截止到某个时间或某个进度,多用于正式语体。
It means "until; up to", indicating a deadline or milestone, usually used in formal language.

◎ 典型例句和对话

例句	①到目前为止,他还没有出过什么错。	②我的报告到此为止,谢谢!	③到昨天为止,这个项目已经完成了一半。
交际实践	(在公司) A:麦克的实习表现怎么样? B:到目前为止,他还没有出过什么错。	(在会议室) 王老师:我的报告到此为止,谢谢! 校长:谢谢王老师的精彩报告。	(在办公室) A:你们的项目进行得怎么样了? B:到昨天为止,这个项目已经完成了一半。

◎ 补充例句

①今天的讨论到此为止,谢谢大家的参与。

②这张购物卡的期限到今天为止。

③到目前为止,我还不敢相信这是真的。

④到昨天为止,他一共去了五家公司面试。

⑤由于时间关系,我们只能介绍到这里为止了。

⑥他把设计方案改了很多遍,一直改到客户满意为止。

◎ **结构特点**

"到……为止"可以作谓语、状语、补语,作状语时一般出现在主语前边。

① S + 到 + N + 为止(作谓语)

　我的报告　到　此　为止。

② 到 + N + 为止,S + P(作状语)

　到　目前　为止,他　还没有出过什么错。

③ (S +) VP + 到 + N/VP + 为止(作补语)

　我们　只能介绍　到　这里　为止。

　他　把设计方案改了很多遍,一直改　到　客户满意　为止。

52 固定格式:够……的 【五28】

◎ **基本语义及用法**

强调某种性质或状态的程度很高,多用于口语。

It emphasizes that the degree of a quality or state is high, usually used in spoken Chinese.

◎ **典型例句和对话**

例句	①眼前这几件事就够他忙的了。	②他可真够聪明的,竟然抓住了这个机会。	③这本书够难的,他肯定看不懂。
交际实践	(在体育馆) A:最近怎么不见你跟大卫出来玩儿? B:我还行,主要是大卫,眼前这几件事就够他忙的了。	(在公司) A:这个出国学习的指标是临时增加的,马克第一时间就申请了。 B:他可真够聪明的,竟然抓住了这个机会。	(在书店) 爸爸:这本书挺有意思的,你给儿子买一本吧。 妈妈:这本书够难的,他肯定看不懂。

◎ **补充例句**

①今天够热的,开空调吧。
②从你家到学校真够远的。
③你对孩子够有耐心的。
④校长的发言够有水平的。
⑤你父母够重视教育的。
⑥他们对孩子够放心的。

◎ **结构特点**

① S+够+Adj+的	② S+够+VP+的
这本书 够 难 的。	校长的发言 够 有水平 的。

53 固定格式:拿……来说 【五29】

◎ **基本语义及用法**

引出某个话题或进行举例。
It is used to introduce a topic or give an example.

◎ **典型例句和对话**

例句	①拿成绩来说,他绝对是第一。	②拿这件事来说,你没有做错什么。	③拿这次考试来说,只要平时努力就能通过。
交际实践	(在办公室) 校长:王老师,山口这个学生怎么样? 老师:拿成绩来说,他绝对是第一。	(在办公室) A:对不起,我又让大家失望了。 B:拿这件事来说,你没有做错什么。	(在教室) 学生:老师,我们一听到考试就非常紧张。 老师:其实有些考试并不难,拿这次考试来说,只要平时努力就能通过。

◎ **补充例句**

①"王"是中国的大姓,拿我们班来说,四十个同学中有五个姓王。
②如果你在大城市工作,生活压力可能比较大。拿房租来说,就可能花掉每月工资的一半。
③有些菜的名字跟材料可能没关系。拿鱼香肉丝来说,它就不是用鱼做的菜。
④最近二十年,中国社会发生了巨大的变化。拿交通来说,高铁的出现大大方便了人们的出行。
⑤我们的生活习惯很不一样。拿吃饭来说,他喜欢吃米饭,我喜欢吃面条儿。
⑥多音字是指一个汉字有不同的读音。拿"少"来说,就有两种读音。

◎ **结构特点**

"拿……来说"一般用在主语前边作状语。

> 拿……来说,S + P
> 拿成绩来说,他绝对是第一。

54 固定格式:A 的 A,B 的 B 【五30】

◎ **基本语义及用法**

(1)当 A、B 的意义相反时,"A 的 A,B 的 B"表示同一群体内部呈现出完全相反或不整齐的状态,情况复杂,常表达不满意的感情色彩。

When A and B are contrary in meaning, it indicates within the same group exists totally opposite situations, usually expressing unsatisfaction about the non-uniformity and complexity.

(2)当 A、B 的意义相关时,"A 的 A,B 的 B"表示同一群体内部的不同成员进行不同的动作或呈现出各种不同的状态,含有丰富多彩或混乱的意思。

When A and B are related in meaning, it indicates that members of the same group act differently or have different styles, implying great diversity or a state of chaos.

◎ **典型例句和对话**

例句	①衣服大的大，小的小，没有一件合适的。	②这里的建筑高的高，低的低，不太整齐。	③那些小学生吓得哭的哭，叫的叫，乱成一团。
交际实践	（在家） 儿子：你看，衣服大的大，小的小，没有一件合适的。 妈妈：我们下午去商场买两件吧。	（在社区花园） A：这里的建筑高的高，低的低，不太整齐。 B：是有些乱，社区真应该好好规划一下儿。	（在办公室） 教师A：地震的时候，那些小学生吓得哭的哭，叫的叫，乱成一团。 教师B：看来我们平时应该组织学生多训练，以防万一。

◎ **补充例句**

①她家里老的老，少的少，我们得帮帮她。
②那些孩子喊的喊，叫的叫，实在太吵了。
③这些土豆切得方的方，长的长，一点儿都不整齐。
④这些企业关的关，卖的卖，已经不剩几个了。
⑤放学了，同学们在操场上跑的跑，跳的跳，校园里一下子热闹起来了。
⑥下课后，大家看书的看书，聊天儿的聊天儿，干什么的都有。

◎ **结构特点**

A、B一般是形容词性成分和动词性成分，"A的A，B的B"一般作谓语、补语。

① S + Adj_1/VP_1 的 Adj_1/VP_1，Adj_2/VP_2 的 Adj_2/VP_2（作谓语）
衣服　大的大，小的小，没有一件合适的。
这些企业　关的关，卖的卖，已经不剩几个了。
下课后，大家　看书的看书，聊天儿的聊天儿，干什么的都有。

② S + V + 得 + Adj_1/V_1 的 Adj_1/V_1，Adj_2/V_2 的 Adj_2/V_2（作补语）
这些土豆　切　得　方的方，长的长，一点儿都不整齐。
那些小学生　吓　得　哭的哭，叫的叫，乱成一团。

小提示

这个格式不限于A、B两项，可以是三项或三项以上的对举。例如：

同学们跑的跑，叫的叫，跳的跳，校园里一下子热闹起来了。

下课后，大家看书的看书，聊天儿的聊天儿，休息的休息，干什么的都有。

55 固定格式：在……看来

【五31】

◎ **基本语义及用法**

表示从某人的角度提出后边的看法或意见。

It indicates that the idea or opinion is put forward from someone's perspective.

◎ **典型例句和对话**

例句	①在我看来，这次中文考试实在是太难了。	②在很多人看来，这件事没有那么简单。	③在老师看来，每一个学生都有自己的优点。
交际实践	（在教室） A：你觉得这次考试难不难？ B：在我看来，这次中文考试实在是太难了。	（在办公室） A：我觉得这件事有点儿奇怪。 B：是的。在很多人看来，这件事没有那么简单。	（在办公室） A：王老师，您认为我们是不是应该取消"差生"这个词？ B：对。在老师看来，每一个学生都有自己的优点。

◎ **补充例句**

①在同学们看来，吉米是个非常乐观的人。
②在我看来，家庭教育比学校教育更重要。
③在父母看来，公务员是最稳定的工作。
④在很多人看来，网上购物已经成为一种生活方式。
⑤在专家看来，画画儿可以培养孩子的创造力。
⑥这在他看来不是一件小事。

◎ **结构特点**

"在……看来"经常放在主语前作状语,中间出现的一般是指人的名词或代词。

> 在 + N/Pron + 看来,S + P
> 在 老师 看来,每一个学生 都有自己的优点。
> 在 我   看来,这次中文考试 实在是太难了。

56 趋向补语4:表示时间意义(引申用法)(1) 表示动作行为的开始:动词 + 上/起来

【五34】

◎ **基本语义及用法**

用在动词后,"上"表示动作或状态的开始,"起来"表示动作的开始,并有继续下去的意思。

When used after a verb, 上 indicates the beginning of an action or a state, and 起来 indicates the beginning of an action which is going to continue.

◎ **典型例句和对话**

例句	①这孩子又玩儿上游戏了。	②这项工作上个月就干起来了。	③观众一看见他就笑起来了。
交际实践	(在家) 妈妈:刚做了十分钟作业,这孩子又玩儿上游戏了。 爸爸:让他做完作业再玩儿游戏。	(在会议室) A:这项工作开始了吗? B:这项工作上个月就干起来了。	(在看电视) A:这个演员都不用说话,观众一看见他就笑起来了。 B:他演得就是好!

◎ **补充例句**

①老师还没说完,同学们就议论上了。
②医生让你多休息,你怎么又看上书了?
③不一会儿,他就和乘客聊上天儿了。
④你看,外面下起雪来了。

⑤看完电影，大家就热烈地讨论起故事情节来。
⑥我还没批评他，他就大声地哭起来了。

◎ **结构特点**

（1）"动词+上"能带宾语。

> S + V + 上 + O + 了
> 这孩子　又　玩儿　上　游戏　了。

（2）"动词+起来"结构中如果出现动词的宾语，宾语一般要插在"起"和"来"中间。

> ① S + V + 起来 + 了
> 　他　大声地　哭　起来　了。
> ② S + V + 起 + O + 来（+了）
> 　大家　就热烈地　讨论　起　故事情节　来。
> 　外面　下　起　雪　来　了。

💡 **小提示**

"起来"可以用在形容词后表示状态的开始。例如：
他的身体一天一天地好起来了。
考试铃声响了，他不免紧张起来。

57 趋向补语4：表示时间意义（引申用法）（2）表示动作行为的持续：动词+下去/下来　【五34】

◎ **基本语义及用法**

用在动词后，"下去"表示已经开始的动作仍将继续进行，"下来"表示动作从过去持续到说话时。

When used after a verb, 下去 indicates that the action has already started and will continue, and 下来 indicates that the action has continued since a time in the past up to the time of speaking.

◎ 典型例句和对话

例句	①别紧张，你说下去。	②你的中文说得不错，我建议你继续学下去。	③在这三年里，我把每天锻炼一个小时的习惯坚持下来了。
交际实践	（在面试） A：这两种产品各有优势。我认为，我觉得…… B：别紧张，你说下去。	（在办公室） A：我还没决定要不要在大学里继续学中文。 B：你的中文说得不错，我建议你继续学下去。	（在饭馆） A：三年不见，你怎么瘦了这么多？是不是每天都锻炼身体了？ B：是啊。在这三年里，我把每天锻炼一个小时的习惯坚持下来了。

◎ 补充例句

①你这样坚持下去一定能成功。

②这个课题我不想再研究下去了。

③班长唱了第一句，同学们就接着唱了下去。

④这个传说是从古代流传下来的。

⑤那件书法作品是我爷爷传下来的。

⑥跑5000米确实很累，我想过放弃，不过我还是跑下来了。

◎ 结构特点

> S + V + 下去/下来（+了）
>
> 别紧张，你 说 下去。
>
> 在这三年里，我 把每天跑步这个习惯 坚持 下来 了。

💡 小提示

（1）趋向补语"下去、下来"表示时间意义时，后边一般不出现宾语。例如：

　　＊在这三年里，我坚持下来每天跑步这个习惯了。

　　在这三年里，我把每天跑步这个习惯坚持下来了。

（2）"动词+下去"常跟"继续、再"等一起出现。例如：

　　我建议你继续学下去。

　　这个课题我不想再研究下去了。

58 可能补语2：动词+得/不得 dòngcí+de/bude 【五35】

◎ 基本语义及用法

"动词+得/不得"相当于"应该/不应该+动词、可以/不可以+动词"，表示情理上允许或不允许某动作发生。用于口语，多用否定式。

It is equivalent to "verb + should / should not" or "verb + may / may not", meaning it stands to reason that a certain action is permitted or forbidden. It is usually used in negative form in spoken Chinese.

◎ 典型例句和对话

例句	①这种药吃得还是吃不得，得听医生的。	②这些东西你可拿不得，很危险的。	③那些苦别人吃得，我就吃不得吗？
交际实践	（在药店） 顾客：这种药我能吃吗？ 营业员：这种药吃得还是吃不得，得听医生的。	（在家） 妹妹：哥哥，我帮你拿。 哥哥：这些东西你可拿不得，很危险的。	（在办公室） 老师：去西部工作是很辛苦的，你要有思想准备。 学生：您放心吧，那些苦别人吃得，我就吃不得吗？

◎ 补充例句

①你干得这活儿，我也干得。
②这水大家都用得，不是你一个人的。
③他身体不好，喝不得纯牛奶。
④这种没有原则的话你可说不得。
⑤这种果实到底吃得吃不得？
⑥这河里的水喝得喝不得？

◎ **结构特点**

①肯定形式：
S + V单 + 得 (+ O)
你 干 得 这活儿，我也干得。
这水大家 都 用 得。

②否定形式：
S + V + 不得 (+ O)
他 喝 不得 纯牛奶。
现在 我们 放松 不得。

③正反疑问形式：
S + V + 得 + V + 不得？
这河里的水 喝 得 喝 不得？

💡 **小提示**

（1）"动词 + 得"中的动词一般只限于单音节动词，"动词 + 不得"中的动词不限于单音节动词。例如：

吃得——吃不得　　＊批评得——批评不得
看得——看不得　　＊放松得——放松不得

（2）"动词 + 得 / 不得"可以带宾语，但动词的对象大多数时候放在动词前。例如：

这种没有原则的话你可说不得。
这河里的水喝得喝不得？

59 程度补语 2（1）：形容词 / 心理动词 + 得 + 不得了 / 慌 / 厉害

【五 36】

◎ **基本语义及用法**

"得 + 不得了 / 慌 / 厉害"作程度补语，表示某种事物的性质或某种心理活动达到很高的程度。用于口语。

"得 + 不得了 / 慌 / 厉害" (pretty; rather; to a great extent) is used as a degree complement indicating that a quality or mental activity has reached a high degree. It is used in spoken Chinese.

◎ **典型例句和对话**

例句	①爸爸答应去公园,孩子开心得不得了。	②我只是累得慌,休息休息就好了。	③听说要打针,她害怕得厉害。
交际实践	(在家) 妈妈:爸爸答应去公园,孩子开心得不得了。 爷爷:这孩子就喜欢去外边,不喜欢待在家里。	(在公司) A:你的脸色很不好,要不要去医院看看? B:我只是累得慌,休息休息就好了。	(在医院) 爸爸:女儿刚才还好好的,怎么哭了? 妈妈:听说要打针,她害怕得厉害。

◎ **补充例句**

①图书馆里安静得不得了。
②你送他的玩具,他喜欢得不得了。
③他饿得慌,你赶紧给他做点儿吃的。
④好久不见孙子,奶奶想得慌。
⑤我的肚子疼得厉害,必须马上去医院。
⑥想到要花那么多钱,她就心疼得厉害。

◎ **结构特点**

"得 + 不得了 / 慌 / 厉害"用在心理动词或形容词后边作补语,没有相应的否定形式。

> S + V心理/Adj + 得 + 不得了 / 慌 / 厉害
> 她 害怕 得 厉害。
> 孩子 开心 得 不得了。
> 他 饿   得 慌。

💡 **小提示**

(1) 跟"得慌"搭配的一般是单音节形容词和心理动词,而且比较有限,常见的有"愁、冻、堵、饿、挤、渴、累、忙、闹、闲、想"等。

（2）"得厉害"可以用在一般动词后边。例如：

他的心跳得厉害。

路上车堵得厉害。

这样的动词还有"病、咳嗽、烧（发烧）、涨、跌、摇"等。

60 程度补语2（2）：动词/形容词＋坏/透＋了

【五36】

◎ 基本语义及用法

"坏/透＋了"作程度补语，表示某种事物的性质或某种心理活动的程度达到极限。用于口语。

"坏/透＋了"(extremely) is used as a degree complement indicating a quality or mental activity has reached the limit. It is used in spoken Chinese.

◎ 典型例句和对话

例句	①这么晚了孩子还没回家，张老师担心坏了。	②见到偶像的时候，我简直激动坏了。	③第一次被别人拒绝，我的心情糟透了。
交际实践	（在家） 爸爸：刚才是张老师打的电话吗？ 妈妈：是的。这么晚了孩子还没回家，张老师担心坏了，打了好几次了。	（在餐厅） A：听说你昨天去听演唱会了，怎么样？ B：非常非常棒。见到偶像的时候，我简直激动坏了。	（在咖啡馆） A：当你知道大卫没有接受你的邀请时，是不是非常失望？ B：第一次被别人拒绝，我的心情糟透了。

◎ 补充例句

①搬完家，他们都累坏了。

②你最近忙坏了吧？

③要是知道这个好消息，我妈妈一定高兴坏了。

④他的成绩糟糕透了。

⑤我真是烦透了,丢了钱包,手机也坏了。

⑥我恨透他了,他害得我失去了这个机会。

◎ 结构特点

"坏/透+了"用在心理动词或形容词后边作补语。

① S+V心理/Adj+坏/透+了
　张老师　担心　坏　了。
　我　最近　忙　坏　了。
　我的心情　糟　透　了。

② S+V心理+透+O+了
　我　恨　透　他　了。

◎ 小提示

(1) 跟"坏了"搭配的形容词和动词比较有限,常见的有"高兴、开心、忙、累、饿、渴、乐、担心、急"等。

(2) 跟"透了"搭配的形容词和动词比较有限,多是贬义词,常见的有"黑、红、湿、糟、糟糕、坏、蠢(chǔn)、伤心、烂、烦、无聊、恨"等。

(3) "动词+坏+了"不能带宾语。例如:
　　*张老师担心坏了孩子的安全。
　　张老师非常担心孩子的安全。
　　张老师担心坏了。

61 "有"字句3(1):表示存在、具有:主语+有+着+宾语

【五38】

◎ 基本语义及用法

表示在某处所存在某事物,或者某人具有某事物。

It indicates that there is something somewhere or somebody has something.

◎ **典型例句和对话**

例句	①两个国家之间有着长期的友好关系。	②他们之间有着很深的误会。	③我们兄弟俩有着深厚的感情。
交际实践	（在图书馆） A：这两个国家过去关系怎么样？ B：这两个国家之间有着长期的友好关系。	（在学校食堂） A：他们俩怎么不说话？ B：他们之间有着很深的误会，谁也不理谁。	（在学校） A：你和你哥哥关系真好。 B：是的，我们兄弟俩有着深厚的感情。

◎ **补充例句**

①同学们都有着远大的理想。
②她有着强大的内心。
③他有着良好的学习习惯。
④这个学校有着很长的历史。
⑤这里有着美丽的风景。
⑥我和姐姐的性格有着很大的不同。

◎ **结构特点**

① S + 有 + 着 + O
   他们之间　有　着　很深的误会。
② L + 有 + 着 + O
   这里　有　着　美丽的风景。
③ L + 是不是 + 有 + 着 + O？
   这里　是不是　有　着　美丽的风景？

62 "有"字句3（2）：表示附着：主语+动词+有+宾语

【五38】

◎ **基本语义及用法**

由单音节动词加"有"一起作谓语的句子，表示某事物附着在某处。

A sentence where a monosyllabic verb together with 有 acts as the predicate indicates that something is attached somewhere.

◎ **典型例句和对话**

例句	①书上写有他的名字。	②这双筷子上刻有漂亮的图案。	③发票上列有商品的名称。
交际实践	(在教室) A：这是谁的书？ B：这是大卫的，书上写有他的名字。	(在家) 爸爸：你为什么买这双筷子？ 女儿：你看，这双筷子上刻有漂亮的图案，我喜欢。	(在商场) 服务员：发票上列有商品的名称，请您保存好。 顾客：好的，谢谢！

◎ **补充例句**

①交上来的论文上都标有页码。
②公园的树上挂有牌子。
③这张画儿上画有一座传统造型的房子。
④那本丢失的日历上记有考试的日期。
⑤这里有一张印有邮票的明信片。
⑥他的所有物品都贴有标记。

◎ **结构特点**

> L + V + 有 + O
> 书上　写　有　他的名字。

63 "把"字句3：表处置（1）：主语＋把＋宾语＋状语＋动词

【五39】

◎ **基本语义及用法**

"把"字句是介词"把"及其宾语作状语的句子，表示对事物加以处置，使事物的位置、状态或者结果发生变化。

The *ba*-sentence is a sentence where the preposition 把 and its object serve as an adverbial modifier. It indicates handling something in a way that causes a change to its position, state or result.

◎ **典型例句和对话**

例句	①他总是把东西到处乱扔。	②下雨了，你快把外面的衣服往回收。	③他们把这个试验反复调整，终于成功了。
交际实践	（在家） A：你的房间有这么多东西？ B：这些是我弟弟的，他总是把东西到处乱扔。	（在家） 妈妈：下雨了，你快把外面的衣服往回收。 爸爸：我马上去收。	（在办公室） 经理：这个试验很长时间了吧？最后怎么样？ 员工：他们把这个试验反复调整，终于成功了。

◎ **补充例句**

①你把这些题一道一道地练，才有可能通过考试。
②你要把经理的话全部录音，千万别忘了。
③员工应该把产品在市场上大力推广，顾客才能了解。
④老师把情况一项一项地介绍，同学们才明白过来。
⑤大家一定要把试卷上的错误好好地分析，不要再做错。
⑥你把这些资料好好保存，可别弄丢了。

◎ **结构特点**

①肯定形式：
　　S＋把＋O＋状语＋V
　　下雨了，你 快 把 外面的衣服 往回 收。
②否定形式：
　　S＋没/没有＋把＋O＋状语＋V
　　他 没/没有 把 外面的衣服 往回 收。

💡 **小提示**

能愿动词、否定副词、频率副词等要放在"把"字前面,不能放在谓语动词的前边。例如:

*你把这些题要一道一道地练。
你要把这些题一道一道地练。

*他把东西没有到处乱扔。
他没有把东西到处乱扔。

*他把东西总是到处乱扔。
他总是把东西到处乱扔。

64 "把"字句3:表处置(2):主语+把+宾语+一+动词

【五39】

◎ **基本语义及用法**

"把"字句是介词"把"及其宾语作状语的句子,表示主体对事物加以处置,事物的状态、动作、结果发生变化后,主体也发生了相应的状态、动作的变化。

The *ba*-sentence is a sentence where the preposition 把 and its object serve as an adverbial modifier. It indicates when the subject handles something and changes its state, action or result, the subject's state or action changes accordingly.

◎ **典型例句和对话**

例句	①她把东西一放,转身就走了。	②老师把门一关,就开始上课了。	③弟弟把书包一扔,直接进房间了。
交际实践	(在公司) A:刚才谁来找我?人呢? B:你女朋友,她把东西一放,转身就走了。	(在校园) A:外边这么吵,刚才你们怎么上课的? B:没有影响,老师把门一关,就开始上课了。	(在家) 妈妈:怎么只有你一个回家了?弟弟呢? 哥哥:弟弟把书包一扔,直接进房间了。

◎ **补充例句**

①爸爸把灯一关,就去睡觉了。
②老师把空调一开,教室里就凉快了。
③你别把表格随便一填,就什么都不管了。
④妈妈把包随手一扔,就去做饭了。
⑤她把高跟鞋一脱,换了双舒服的鞋。
⑥马克把整件事情一说,我们就都明白了。

◎ **结构特点**

①肯定形式:
S + 把 + O + 一 + V$_单$
她 把 东西 一 放,转身就走了。
老师 把 门 一 关,就开始上课了。

②否定形式:
S + 别/不要 + 把 + O + 一 + V$_单$
你 别/不要 把 表格 随便 一 填,就什么都不管了。

◎ **小提示**

(1)这类句型的"把"字句中,"一"后面的动词通常为单音节动词。例如:
　*你别把表格随便一填写,就什么都不管了。
　你别把表格随便一填,就什么都不管了。

(2)这类句型的"把"字句前不能加表示否定的"没、没有"。例如:
　*你没/没有把表格随便一填,就什么都不管了。
　你别把表格随便一填,就什么都不管了。

65 "把"字句3:表处置(3):主语 + 把 + 宾语 + 动词 + 了

【五39】

◎ **基本语义及用法**

"把"字句是介词"把"及其宾语作状语的句子,表示主语对事物的处置,事物自身的形态、性质等发生了变化，同时强调事情的结束。

The *ba*-sentence is a sentence where the preposition 把 and its object serve as an adverbial modifier. It indicates the subject's handling of something that causes a change to its form, quality, etc. and emphasizes the end of something.

◎ **典型例句和对话**

例句	①你怎么把这件事忘了？	②双方把合同签了。	③我把家里的脏衣服洗了。
交际实践	（在学校） A：你为什么要给我送礼物？ B：你怎么把这件事忘了？今天是你的生日呀！	（在办公室） 秘书：刚刚对方公司打来电话，询问我们的意见。 老板：马上通知他们来公司，双方把合同签了。	（在家） 妈妈：你今天在家都干什么了？ 儿子：我把家里的脏衣服洗了。

◎ **补充例句**

①妈妈把家里的窗帘换了。
②我把错误的题都改正了。
③工人把垃圾回收了。
④他已经把这顿饭的钱付了。
⑤我把家里的垃圾都扔了。
⑥他把我想说的话都说了。

◎ **结构特点**

```
S + 把 + O + V + 了
我    把   家里的脏衣服    洗   了。
双方  把   合同           签   了。
我    把   错误的题   都   改正 了。
```

> 小提示

（1）该句式中的动词一般为单音节动词，很少用双音节动词。
（2）该句式强调事情的结束和完成，因而否定形式不用"把"字句。例如：
　　＊双方没把合同签了。
　　＊双方没把合同签。
　　双方没有签合同。

66 "把"字句3：表处置（4）：主语＋把＋宾语1＋动词＋宾语2

【五39】

◎ 基本语义及用法

"把"字句是介词"把"及其宾语作状语的句子，表示主语对事物的处置，事物的位置、状态或者结果发生变化。

The *ba*-sentence is a sentence where the preposition 把 and its object serve as an adverbial modifier. It indicates that the position, state or result of something changes due to the subject's action.

◎ 典型例句和对话

例句	①他把身上的钱交学费了。	②我父母把存款买了房。	③我们把这件事告诉他。
交际实践	（在学校） A：大卫最近一下课就去打工，是因为缺钱吗？ B：是的，他把身上的钱交学费了。	（在学校） A：观念变了，老年人也开始不在银行存钱了。 B：是啊，我父母把存款买了房。	（在学校） A：大卫好像还不知道他获得了学校的奖学金。 B：我们把这件事告诉他，他一定高兴坏了。

◎ 补充例句

①我把沙发上的衣服放柜子里了。
②服务员把菜单给客人了。

③班长把分数重新写纸上了。
④她把刚买的花送妈妈了。
⑤他把邮件发同事了。
⑥妈妈把做好的蛋糕分邻居了。

◎ 结构特点

①肯定形式：
S + 把 + O₁ + V + O₂（+ 了）
我父母　把　存款　买了　房。
服务员　把　菜单　给　客人　了。

②否定形式：
S + 没有/没 + 把 + O₁ + V + O₂
我父母　没　把　存款　买　房。
服务员　没　把　菜单　给　客人。

💡 小提示

否定副词"没、没有"等要放在"把"字前面，不能放在谓语动词的前面，且句尾不能出现"了"。例如：

＊他把身上的钱没有交学费。
＊他没有把身上的钱交学费了。
　他没有把身上的钱交学费。
＊我父母把存款没买房。
＊我父母没把存款买房了。
　我父母没把存款买房。

67 被动句3：意念被动句

【五40】

◎ 基本语义及用法

是表示被动意义的句型，无结构标志，不带"被、给、叫、让"等表示被动含义的介词。

It is a sentence pattern which indicates a passive meaning without a structural marker such as 被，给，叫，让，etc.

◎ 典型例句和对话

例句	①蛋糕吃光了。	②衣服穿破了。	③车票卖完了。
交际实践	（在客厅） 儿子：我好饿，冰箱里还有蛋糕和面包吗？ 妈妈：蛋糕吃光了，面包还剩一点儿。	（在家） 妈妈：衣服穿破了，也不知道买件新的。 儿子：我没注意呢，那下午咱们一起去买吧。	（在火车站） 乘客：您好，我想买下午六点去北京的车票。 工作人员：对不起，这列车的车票卖完了。

◎ 补充例句

①碗已经洗了。
②这首歌没听过。
③错题改正了。
④饭已经吃了一半了。
⑤手机竟然丢了。
⑥这个字写对了吗？

◎ 结构特点

意念被动句的肯定形式中，句末往往有助词"了"或表示动作结果的补充成分，例如"光、破、丢、过"等。

> ①肯定形式：
> 　S（受事）+ V + 了 / 补充成分
> 　错题　改正　了。
> 　蛋糕　吃　光了。
> ②否定形式：
> 　S（受事）+ 没 / 没有 + V + 补充成分
> 　蛋糕　没有　吃　光。
> 　这首歌　没　听　过。

◎ 小提示

（1）意念被动句的主语是动作的受事，一般是无生命的，而且有所指。例如：

车票卖完了。
衣服穿破了。

（2）意念被动句的肯定形式中，句末往往有助词"了"；而否定形式中，句末不能加表示完成意义的助词"了"。例如：

*蛋糕吃光。
蛋糕吃光了。
*车票没有卖完了。
车票没有卖完。

68 连动句3：前后两个动词性词语具有因果、转折、条件关系

【五41】

◎ **基本语义及用法**

连动短语充当谓语或者连动短语直接构成的句子，前后两个动词性词语具有因果、转折、条件等关系。

It is a sentence where verb constructions are used in series as the predicate or a sentence which is directly formed by serial verb phrases. The two verb phrases are in a cause-effect, adversative, or conditional relationship.

◎ **典型例句和对话**

例句	①李老师生病住院了。	②这本书她借了没看。	③她有办法解决问题。
交际实践	（在教室） A：听说李老师生病住院了。 B：她的病严重吗？我们去医院看看她吧。	（在图书馆） A：这本书不是玛丽借的吗？怎么在你这里？ B：这本书她借了没看，我先借来看看。	（在家） 妈妈：这么难的事，女儿一个人能行吗？ 爸爸：放心吧，她有办法解决问题。

◎ **补充例句**

①大家听到这个消息高兴得跳了起来。
②他迟到了坐在最后边。

③他挣钱旅游。
④老师有事找你。
⑤他上课忘了带课本。
⑥这台电脑他买了送人。

◎ 结构特点

前后两个动词性词语具有因果、转折、条件关系。

> $S + VP_1 + VP_2$
> 李老师　生病　住院　了。（因果）
> 这本书她　借了　没看。（转折）
> 她　有办法　解决问题。（条件）

◎ 小提示

在连动句中，两个动词性词语按照事情的逻辑共同说明一个主语，前后位置不能互换。例如：

*李老师住院生病了。
李老师生病住院了。

69 兼语句3：表致使：主语＋叫/令/使/让＋人称代词＋动词短语

【五42】

◎ 基本语义及用法

兼语句是由兼语短语充当谓语或者独立成句的句子，且其中一个谓语为使令动词，如"叫、令、使、让"等，表示致使的意思。

It is a sentence composed of a pivotal phrase as its predicate or a pivotal phrase alone. It contains a causative verb such as 叫，令，使，让, etc., meaning "ask (somebody to do something); make (somebody do something)".

◎ **典型例句和对话**

例句	①她哭得叫人难受。	②这件事令她吃不下饭。	③他的做法使大家再也不敢相信他了。
交际实践	（在学校） A：这个打击对她太大了，她哭得叫人难受。 B：我去安慰一下儿她。	（在学校） A：下周就要比赛了，这件事令她吃不下饭。 B：我们去鼓励鼓励她吧。	（在公司） A：这次小张的失误给公司造成了重大损失。 B：是啊，他的做法使大家再也不敢相信他了。

◎ **补充例句**

①明天的考试让我睡不着觉。
②他的行为让我们大家感到失望。
③他的想法叫我摸不着头脑。
④这场灾难使她失去了生命。
⑤同学们的热情使我很快适应了新的学习环境。
⑥老师叫她早点儿回去。

◎ **结构特点**

①肯定形式：

S + 叫/令/使/让 + Pron_{人称} + VP

老师　叫　她　早点儿回去。
这件事　令　她　吃不下饭。
他的做法　使　大家　再也不敢相信他　了。
明天的考试　让　我　睡不着觉。

②否定形式：

S + 没/没有 + 叫/令/使/让 + Pron_{人称} + VP

老师　没/没有　叫　她　早点儿回去。
这件事　没/没有　令　她　吃不下饭。
他的做法　没/没有　使　大家　再也不敢相信他　了。
明天的考试　没/没有　让　我　睡不着觉。

③疑问形式：

S+叫/令/使/让+Pron_人称+VP+吗？

老师　叫　她　早点儿回去　吗？

这件事　令　她　吃不下饭　吗？

他的做法　使　大家　再也不敢相信他　了　吗？

明天的考试　让　你　睡不着觉　吗？

💡 **小提示**

否定用法中，使令动词前不能加"不、不能"等，只能使用"没、没有"。例如：

＊老师不／不能叫她早点儿回去。

老师没／没有叫她早点儿回去。

70　比较句5（1）：跟……相比　【五43】

◎ **基本语义及用法**

"跟……相比"引出比较的对象，后边说明具体的人或者事物与前面的比较对象在性状或者程度上的差别。

It means "compared with...", introducing the target to be compared with. It is followed by an explanation of how somebody or something is different from the target in terms of quality or degree.

◎ **典型例句和对话**

例句	①跟上次考试相比，这次没有那么难。	②跟别人相比，我的想法太简单了。	③跟语法知识相比，我觉得语音知识更难。
交际实践	（在教室） A：你觉得这次考试怎么样？ B：跟上次考试相比，这次没有那么难。	（在办公室） 员工：跟别人相比，我的想法太简单了。 经理：没关系，有什么想法都可以说出来，大家一起讨论讨论。	（在回家路上） 学生A：今天老师讲的语法知识，你觉得难吗？ 学生B：还行，跟语法知识相比，我觉得语音知识更难。

◎ **补充例句**

①跟现在的作品相比,还是他以前的作品更有价值。
②跟西餐相比,我认为中餐更适合我。
③跟电脑相比,当然还是手机带着方便。
④跟看书相比,不少人肯定更喜欢看电影。
⑤跟数量相比,质量更重要。
⑥跟打车相比,我更愿意坐地铁,这样更快。

◎ **结构特点**

> 跟 + NP/Pron/VP + 相比,……
> 跟　上次考试　相比,这次没有那么难。
> 跟　　别人　　相比,我的想法太简单了。
> 跟　　打车　　相比,我更愿意坐地铁,这样更快。

◎ **小提示**

"跟……相比"一般位于句首,不能位于后一分句。例如:

＊这次没有那么难,跟上次考试相比。

跟上次考试相比,这次没有那么难。

71 比较句5(2):A+形容词+B+数量补语 【五43】

◎ **基本语义及用法**

指出人或者事物在性状或者程度上的具体差别。

It points out the specific differences in quality or degree between the two people or things compared.

◎ 典型例句和对话

例句	①她高我五厘米。	②他早我十分钟。	③姐姐大我十岁。
交际实践	（在体育馆） A：你的姐姐是运动员，她跟你一样高吗？ B：不，她高我五厘米。	（在教室） A：你今天是第一个来的吗？ B：不是，吉米比我早，他早我十分钟。	（在咖啡馆） A：你竟然还有一个姐姐，她比你大多少？ B：姐姐大我十岁，已经结婚了。

◎ 补充例句

①她晚我一小时。
②他的速度慢我三分钟。
③弟弟小我三岁。
④这次考试他多我三分。
⑤这件衣服贵那件衣服三十块。
⑥这个箱子重旁边那个十斤。

◎ 结构特点

比较句"A+形容词+B+数量补语"中的A和B分别为不同的名词或人称代词。

$N_1/Pron_1 + Adj + N_2/Pron_2 + C_数$
姐姐　大　妹妹　十岁。
他　早　我　十分钟。

💡 小提示

这个结构中存在具体的比较结果（数量），所以一般不用否定句和疑问句。例如：
*她没有/没/不高我五厘米。
*她高我五厘米吗？

72 选择复句：或是……，或是…… 【五44】

◎ 基本语义及用法

表示在两种情况中，选择其中一种。
It indicates choosing between two options.

◎ **典型例句和对话**

例句	①这件事或是哥哥做的，或是弟弟做的。	②你或是参加这次考试，或是明年再学一遍这门课。	③休息的时候，我或是去游泳，或是去听音乐会。
交际实践	（在家） 爸爸：谁把家里弄得这么乱？ 妹妹：这件事或是哥哥做的，或是弟弟做的。反正我刚回家。	（在学校） 学生：老师，这次考试可以请假吗？ 老师：不能。你或是参加这次考试，或是明年再学一遍这门课，自己决定吧。	（在公司） A：你每天加班，平时怎么放松呢？ B：休息的时候，我或是去游泳，或是去听音乐会。

◎ **补充例句**

①到了吃饭的时候，他或是点外卖，或是去饭店吃。
②她从小热爱医学，她希望未来的职业或是医生，或是护士。
③他不在家，我想他或是在运动场，或是在图书馆。
④同学们或是独立思考，或是小组讨论，答案目前还没出来。
⑤或是在大城市奋斗，或是回故乡工作，每个人都有自己的选择。
⑥或是你过来找我，或是我过去找你，反正我们必须见一面。

◎ **结构特点**

① S + 或是 + VP_1，或是 + VP_2
　你　或是　参加这次考试，或是　明年再学一遍这门课。
② S + 或是 + N_1，或是 + N_2
　她希望　未来的职业　或是　医生，或是　护士。
③或是（+ S_1）+ VP_1，或是（+ S_2）+ VP_2，……（表示总结）
　或是　你　过来找我，或是　我　过去找你，反正我们必须见一面。

◎ **小提示**

（1）"或是……，或是……"句式中，前一个分句的主语可以放在"或是"之前或之后，如果与后一分句的主语相同，后一分句的主语可以省略。例如：

  你或是参加这次考试，或是明年再学一遍这门课。

  或是你参加这次考试，或是明年再学一遍这门课。

（2）如果前后两个分句的主语不同，主语都只能放在"或是"的后面，不能放在"或是"的前面，且后面需要一个总括的分句，否则句义不完整。例如：

  *你或是过来找我，我或是过去找你，我们必须见一面。

  或是你过来找我，或是我过去找你，我们必须见一面。

73 转折复句：尽管……，但是/可是…… 【五45】

◎ 基本语义及用法

  虽然出现了某种情况，但事情的结果或某人对某事的看法没有发生改变，可以用来表示转折。

  It means regardless of a certain situation, the result of something or somebody's opinion on something doesn't change. It can indicate an adversative transition.

◎ 典型例句和对话

例句	①尽管这次考试很难，但是很多人都通过了。	②尽管外面在下雨，可是他一定要去超市买东西。	③尽管他不接受我的意见，可是我有意见还是要向他提。
交际实践	（在课堂上） 学生：老师，我们这次考试的成绩怎么样？ 老师：尽管这次考试很难，但是很多人都通过了。	（在家） 儿子：都下雨了，爸爸怎么还出门了？ 妈妈：没办法。尽管外面在下雨，可是他一定要去超市买东西。	（在公司） A：上次你给经理提意见，他好像没接受。 B：尽管他不接受我的意见，可是我有意见还是要向他提。

◎ 补充例句

①尽管她不喜欢这个礼物，但是她仍然很开心。

②尽管我第一次没看懂这篇散文，可是我还是想再看一遍。

③尽管成绩不理想，可是他仍然对自己充满信心。
④尽管这不是他的错，但是他心里还是很难受。
⑤尽管医生和护士都尽力了，可是病人还是没有抢救过来。
⑥尽管他不是很满意这份工作，可是为了生活他还是接受了。

◎ **结构特点**

在"尽管……，但是/可是……"复句中，后面的分句可以省略"但是、可是"，意义基本不变。

> ①尽管 + S_1 + P_1，但是/可是 + S_1/S_2 + P_2
> 尽管　她　不喜欢这个礼物，但是　她　仍然很开心。
> 尽管　这次考试　很难，但是　很多人　都通过了。
> ②尽管 + S_1 + P_1，S_2 + P_2
> 尽管　他　不接受我的意见，我　有意见还是要向他提。

💡 **小提示**

（1）在"尽管……，但是/可是……"结构中，"尽管"后面不能跟表示正反情况（例如"是否"）的句子。例如：
　　＊尽管他是否接受我的意见，我有意见还是要向他提。
　　　尽管他不接受我的意见，我有意见还是要向他提。
（2）在"尽管……，但是/可是……"结构中，"尽管"后面不能跟表示任指（例如"多么"）的词语。例如：
　　＊尽管这次考试多么难，但是很多人都通过了。
　　　尽管这次考试很难，但是很多人都通过了。

74 假设复句：一旦……，就…… 【五46】

◎ **基本语义及用法**

表示如果有新情况出现，事情就会随着新情况的产生发生变化。
It means once a new situation occurs, something will change with this new situation.

◎ 典型例句和对话

例句	①一旦考试不及格，我就要延期毕业了。	②一旦地铁建成，堵车的情况就可大大缓解。	③中文一旦学起来，就再也放不下了。
交际实践	（在图书馆） A：你最近学习真努力！ B：因为快毕业考试了。一旦考试不及格，我就要延期毕业了。	（在出租车上） 乘客：这条路上的车可真多，一到上下班的时间就很堵。 司机：一旦地铁建成，堵车的情况就可大大缓解。	（在学校） A：听说你从小就学中文，你怎么能坚持这么久呢？ B：中文一旦学起来，就再也放不下了。你试试吧。

◎ 补充例句

①一旦病人出了问题，你作为医生就要负责。
②你一定要考虑清楚，一旦做出了选择，就不能后悔了。
③一旦天气不好，我们就取消爬山计划。
④这些工作一旦提前完成，我们就不用再担心了。
⑤一个人一旦找不到目标，就会失去奋斗的动力。
⑥燃料一旦用完，这个机器就会停止工作。

◎ 结构特点

前后两个分句可以是同一主语，也可以是两个不同的主语。

> ① 一旦 + VP_1，S + 就 + VP_2
>   一旦 考试不及格，我 就 要延期毕业 了。
> ② S + 一旦 + VP_1，(S +) 就 + VP_2
>   一个人 一旦 找不到目标，就 会失去奋斗的动力。
> ③ S_1 + 一旦 + VP_1，S_2 + 就 + VP_2
>   燃料 一旦 用完，这个机器 就 会停止工作。

◎ 小提示

在"一旦……，就……"结构中，后一分句的主语必须放在"就"的前面。例如：

*一旦考试不及格，就我要延期毕业了。

一旦考试不及格，我就要延期毕业了。

75 假设复句：要是……，（就）……，否则……

【五47】

◎ **基本语义及用法**

"要是"可以引出假设的情况，意思相当于"如果"，后一分句表示假设的情况发生后，事情也要做出相应的改变，"否则"引出不做出改变而导致的后果。

The clause beginning with 要是 (if) can introduce an assumed situation, followed by a clause indicating the corresponding change to be made, and 否则 (otherwise) introduces the consequence of not making any change.

◎ **典型例句和对话**

例句	①要是他不去，我也不去了，否则我一个人去太危险了。	②要是明天下雨，我们就不去爬山了，否则会冻感冒的。	③要是你不带包，我就带一个，否则买的东西没地方放。
交际实践	（在公司） A：你和小王今天晚上去海边玩儿吗？ B：我不会游泳，要是他不去，我也不去了，否则我一个人去太危险了。	（在学校） A：天气预报说明天会下雨，我们还要去爬山吗？ B：要是明天下雨，我们就不去爬山了，否则会冻感冒的。	（在家） 妈妈：走吧，我们去超市买东西。 爸爸：你带包了吗？要是你不带包，我就带一个，否则买的东西没地方放。

◎ **补充例句**

①要是你不吃这些苹果，我就送人了，否则放坏了怪可惜的。

②要是坐船，就得提前租好船，否则到了码头就不一定有船了。

③要是你不想迟到，就打车去，否则肯定不能准时到达了。

④要是你不想去医院,就好好吃药,否则你的病会越来越严重。
⑤要是他想参加比赛,就得从现在起好好锻炼,否则连报名资格都没有。
⑥要是食堂不提供早餐,就自己做,否则就没东西吃了。

◎ **结构特点**

三个分句的主语可以是不同的两个或三个,也可以是同一个。

> ①要是 + S_1 + VP_1,S_2(+ 就)+ VP_2,否则 + S_3 + VP_3
> 　要是　你　不带包,我　就　带一个,否则　买的东西　没地方放。
> ②要是 + S + VP_1,(S + 就 +)VP_2,否则(+ S)+ VP_3
> 　要是　他　想参加比赛,就　得从现在起好好锻炼,否则　连报名资格都没有。

◎ **小提示**

在"要是……,(就)……,否则……"结构中,第二个分句的主语要放在"就"的前面。例如:

*要是你不带包,就我带一个,否则买的东西没地方放。
　要是你不带包,我就带一个,否则买的东西没地方放。

76 条件复句:除非……,才……　　【五48】

◎ **基本语义及用法**

表示一定要完成某件事,才能达到某种目的,后面的分句往往是希望发生的事。
It means that something must be done to achieve a certain goal. What follows in the second clause is usually something that is desired.

◎ **典型例句和对话**

例句	①除非你答应我，我才和你一起去。	②除非你努力学习，才有可能考上大学。	③除非大家的工作都完成了，他才会答应我们的要求。
交际实践	（在家） A：你能不能陪我去看展览？ B：那你帮我收拾房间吧。除非你答应我，我才和你一起去。	（在学校） 学生：老师，凭我目前的成绩，能考上大学吗？ 老师：除非你努力学习，才有可能考上大学。	（在公司） A：你说经理会答应我们周末举办晚会的要求吗？ B：我想除非大家的工作都完成了，他才会答应我们的要求。

◎ **补充例句**

①除非大家共同努力，我们才有可能完成任务。
②除非你认真复习，才能顺利通过这次考试。
③除非天气晴朗，我才会出去走走。
④除非我真的经济上有困难，父母才会资助我。
⑤除非经理同意，我才能答应你的要求。
⑥除非他也去，我才会去参加这个聚会。

◎ **结构特点**

前后两个分句的主语可以是不同的，也可以是相同的。

①除非 + S_1 + VP_1，S_2 + 才 + VP_2
　除非　你　答应我，我　才　和你一起去。
②除非 + S + VP_1，(S) + 才 + VP_2
　除非　你　努力学习，才　有可能考上大学。

◎ **小提示**

（1）在"除非……，才……"结构中，后一分句的主语位于"才"的前面，不能位于"才"的后面。例如：

　　*除非你答应我，才我和你一起去。
　　除非你答应我，我才和你一起去。

（2）在"除非……，才……"结构中，"除非"引导的分句不能加"之后"等表示时间的词语。例如：

＊除非你答应我之后，我才和你一起去。

除非你答应我，我才和你一起去。

77 条件复句：除非……，否则/不然…… 【五49】

◎ **基本语义及用法**

表示一定要完成某件事情，如果不完成就不能达到某个目的，后一分句为否定形式或不希望发生的结果。

It means a certain goal cannot be achieved unless something is done. The second clause is in the negative form or indicates something undesirable.

◎ **典型例句和对话**

例句	①除非坐飞机去，否则肯定来不及了。	②除非你仔细检查，不然太容易出错了。	③除非实现了自己的理想，否则我不会放弃。
交际实践	（在办公室） A：糟糕！下午最后一班去北京的高铁票卖光了。 B：看来，除非坐飞机去，否则肯定来不及了。	（在会议室） A：这些数据应该没什么问题吧？ B：还是小心点儿，除非你仔细检查，不然太容易出错了。	（在校园） A：这么多人反对你做这件事，你再好好想想吧。 B：除非实现了自己的理想，否则我不会放弃。

◎ **补充例句**

①除非你努力学习，否则你就考不上理想的大学。

②除非经理同意，否则我不会答应你的请求。

③除非天气晴朗，否则我就待在家里不出门。

④除非蛋糕是你自己做的，不然我一口都不吃。

⑤除非公司倒闭，不然我是不会换工作的。

⑥除非你答应我，不然我就不跟你一起去了。

◎ **结构特点**

①除非（+S）+VP₁，否则/不然+S+VP₂
　除非　坐飞机去，否则　你　肯定来不及。
　除非　你　努力学习，否则　你　就考不上理想的大学。
②除非（+S₁）+VP₁，否则/不然+S₂+VP₂
　除非　天气　晴朗，否则　我　就待在家里不出门。
　除非　你　答应我，不然　我　就不跟你一起去　了。

◎ **小提示**

在"除非……，否则/不然……"结构中，后一分句的主语要放在"否则、不然"后面。例如：

＊除非公司倒闭，我否则是不会换工作的。
　除非公司倒闭，否则我是不会换工作的。

78 因果复句：……，因而……　【五50】

◎ **基本语义及用法**

前一分句说明事情发生的原因，后一分句说明结果或结论。一般用于书面语。
The first clause gives the reason, and the second clause shows the result or conclusion. It is usually used in written Chinese.

◎ **典型例句和对话**

例句	①他生病了，因而没来上课。	②她按时完成了任务，因而受到了公司的奖励。	③这次考试太难了，因而很多学生都没有通过。
交际实践	（在教室） A：好几天没看见大卫了，他怎么了？ B：他生病了，因而没来上课。	（在公司） A：王秘书看起来怎么那么开心？ B：她按时完成了任务，因而受到了公司的奖励。	（在办公室） 教师A：这次考试怎么会有这么多人不及格？ 教师B：这次考试太难了，因而很多学生都没有通过。

◎ **补充例句**

①我没有驾照，因而不能开车。
②她对中国很感兴趣，因而选择学习中文。
③他快考试了，因而每天都去图书馆看书。
④下雨的季节到了，因而房间里很潮湿。
⑤她不喜欢住在市区，因而买了一套郊区的房子。
⑥天气情况太糟糕了，因而飞机不能按时起飞。

◎ **结构特点**

两个分句的主语可以相同，也可以不同。

① $S_1 + VP_1$，因而 + $S_2 + VP_2$
　天气情况　太糟糕　了，因而　飞机　不能按时起飞。
② $S + VP_1$，因而 + VP_2
　他　生病　了，因而　没来上课。

💡 **小提示**

在"……，因而……"结构中，当两个分句的主语相同时，后一分句的主语往往省略。例如：

＊他生病了，他因而没来上课。
　他生病了，因而没来上课。

79 让步复句：即使……，也……   【五51】

◎ **基本语义及用法**

表示说话人承认出现某种情况，但事情的结果或某人对某事的看法并不会发生改变。
It indicates that the speaker admits the occurrence of a certain situation, but despite the situation, the result of something or somebody's opinion on something won't change.

◎ **典型例句和对话**

例句	①即使天气不好，爬长城的人也不会少。	②不要怕说错，即使说错了也没关系。	③我即使睡得再晚，早上六点也准醒。
交际实践	（在旅行社） 游客：周末去爬长城的人多吗？ 导游：很多。即使天气不好，爬长城的人也不会少。	（在教室） 学生：老师，我不确定我说的答案是否正确。 老师：不要怕说错，即使说错了也没关系。	（在公司） A：你昨天晚上回去得那么晚，今天居然也能早起。 B：我即使睡得再晚，早上六点也准醒。

◎ **补充例句**

①这件事即使你不说，我也知道。
②即使下雪，快递也会准时送到。
③即使经理答应了，我也不答应。
④如果你不认真听讲，即使老师再讲一遍，你也学不会。
⑤这次他即使赢得了比赛，以后也不能再打球了。
⑥他即使生病了，也坚持工作。

◎ **结构特点**

两个分句的主语可以相同，也可以不同。

①即使 + S_1 + VP_1，S_2 + 也 + VP_2
　即使　经理　答应　了，我　也　不答应。
②S + 即使 + VP_1，也 + VP_2
　他　即使　生病　了，也　坚持工作。
③……，即使 + VP_1，(S+) 也 + VP_2
　不要怕说错，即使　说错　了，也　没关系。

💡 **小提示**

（1）"即使……，也……"一般是还没发生的情况，表示假设的让步。例如：
　　即使经理答应了，我也不答应。（经理还没答应）

（2）在"即使……，也……"结构中，如果两个分句的主语相同，后一分句的主语往往省略；如果两个分句的主语不同，后一分句的主语不能省略。例如：

*他即使生病了，他也坚持工作。

他即使生病了，也坚持工作。

*即使天气不好，也不会少。

即使天气不好，爬长城的人也不会少。

80 目的复句：……，为的是…… 【五52】

◎ **基本语义及用法**

前一分句陈述某件事，后一分句表示做这件事的目的。
The first clause states something, and the second clause indicates the purpose of doing it.

◎ **典型例句和对话**

例句	①我把车停在外面，为的是走的时候方便。	②她给你发这个信息，为的是提醒你注意安全。	③老师这节课什么也没讲，为的是让我们有时间多练习口语。
交际实践	（在公司） A：你怎么把车停在外面，不停在地下停车场？ B：我把车停在外面，为的是走的时候方便。	（在公园） A：你看，我妈又给我发信息了。 B：她给你发这个信息，为的是提醒你注意安全。	（在家） 爸爸：早上的英语课你们学了不少内容吧？ 女儿：老师这节课什么也没讲，为的是让我们有时间多练习口语。

◎ **补充例句**

①他每天都去跑步，为的是有一个健康的身体。
②她提前给相机充好电，为的是出去玩儿的时候能多拍点儿照片。
③他每天都加班，为的是能准时完成工作任务。
④他努力工作挣钱，为的是让家人过上更好的生活。
⑤政府决定在这里建一个地铁站，为的是方便交通。
⑥公司购买了一批新设备，为的是提高工作效率。

◎ **结构特点**

> S + VP₁,为的是 + VP₂
> 她　给你发这个信息，为的是　提醒你注意安全。

◎ **小提示**

在"……，为的是……"结构中，当前后两个分句的主语相同时，后一分句往往要省略主语。例如：

＊她给你发这个信息，她为的是提醒你注意安全。
＊她给你发这个信息，为的是她提醒你注意安全。
　她给你发这个信息，为的是提醒你注意安全。

81　目的复句：……，以便…… 【五53】

◎ **基本语义及用法**

前一分句表示行为，后一分句表示希望达到什么目的。一般用于书面语。

The first clause indicates an action, and the second clause indicates the goal aimed for. It is usually used in written Chinese.

◎ **典型例句和对话**

例句	①我们要早一点儿出门，以便能赶上第一班公交车。	②她现在步行上班了，以便能锻炼锻炼身体。	③把手机号留下吧，以便跟您联系。
交际实践	（在家） 儿子：我们什么时候出发呢？ 妈妈：我们要早一点儿出门，以便能赶上第一班公交车。	（在公司） A：好久没看到玛丽开车了。 B：她现在步行上班了，以便能锻炼锻炼身体。	（在公司） 秘书：请您把手机号留下吧，以便跟您联系。 客人：好的，请记一下儿号码。

◎ **补充例句**

①考试前,老师给学生指出了重点,以便复习。
②我把文件都分类整理好了,以便大家开会使用。
③学校设立了意见箱,以便收集意见。
④我再把这个句子念一遍,以便你记录。
⑤他把电视的声音调大,以便听清新闻内容。
⑥请大家提前准备好证件,以便工作人员进行检查。

◎ **结构特点**

> ① S + VP_1,以便 + VP_2
>   学校 设立了意见箱,以便 收集意见。
> ② S_1 + VP_1,以便 + S_2 + VP_2
>   我 把文件都分类整理好 了,以便 大家 开会使用。

◎ **小提示**

(1)用"以便"来表示目的的分句只能作为后一分句,不能作为前一分句。例如:
    ＊以便能锻炼锻炼身体,她现在步行上班。
      她现在步行上班了,以便能锻炼锻炼身体。

(2)在"……,以便……"中,如果两个分句的主语相同,第二个分句的主语不必重复出现。例如:
    ＊他把电视的声音调大,以便他听清新闻内容。
      他把电视的声音调大,以便听清新闻内容。

82 紧缩复句:没有……就没有…… 【五54】

◎ **基本语义及用法**

表示假设,前句表示假设的条件,后句表示假设成真的结果。

It indicates an assumption. The first clause indicates the assumed condition, and the second clause indicates what will happen if the assumption comes true.

◎ **典型例句和对话**

例句	①没有你的帮助就没有我的成功。	②没有水就没有生命的存在。	③没有平时的努力就没有今天的成绩。
交际实践	（在公司） A：祝贺你在这次比赛中取得了好成绩！ B：谢谢你，没有你的帮助就没有我的成功。	（在教室） A：水对我们的生活很重要吗？ B：当然，没有水就没有生命的存在。	（在体育场） 记者：你对自己目前取得的成绩怎么看？ 运动员：没有平时的努力就没有今天的成绩。我会继续努力的！

◎ **补充例句**

①没有理想就没有奋斗的方向。
②没有今天的劳动就没有明天的收获。
③没有诚信就没有合作。
④没有妈妈的鼓励就没有我的进步。
⑤没有明确的目标就没有前进的动力。
⑥没有制度就没有约束。

◎ **结构特点**

在"没有 A 就没有 B"中，A 和 B 都是名词性成分。

> 没有 + NP_1 + 就没有 + NP_2
> 没有　妈妈的鼓励　就没有　我的进步。
> 没有　今天的劳动　就没有　明天的收获。

◎ **小提示**

"没有……就没有……"是"如果没有……，就没有……"的紧缩形式。例如：
没有制度就没有约束。
如果没有制度，就没有约束。

83 紧缩复句：再……也……

【五55】

◎ **基本语义及用法**

是"即使再……也……"的紧缩形式，前一分句表示假设已实现的事实，后一分句表示转折。

It is the compressed form of "即使再……也……". The first clause assumes a fact, and the second clause indicates an adversative transition.

◎ **典型例句和对话**

例句	①这件事再难也要坚持下去。	②雨下得再大我也得走了。	③这篇课文再长也要读完。
交际实践	（在教室） A：这太难了，我肯定做不了。 B：这件事再难也要坚持下去，你不要轻易放弃。	（在家） 妈妈：外面雨太大了，等一会儿再去吧。 儿子：上课不能迟到，雨下得再大我也得走了。	（在教室） 学生：老师，课文好长，有点儿难。 老师：这篇课文再长也要读完，读完你才能更好地理解。

◎ **补充例句**

①困难再大我们也要面对它。
②他再忙也不忘学中文。
③时间来不及了，再怎么赶也要迟到了。
④妈妈再怎么生气也是心疼孩子的。
⑤身体不好再有钱也没有用。
⑥你的钱再多也不能这么浪费。

◎ **结构特点**

① S_1 + 再 + Adj + S_2 + 也 + VP
　困难　再　大　我们　也　要面对它。

② (S+)再+Adj+也+VP

你的钱 再 多 也 不能这么浪费。

他 再 忙 也 不忘学中文。

小提示

（1）"再……也……"可以只有一个主语，也可以有两个不同的主语。例如：

他再忙也不忘学习汉语。

困难再大我们也要面对。

（2）当"再……也……"只有一个主语时，该主语只能放在"再"的前边，不能放在"再"的后边。例如：

＊再他忙也不忘学习汉语。

他再忙也不忘学习汉语。

（3）当"再……也……"有两个主语时，第一个主语只能放在"再"的前边，第二个主语只能放在"也"的前边。例如：

＊困难再大也我们要面对。

困难再大我们也要面对。

84 多重复句：二重复句1：单句+复句；复句+单句

【五56】

◎ 基本语义及用法

由"单句+复句"或"复句+单句"构成的格式是二重复句，有两层结构，表示并列、转折、顺承、假设等关系，单句、复句之间的语义联系紧密。

A simple sentence plus a complex sentence is called a dual complex sentence, which has two layers of structural relationship, indicating a coordinating, adversative, successive or assumptive relationship. The simple sentence and the complex sentence are closely related in meaning.

◎ 典型例句和对话

例句	①我决定去中国留学，即使中文再难我也要去学。（单句+复句）	②因为生病所以我没去上课，没想到的是老师一下课就来看我了。（复句+单句）	③她一直不愿意说出真相，虽然我不知道她的真实想法，但我尊重她的选择。（单句+复句）
交际实践	（在家） 妈妈：你想好去哪儿留学了吗？ 儿子：我决定去中国留学，即使中文再难我也要去学。	（在打电话） A：你今天怎么没来上课？ B：因为生病所以我没去上课，没想到的是老师一下课就来看我了。	（在公司） A：小李做得好好的，怎么辞职了？ B：她一直不愿意说出真相，虽然我不知道她的真实想法，但我尊重她的选择。

◎ 补充例句

①这本书是老师让我们读的，即使再难我也要读懂。（单句+复句）
②我不仅考上了研究生，还拿到了奖学金，这让我感到很自豪。（复句+单句）
③如果明天天气好，我们就去爬山，这样可以锻炼身体。（复句+单句）
④时间过得太快了，因为时间宝贵，所以我们要珍惜每一天。（单句+复句）
⑤你别怪他，他虽然说话有点儿直，但是却很有道理。（单句+复句）
⑥我不想去参加那些聚会了，就算他请我去我也不去。（单句+复句）

◎ 结构特点

①单句+复句（分句1，分句2）
　我不想去参加那些聚会了，就算他请我去我也不去。
②复句（分句1，分句2）+单句
　我不仅考上了研究生，还拿到了奖学金，这让我感到很自豪。

💡 小提示

在"单句+复句"或"复句+单句"中，复句的连词位置可能会出错。例如：
＊这本书是老师让我们读的，即使它再难也我要读懂。
　这本书是老师让我们读的，即使它再难我也要读懂。

85 用"再也不/没"表示强调 【五57】

◎ **基本语义及用法**

（1）"再也不"用在动词前，表示从说话时或某个时间点开始永远不会重复某动作行为。

再也不 is used before a verb to indicate that one will never do something again from this moment or a certain point in time onwards.

（2）"再也没"用在动词前，表示从过去某个时间点开始到说话时一直没有重复某动作行为。

再也没 is used before a verb to indicate that one hasn't done something again since some point in the past.

◎ **典型例句和对话**

例句	①从今天开始，我再也不会出这种错了。	②他再也没跟我联系过。	③我再也没见过她。
交际实践	（在办公室） A：你一定要记住今天的教训。 B：你放心。从今天开始，我再也不会出这种错了。	（在学校） A：你有田中的联系方式吗？ B：没有。回国后，他再也没跟我联系过。	（在咖啡馆） A：惠子现在怎么样了？ B：我也不清楚。大学毕业后，我再也没见过她。

◎ **补充例句**

①从今往后，我再也不会去这个酒吧了。
②从那以后，他再也不看京剧了。
③为了不打扰邻居休息，我再也不晚回家了。
④大学毕业后，我再也没回过学校。
⑤出国以后，他再也没吃过这么好吃的中国菜。
⑥从此，我再也没去过那个地方。

◎ **结构特点**

① S + 再也不 + VP + 了	② S + 再也没 + V + 过 + O
我 再也不 会出这种错 了。	我 再也没 见 过 她。

86 用副词"可"表示强调

【五58】

◎ **基本语义及用法**

"可"表示强调语气，用于口语。
可 expresses an emphatic tone, usually used in spoken Chinese.

◎ **典型例句和对话**

例句	①您看起来可太年轻了！	②你可来了，急死我了！	③你可别去打扰他，他正忙着呢。
交际实践	（在商店） 顾客：我可不是六十岁，都快八十了。 营业员：一点儿也看不来，您看起来可太年轻了！	（在公司） A：你可来了，急死我了！ B：出什么问题了？你慢慢说。	（在操场） A：我去叫大卫一起玩儿吧。 B：你可别去打扰他，他正忙着呢。

◎ **补充例句**

①这个学生可真聪明啊！
②你能来，那可真是太好啦！
③这个问题可不简单，我们一定要重视。
④你可不能让大家失望啊！
⑤你可得注意身体呀，天天睡眠不足可不行！
⑥你弄错了，我可没说过这样的话。

◎ **结构特点**

"可"用于形容词性成分或动词性成分前边，可以用于陈述句、祈使句和感叹句。

① S + 可 + AP

这个学生　可　真聪明　啊！
这个问题　可　不简单。

② S + 可 + VP

你　可　别去打扰他。
你　可　得注意身体　呀！

87 用"怎么都/也 + 不/没"表示强调 【五59】

◎ **基本语义及用法**

强调在各种条件下都不能或没有完成某个动作或实现某种结果。

It emphasizes that a certain action/result cannot be or has not been completed/achieved under any circumstance.

◎ **典型例句和对话**

例句	①她怎么都没想到自己会失败。	②妈妈怎么都不同意。	③昨天晚上我怎么也睡不着。
交际实践	（在公司） A：看来这次失败对王经理的打击非常大。 B：可能是之前太顺利了，她怎么都没想到自己会失败。	（在打电话） A：你妈妈同意你跟我们去旅行了吗？ B：我说了半天，妈妈怎么都不同意。	（在教室） A：你今天怎么这么困？ B：昨天晚上我怎么也睡不着，没休息好。

◎ **补充例句**

①我们劝了他半天了，可是他怎么也不听。
②玛丽怎么都不愿意接受这个事实。
③真让人想不通，有些人怎么也吃不胖。
④他的话我怎么都听不懂。
⑤他怎么也没想到会在这里遇见王老师。
⑥我找了很长时间，可怎么都没找到那双红袜子。

◎ **结构特点**

① S + 怎么都/也 + 不 + VP
　妈妈　怎么都　不　同意我的要求。
② S + 怎么都/也 + V₁ + 不 + Adj/V₂
　有些人　怎么也　吃　不　胖。
　昨天晚上　我　怎么也　睡　不　着。
③ S + 怎么都/也 + 没 + VP
　她　怎么都　没　想到自己会失败。

88 口语格式：X 也不是，Y 也不是 【五60】

◎ **基本语义及用法**

指不管做 X 的动作还是做 Y 的动作都不合适，表示为难、不知所措的情况。用于口语。

It indicates that neither of the two actions X and Y is appropriate, indicating being in a dilemma and not knowing what to do. It is used in spoken Chinese.

◎ **典型例句和对话**

例句	①他这样开玩笑，气得我哭也不是，笑也不是。	②一看来了这么多人，他紧张得坐也不是，站也不是。	③走也不是，留也不是，我真不知道怎么办好。
交际实践	（在咖啡馆） A：他这样开玩笑，气得我哭也不是，笑也不是。 B：他就是这样，有时开的玩笑很不合适。	（在公司） A：那个实习生的面试表现怎么样？ B：一看来了这么多人，他紧张得坐也不是，站也不是。	（在公园） A：他们夫妻怎么在你面前就吵起来了呢？ B：是啊，我可不好意思了。走也不是，留也不是，我真不知道怎么办好。

◎ **补充例句**

①王阿姨很为难，说也不是，不说也不是。
②听了女朋友的话，他嘴里的鸡肉吃也不是，吐也不是。
③突然下起了雨，人们往前跑也不是，往回跑也不是。

④在这种情况下，我走也不是，不走也不是。
⑤她发起脾气，跟小孩子似的，大家说也不是，劝也不是。
⑥他肚子疼得坐也不是，躺也不是。

◎ **结构特点**

X 和 Y 一般是语义相对或相反的动词性成分。"X 也不是，Y 也不是"是对举格式，可以作谓语、补语。

> ① (S+) VP$_1$ +也不是，VP$_2$ +也不是（作谓语）
> 　王阿姨很为难，说　也不是，不说　也不是。
> 　突然下起了雨，人们　往前跑　也不是，往回跑　也不是。
> ② S+Adj+得+V$_1$ +也不是，V$_2$ +也不是（作补语）
> 　他　紧张　得　坐　也不是，站　也不是。
> 　他肚子　疼　得　坐　也不是，躺　也不是。

89 口语格式：X 也 X 不得，Y 也 Y 不得 【五61】

◎ **基本语义及用法**

指想做 X 或者 Y 都无法实现，表示无奈。用于口语。

It means neither of the two actions X and Y can be realized, indicating being helpless. It is used in spoken Chinese.

◎ **典型例句和对话**

例句	①他腰疼起来的时候站也站不得，坐也坐不得。	②孩子大了，说也说不得，管也管不得。	③这件事愁得他吃也吃不得，睡也睡不得。
交际实践	（在医院） 医生：你爷爷的腰怎么了？ 孙子：他腰疼起来的时候站也站不得，坐也坐不得。	（在公园） A：孩子大了，说也说不得，管也管不得。 B：是的。教育孩子要讲究方法，真的是一门学问。	（在饭馆） A：你们老板解决公司的流动资金问题了吗？ B：没呢。这件事愁得他吃也吃不得，睡也睡不得。

◎ **补充例句**

①这东西是爷爷的宝贝，我们看也看不得，摸也摸不得。
②这件事我只好放在心里，说也说不得，写也写不得。
③这苹果再放下去就坏了，到时候卖也卖不得，吃也吃不得。
④他现在病得很厉害，吃也吃不得，喝也喝不得。
⑤这样的事情他看也看不得，听也听不得。
⑥宿舍不允许养小动物，这只猫留也留不得，扔也扔不得，真是为难。

◎ **结构特点**

X 和 Y 一般是语义相关的动词。"X 也 X 不得，Y 也 Y 不得"是对举格式，可以作谓语、补语。

> ① S + V_1 也 V_1 不得，V_2 也 V_2 不得（作谓语）
>   他　腰疼起来的时候　站也站不得，坐也坐不得。
> ② S + V + 得 + V_1 也 V_1 不得，V_2 也 V_2 不得（作状语）
>   他　愁　得　吃也吃不得，睡也睡不得。

💡 **小提示**

这个格式中的"不得"可以改用其他可能补语。例如：
她很担心男朋友的安全，这几天吃也吃不好，睡也睡不着。
这苹果再放下去就坏了，到时候卖也卖不了，吃也吃不了。

90 口语格式：X 是它，Y 也是它　【五 62】

◎ **基本语义及用法**

表示无论是 X 还是 Y，情况都是一样的。用于口语。
It means the same situation applies to both X and Y. It is used in spoken Chinese.

◎ 典型例句和对话

例句	①好是它，坏也是它，你没有别的选择。	②成功是它，失败也是它，这个选择我绝对不后悔。	③等一个小时是它，等两个小时也是它，只能坐这一班车回家了。
交际实践	（在公司） A：我只能选这个项目吗？ B：好是它，坏也是它，你没有别的选择。	（在办公室） A：这就是你的选择吗？要不要再考虑一下儿？ B：不用。成功是它，失败也是它，这个选择我绝对不后悔。	（在车站） A：这么晚了，最后这班车怎么还不来？ B：等一个小时是它，等两个小时也是它，只能坐这一班车回家了。

◎ 补充例句

①这个展览很受欢迎，大家关心的是它，谈论的也是它，看来很成功。
②钱这东西，人们爱的是它，恨的也是它。
③人这一辈子就这么短短几十年，哭着过是它，笑着过也是它。
④大门只有一个，进是它，出也是它。
⑤我们总共只有一双手，写文章是它，做饭、洗衣服也是它。
⑥唱歌是这些老人生活的一部分，开心是它，难过也是它。

◎ 结构特点

　　X 和 Y 可以是名词性成分，也可以是动词性成分或形容词性成分。意义上，X 和 Y 相关或相反。

> ① $NP_1/VP_1/Adj_1$ + 是它，$NP_2/VP_2/Adj_2$ + 也是它，……
> 　大家关心的　是它，谈论的　也是它，看来很成功。
> 　等一个小时　是它，等两个小时　也是它，只能坐这一班车回家了。
> 　好　是它，坏　也是它，你没有别的选择。
> ②……，$NP_1/VP_1/Adj_1$ + 是它，$NP_2/VP_2/Adj_2$ + 也是它
> 　钱这东西，人们爱的　是它，恨的　也是它。
> 　人这一辈子就这么短短几十年，哭着过　是它，笑着过　也是它。
> 　唱歌是这些老人生活的一部分，开心　是它，难过　也是它。

91 口语格式：X 着也是 X 着　【五 63】

◎ **基本语义及用法**

表示某人或某物目前处于闲置状态，用于口语。
It indicates somebody or something is in an idle state. It is used in spoken Chinese.

◎ **典型例句和对话**

例句	①明天我去超市逛逛，反正闲着也是闲着。	②那些衣服她不喜欢了，放着也是放着，不如送人吧。	③反正等着也是等着，我们不如休息休息吧。
交际实践	（在家） 哥哥：明天我去超市逛逛，反正闲着也是闲着。 妹妹：好啊，正好可以给我买点儿零食回来。	（在家） 爸爸：门口那堆衣服是女儿的吗？要带走吗？ 妈妈：那些衣服她不喜欢了，放着也是放着，不如送人吧。	（在饭馆） A：杰克怎么还没到，要不要再打一个电话？ B：别打了。反正等着也是等着，我们不如休息休息吧。

◎ **补充例句**

①这房子空着也是空着，不如出租吧。
②你在家待着也是待着，来参加我们的活动吧。
③你躺着也是躺着，不如起来干活儿吧。
④我想出去找个工作，在家闲着也是闲着，没什么意思。
⑤这自行车放着也是放着，在网上卖了吧。
⑥咱们坐着也是坐着，不如去公园走走吧。

◎ **结构特点**

X 一般是单音节的动词或形容词。"X 着也是 X 着"构成的句子一般不能独立成句，前面或后面要出现别的句子，表示提出建议或看法。

① S + V/Adj 着也是 V/Adj 着，……
那些衣服　放着也是放着，不如送人吧。
这房子　空着也是空着，不如出租吧。
②……，(S+) V/Adj 着也是 V/Adj 着
我想出去找个工作，在家　闲着也是闲着。
明天我去超市逛逛，反正　闲着也是闲着。

小提示

出现在 X 位置上的动词或形容词一般是单音节的，而且很有限，主要是"待、等、放、空、躺、闲、坐"等。

92 口语格式：X 归 X，Y 归 Y 【五64】

◎ **基本语义及用法**

表示让步，有"尽管"的意思，X 和 Y 表示两种不同的动作或情况。
It indicates a concession, implying "although". X and Y indicate two different actions or situations.

◎ **典型例句和对话**

例句	①想归想，做归做，结果完全不一样。	②吵归吵，闹归闹，大家还是好朋友。	③朋友归朋友，生意归生意，不能白拿。
交际实践	（在教室） A：我们准备得那么充分，怎么就失败了呢？ B：看来想归想，做归做，结果完全不一样。	（在教室） A：我们在一起吵过多少次架，你还记得吗？ B：吵归吵，闹归闹，大家还是好朋友。	（在商店） 老板：我们关系这么熟，你就直接拿走吧。 顾客：那可不行！朋友归朋友，生意归生意，不能白拿。

◎ **补充例句**

①打归打，骂归骂，父母还是你最亲的人。
②说归说，写归写，想写好一篇出色的文章没那么容易。
③道理归道理，实际归实际，有时候根本说不清。
④他归他，我归我，哪个对你更好你可要想清楚。
⑤计划归计划，行动归行动，考虑好了再去做。
⑥奖励归奖励，批评归批评，我们会根据具体情况来处理的。

◎ **结构特点**

"归"的前后分别是相同的动词、名词或代词。

> X（V_1/N_1/$Pron_1$）归 X，Y（V_2/N_2/$Pron_2$）归 Y，……
> 吵归吵，闹归闹，大家还是好朋友。
> 朋友归朋友，生意归生意，不能白拿。
> 他归他，我归我，哪个对你更好你可要想清楚。

93 口语格式：不管怎样说 【五65】

◎ **基本语义及用法**

表示无论什么条件，用于口语。
It means "no matter what", used in spoken Chinese.

◎ **典型例句和对话**

例句	①不管怎样说，你这么做就是不对的。	②不管怎样说，这事总算办成了。	③不管怎样说，我们是一家人。
交际实践	（在家） A：我不告诉你们是怕你们担心。 B：不管怎样说，你这么做就是不对的。	（在公司） A：这笔资金终于申请下来了！ B：太好了！不管怎样说，这事总算办成了。	（在医院） 妹妹：关键时刻还是你们这些亲人帮了我一把。 哥哥：不管怎样说，我们是一家人。

◎ **补充例句**

①不管怎样说,你都不应该动手打人。
②不管怎样说,我是不会同意你这么做的。
③不管怎样说,我们都不能浪费食物。
④不管怎样说,他们这么做是没有道理的。
⑤不管怎样说,你得承认改革确实取得了很大的成功。
⑥不管怎样说,我们已经来了,就应该珍惜这次机会。

◎ **结构特点**

"不管怎样说"一般作状语。

> 不管怎样说,S + VP
>
> 不管怎样说,你　都不应该动手打人。
>
> 不管怎样说,你　得承认改革确实取得了很大的成功。

94 口语格式:看你 X 的 / 瞧他 X 的 【五66】

◎ **基本语义及用法**

表示对某人的反馈或评价,表达赞扬、谦虚、不满意等感情,具体情绪依赖于上下文。用于对话中。

It is a remark or comment on X, indicating an emotion which can be praise, modesty, unsatisfaction, etc. depending on context. It is used in conversations.

◎ **典型例句和对话**

例句	①看你说的,我哪有那么能干?	②瞧他吹的。	③看你高兴的,小心伤口啊。
交际实践	(在公司) A:你是我见过最能干的人了。 B:看你说的,我哪有那么能干?	(在教室) A:他说他这次准考第一。 B:瞧他吹的。	(在医院) A:哈哈,大夫,我是不是明天就能出院了? B:看你高兴的,小心伤口啊。

◎ 补充例句

①看你写的，这么多语法错误。
②瞧他做的，真是不错！
③瞧你们吵的，我们都没法儿睡觉了。
④看你急的，我不是来了吗？
⑤瞧他们激动的，都不知道说什么好了。
⑥看她伤心的，都说不出话来了。

◎ 结构特点

格式中的代词不只限于"你"和"他"，还包括其他第二和第三人称代词，如"她、你们、他们、她们"。"X"可以是动词，也可以是形容词。在对话中，"看/瞧+代词+X+的"可以单独成句，但通常后边还有别的句子。

①看/瞧 + Pron + V/Adj + 的
  A：他说他这次准考第一。
  B：瞧 他 吹 的。
②看/瞧 + Pron + V/Adj + 的，……
  看 你 说 的，我哪有那么能干？
  瞧 他们 激动 的，都不知道说什么好了。

95 口语格式：真有 X 的 【五 67】

◎ 基本语义及用法

表示感叹，表达赞扬、佩服、批评、不认可等感情。用于口语。

It indicates an exclamation of praise, admiration, criticism, denial, etc. It is used in spoken Chinese.

◎ **典型例句和对话**

例句	①真有你的！电脑你也会修？	②这么难的事情他都有办法，真有他的！	③白天玩儿，晚上偷偷学习，真有她的。
交际实践	（在办公室） A：你的电脑我帮你修好了，你看看。 B：真有你的！电脑你也会修？	（在教室） A：那个难题麦克帮我解决了。 B：这么难的事情他都有办法，真有他的！	（在宿舍） A：玛丽说她半夜两点才睡，你知道吗？ B：白天玩儿，晚上偷偷学习，真有她的。

◎ **补充例句**

①你居然敢对经理说"不"，真有你的！
②真的抓住了一个小偷儿？真有你们的！
③又拿了一个世界冠军，真有她的！
④真有你的！作为学生，不好好学习，天天打游戏。
⑤他喝醉了不敢回家，就在门口待了一晚，真有他的！
⑥真有你们的！居然还准备了这么好的礼物。

◎ **结构特点**

"真有X的"用于感叹句，前面或后面一般有具体情况的说明。X是第二和第三人称代词，一般是"你、他、她、你们、他们、她们"。

> ①真 + 有 + Pron + 的！……
> 　真　有　你　的！电脑你也会修？
> 　真　有　你们　的！居然还准备了这么好的礼物。
> ②……，真 + 有 + Pron + 的！
> 　这么难的事情他都有办法，真　有　他　的！
> 　真的抓住了一个小偷儿？真　有　你们　的！

96 口语格式：X 什么 X 【五.68】

◎ **基本语义及用法**

表示制止某个动作或否定某种性质，意思相当于"别 X、不要 X、不 X"等。用于对话中。

It is used to stop an action or deny a quality, equivalent to 别 / 不要 / 不 X (don't X). It is used in conversations.

◎ **典型例句和对话**

例句	①看什么看，再看就迟到了！	②好什么好，现在污染越来越严重了。	③我什么我，你就和我一起去我家。
交际实践	（在家） 儿子：等我看完这个电视剧再走吧。 妈妈：看什么看，再看就迟到了！快走吧。	（在路上） A：这儿的空气还挺好的。 B：好什么好，现在污染越来越严重了。	（在门口） A：我还是不去了吧？我…… B：我什么我，你就和我一起去我家。

◎ **补充例句**

①吃什么吃，你再吃就吃坏肚子了。
②睡什么睡，这才几点呀！
③你哭什么哭，电影里的情节都是假的。
④早什么早，现在都快中午了。
⑤他什么他，现在说的是你。
⑥吵什么吵，大家都在休息呢。

◎ **结构特点**

X 一般是单音节动词、形容词或代词等。"X 什么 X"不能独立成句，后边需要接其他句子。

$$(S_1 +) \text{V/Adj/Pron} + 什么 + \text{V/Adj/Pron}, (S_2 +) \text{P}$$

你　哭　什么　哭，电影里的情节　都是假的。
　　早　什么　早，现在　都快中午了。
我　　什么　我，你　就和我一起去我家。

97 口语格式：什么 X 不 X（的）

【五 69】

◎ **基本语义及用法**

表示对 X 的否定，意思相当于"别说 X、不用说 X"。用于对话中。

It indicates the negation of X, equivalent to 别说 / 不用说 X (don't mention X). It is used in conversations.

◎ **典型例句和对话**

例句	①什么钱不钱的，我们是朋友啊！	②什么麻烦不麻烦，我们之间不用这么客气。	③什么合适不合适的，衣服能穿就行。
交际实践	（在酒店） 朋友：你一定得收下这些钱，我不能在你这儿白吃白住啊。 老板：什么钱不钱的，我们是朋友啊！	（在车站） A：这次来北京太麻烦你啦，真是不好意思。 B：什么麻烦不麻烦，我们之间不用这么客气。	（在家） 妻子：我觉得你穿这件衣服不太合适。 丈夫：什么合适不合适的，衣服能穿就行。

◎ **补充例句**

①什么朋友不朋友的，这钱亲兄弟也得算清楚。
②什么爱情不爱情的，你现在什么都不懂。
③什么请客不请客的，咱们老朋友不需要这些。
④什么输不输的，这都是小事。
⑤什么好吃不好吃的，能吃饱就行了。
⑥什么舒服不舒服，这床能睡觉就可以了。

◎ **结构特点**

X 可以是名词、动词、形容词等，"的"可以省略。"X 不 X（的）"不能独立成句，后面要有一个句子，表示说话人的看法。

> 什么 + N/V/Adj + 不 + N/V/Adj (+ 的), S + P
> 什么 钱 不 钱 的，我们 是朋友啊！
> 什么 麻烦 不 麻烦，我们之间 不用这么客气。

六级 语法点

1 指示代词（1）：本

【六03】

◎ **基本语义及用法**

指自己方面的或现今的，较为正式。
It means "one's own" or "current". It is quite formal.

◎ **典型例句和对话**

例句	①本人非常赞成。	②本书一共十章。	③本月共消费三千元。
交际实践	（在会议上） A：这项决定您怎么看？ B：很好，本人非常赞成。	（在书店） 顾客：请你介绍一下儿手里的书。 营业员：本书一共十章。	（在银行） 工作人员：您本月共消费三千元。 顾客：好的，下月五号之前还就可以，是吧？

◎ **补充例句**

①本校定于九月一日开学。
②他本人已经同意做手术了。
③你说话不像北京本地口音。
④本办法明日起实施。
⑤本次列车由北京开往上海。
⑥本月一共有两场大型国际会议。

◎ **结构特点**

（1）"本"可放在名词性成分前，说话人指自己或自己所在的集体、机构、处所及现今的时间等。"本+名词"有时复指前面的名词或代词，不限于说话人或所在集体。"本+名词"中的"本"还可表示"这"，一般以制作者或主管人身份说话时使用。

> 本 + N
> 他　本　人　已经同意做手术了。（"本人"复指前面的"他"）
> 本　书　共十章。（"本"表示"这"）
> 本　月　一共有两场大型会议。（"本月"表示包括说话时间在内的一段时间）

（2）"本"可与量词、名词组合在一起，表示"这"。

> 本 + M + N
> 本　次　列车　开往上海。

💡 小提示

"本"的语体较为正式，在新闻、广播或会议等正式场合中使用较多。例如：
本校将于5月10日举办大型运动会。

2 指示代词（2）：此 【六03】

◎ **基本语义及用法**

表示"这、这个"，与"彼"相对。较为正式。
It means "this", opposite to 彼 (that). It is rather formal.

◎ **典型例句和对话**

例句	①此事我非常反对。	②此处不能扔垃圾。	③此时此刻我太激动了！
交际实践	（在公司） A：经理，关于此事，您有什么意见？ B：不行，此事我非常反对。	（在小区） A：您好！此处不能扔垃圾。 B：对不起，我看错地方了。	（在毕业典礼上） 老师：今天真是个重要的日子，祝贺你！ 学生：此时此刻我太激动了！谢谢老师。

◎ **补充例句**

①此书本人已经阅读过三遍。
②此次手术非常成功。
③此方法十分好用，建议推广。
④你放心吧，此人很好相处。
⑤此地不便久留，你快走吧。
⑥别着急，此事还有机会。

◎ 结构特点

（1）"此"一般只能放在一般名词或表示时间的名词前面。

> 此 + N
> 此　人　很好相处。
> 此　时　此　刻　我们非常激动。

（2）"此"还可以与量词、名词组合在一起。

> 此 + M + N
> 此　次　手术　十分成功。
> 此　趟　列车　开往上海。

💡 小提示

"此"的语体较为正式，在新闻、广播或会议等正式场合中使用较多。例如：
此次会议将于7月30日在本市召开。

3 程度副词（1）：特　【六06】

◎ 基本语义及用法

表示程度很高，意思是"特别、格外"。用于口语。
It indicates a high degree, meaning "extraordinarily; especially". It is used in spoken Chinese.

◎ 典型例句和对话

例句	①他特高兴，因为他的设计获奖了。	②我们都特欢迎你到我们家做客。	③这篇文章特有水平，你可以看看。
交际实践	（在家） 儿子：爸爸说他周末要请客，有什么高兴的事吗？ 妈妈：是啊。他特高兴，因为他的设计获奖了。	（在邻居家） A：叔叔，我又来打扰你们啦。 B：不打扰，我们都特欢迎你到我们家做客。	（在教室） A：这篇文章特有水平，你可以看看。 B：好的，我有时间一定会认真看。

◎ 补充例句

①那儿特冷,你多带点儿衣服。
②我玩儿过这个游戏,特刺激。
③我中文说得特流利。
④他在国外特想吃中国菜。
⑤王老师在生活上特关心我们。
⑥她对中国美食特感兴趣。

◎ 结构特点

"特"一般用在形容词性成分或动词性成分前边作状语。

① S + 特 + Adj

　那儿　特　冷。

　今天　他　特　高兴。

② S + 特 + VP

　这篇文章　特　有水平。

　我们都　特　欢迎你到我们家做客。

4 程度副词(2):异常 【六06】

◎ 基本语义及用法

表示程度很高,意思是"非常、特别、格外"。用于书面语。

It indicates a high degree, meaning "very; extremely; particularly". It is used in written Chinese.

◎ 典型例句和对话

例句	①今天天气异常寒冷。	②下雪后登山会异常艰难。	③王经理异常讨厌他人在室内抽烟。
交际实践	(在学校) A:今天天气异常寒冷。 B:现在刚十一月,不该这么冷啊。	(在俱乐部) A:下雪后登山会异常艰难,我建议取消登山计划。 B:为了安全,我同意。	(在公司) A:你怎么又在办公室抽烟?王经理异常讨厌他人在室内抽烟。 B:对不起,我忘了。

◎ **补充例句**

①老王黑了，也瘦了，但精神却异常地好。
②听到这个消息，他的情绪异常激动。
③考完试以后，同学们的心情异常轻松。
④我现在很清醒，异常清醒。
⑤过年过节的时候，他就异常想念远方的亲人。
⑥最近老下雨，气温也很低，但我却异常喜欢这种天气。

◎ **结构特点**

"异常"一般用在形容词或心理动词前边作状语。

> ① S + 异常 + Adj
>   同学们　异常　兴奋。
> ② S + 异常 + V_{心理} + O
>   王经理　异常　讨厌　他人在室内抽烟。

小提示

（1）修饰单音节形容词时，"异常"后边一般要用结构助词"地"，其他时候"地"可以用也可以不用。例如：

老王黑了，也瘦了，但精神却异常地好。
我现在很清醒，异常地清醒。
我现在很清醒，异常清醒。

（2）"异常"隐含比较，句中常有表示时间或条件的词语。例如：

今天天气异常寒冷。
听到这个消息，他的情绪异常激动。

5 范围、协同副词（1）：尽　【六07】

◎ **基本语义及用法**

表示总括范围，意思是"全、都"。用于口语，往往带有夸张的意味。

It indicates "all; without exception", used in spoken Chinese, usually expressing an exaggerative tone.

◎ **典型例句和对话**

例句	①这桌上尽是土。	②刚上班，分配给我的尽是些基础工作。	③我昨晚尽想着项目的事，怎么也睡不着。
交际实践	（在办公室） A：这桌上尽是土。 B：咱们两个月没来办公室了，能不脏吗？	（在咖啡馆） A：你最近的工作怎么样？ B：刚上班，分配给我的尽是些基础工作。	（在办公室） A：你的脸色怎么这么难看？病了吗？ B：没有。我昨晚尽想着项目的事，怎么也睡不着，睡眠不足。

◎ **补充例句**

①你看你裤子上尽是泥。
②一眼看过去，周围尽是大山。
③现在公司的新员工尽是博士。
④事情已经发生了，你尽骂他也没用。
⑤他今天尽说伤人的话。
⑥你怎么尽吃垃圾食品？

◎ **结构特点**

"尽"用在判断动词"是"或其他动词性成分前边作状语。

① S + 尽 + 是 + O
　这桌上　尽　是　土。
　现在公司的新员工　尽　是　博士。
② S + 尽 + V + O
　他　今天　尽　说　伤人的话。
　你　怎么　尽　吃　垃圾食品？

小提示

动词后不能出现"了¹、过"。例如:

*他尽说了/过一些伤人的话。

他尽说一些伤人的话。

6 范围、协同副词（2）：净

【六07】

◎ 基本语义及用法

"净"对范围进行限定，用于口语。在具体语境中，"净"可以表达三种意义：
净 limits the scope. It is used in spoken Chinese. Based on specific context, the meaning of 净 is threefold:

（1）相当于"只、光"，表示除此以外没有别的。如："他净吃肉，不吃蔬菜。"
Equivalent to 只 / 光 (only), meaning "nothing else", e.g. 他净吃肉，不吃蔬菜 (He eats only meat and excludes vegetables).

（2）相当于"全、都"，常用于"是"前边。如："书架上净是小说。"
Equivalent to 全 / 都 (all), usually used before 是 , e.g. 书架上净是小说 (All the books on the shelf are novels).

（3）相当于"总是、老是"。如："北京这几天净下雨。"
Equivalent to 总是 / 老是 (always), e.g. 北京这几天净下雨 (It's been raining non-stop these couple of days in Beijing).

◎ 典型例句和对话

例句	①他净吃肉，不吃蔬菜。	②这里净是垃圾，都没地方站。	③北京这几天净下雨。
交际实践	（在饭馆） A：你儿子喜欢吃什么菜？ B：他净吃肉，不吃蔬菜。	（在广场） A：这里净是垃圾，都没地方站。 B：稍等，清洁工一会儿就会来打扫卫生。	（在打电话） 妈妈：北京天气怎么样？ 杰克：北京这几天净下雨，有点儿冷。

◎ **补充例句**

①我们净忙着说话，忘了时间了。
②你不能净听领导的，也得多听听大家的意见。
③他说的净是些没用的话。
④她的房间里净是书。
⑤你太粗心了，净写错字。
⑥你这几天净看电视了，作业做了没有？

◎ **结构特点**

"净"用在判断动词"是"或其他动词性成分前边作状语。

① S + 净 + 是 + O	② S + 净 + VP
这里　净　是　垃圾。	北京　这几天　净　下雨。
他说的　净　是　一些没用的话。	他　净　吃肉，不吃蔬菜。

💡 **小提示**

"净"可以限制范围，在句子中可以限制主语、宾语和谓语。
（1）限制主语，例如：
　　他说的净是些没用的话。
（2）限制宾语，例如：
　　他净吃肉，不吃蔬菜。
（3）限制谓语，例如：
　　北京这几天净下雨。

7 范围、协同副词（3）：一齐 【六07】

◎ **基本语义及用法**

表示同时，指不同主体同时做同一件事，也可以指同一主体同时做几件事。多用于书面语。

It means "simultaneously", indicating different subjects doing the same thing at the same time or one subject doing several things at the same time. It is usually used in written Chinese.

◎ 典型例句和对话

例句	①大家一齐动手，清理一下儿路上的垃圾。	②这句话你们要一齐说。	③本次航班的乘客和行李一齐到了。
交际实践	（在公司门口） A：这条路又堆满垃圾了。 B：来，大家一齐动手，清理一下儿路上的垃圾。	（在学校） 同学：我担心老师会批评我，这话还是让他跟老师说吧？ 班长：这可不是他一个人的错，这句话你们要一齐说。	（在机场） A：我们的行李是不是要晚一点儿到？ B：看机场信息，本次航班的乘客和行李一齐到了。

◎ 补充例句

①看到老师进来，同学们一齐站了起来。
②演出结束后，观众一齐鼓掌。
③他们的动作很整齐，一齐举手，一齐喊口号。
④你能把这些问题一齐解决吗？
⑤你将这些文件一齐送过去。
⑥这几个项目一齐开展，你们有困难吗？

◎ 结构特点

"一齐"作状语，它语义指向的成分一般是复数，而且这个成分要在"一齐"前边。

① S + 一齐 + VP
　大家　一齐　动手，清理一下儿路上的垃圾。
　这几个项目　一齐　开展，你们有困难吗？
② S + 把/将 + NP + 一齐 + VP
　你　能　把　这些问题　一齐　解决　吗？
　你　将　这些文件　一齐　送过去。

小提示

（1）"一齐"表示在时间上同时发生的事情，"一起"表示在空间上合在一处或者在同一地点发生的事情。例如：

*他们动作特别整齐，一起喊口号。

他们动作特别整齐，一齐喊口号。

*我们一齐坐火车。

我们一起坐火车。

（2）当"一齐"指向动词的对象时，这个对象不能出现在"一齐"后边，只能出现在"一齐"前边。例如：

*你一齐送过去这些文件。

这些文件你一齐送过去。

你将这些文件一齐送过去。

8 范围、协同副词（4）：一同

◎ **基本语义及用法**

表示同时同地做某事，多用于书面语。

It means doing something at the same time in the same place. It is usually used in written Chinese.

◎ **典型例句和对话**

例句	①大家明天七点在学校门口集合，然后一同出发。	②这是我们一同努力的结果。	③欢迎各位家长来跟孩子一同庆祝儿童节。
交际实践	（在教室） A：我们明天在哪儿集合？ B：大家明天七点在学校门口集合，然后一同出发。	（在公司） A：组长，祝贺你成为公司这个月的销售冠军！ B：谢谢，这是我们一同努力的结果。	（在晚会上） 主持人A：今天是六月一日，孩子们的节日。 主持人B：欢迎各位家长来跟孩子一同庆祝儿童节。

◎ **补充例句**

①我们一同工作了三十年。
②新老员工一同参加公司培训。
③我们在这里一同祝福新郎和新娘。
④家具和房子一同出售。
⑤我把书和衣服一同寄走了。
⑥你将调查报告和解决方案一同发给我。

◎ **结构特点**

① S + 一同 + VP

我们　一同　工作了三十年。
家具和房子　一同　出售。

② S + 把/将 + NP + 一同 + VP

我　把　书和衣服　一同　寄走　了。
你　将　调查报告和解决方案　一同　发给我。

◎ **小提示**

（1）"一同"作状语，它语义指向的成分一般是复数，而且这个成分要在"一同"前边。

（2）当"一同"指向动词的对象时，这个对象不能出现在"一同"后边，只能出现在"一同"前边。例如：

＊你一同发给我调查报告和解决方案。
　调查报告和解决方案你一同发给我。
　你把调查报告和解决方案一同发给我。

9 时间副词（1）：时时

【六08】

◎ **基本语义及用法**

常常。
It means "often".

◎ **典型例句和对话**

例句	①老师时时关注着我们的学习。	②你要时时保持良好的学习状态。	③我也会时时提醒你需要注意的问题。
交际实践	（在教室） A：刚考完试，王老师就询问我考得怎么样。 B：老师时时关注着我们的学习，真让人感动。	（在家） 儿子：妈妈，我想再写一会儿作业，行吗？ 妈妈：你要时时保持良好的学习状态，就要保证足够的睡眠，太晚了就休息吧。	（在公司） A：第一次准备会议资料，很多东西我还不太清楚，可以向你请教吗？ B：没问题，我也会时时提醒你需要注意的问题。

◎ **补充例句**

①在外国留学，同学们要时时注意安全。
②王老师讲课很有趣，让大家时时期待。
③哥哥在国外工作，时时想念着自己的故乡。
④我们要时时保持对学习的热情。
⑤科技的发展促进产品配置时时更新。
⑥国家时时关注贫困地区的发展情况。

◎ **结构特点**

"时时"只能作状语，用在主语后边、动词性成分前边。

> S + 时时 + VP
> 老师　时时　关注着我们的学习。

◎ **小提示**

"时时"只能放在主语后面、动词性成分前面，不能放在主语前面。例如：
＊时时老师关注着我们的学习。
　老师时时关注着我们的学习。

10 时间副词（2）：一时

◎ **基本语义及用法**

表示临时、偶然。

It means "momentarily" or "accidentally".

◎ **典型例句和对话**

例句	①我好像在哪儿见过他，可一时又想不起来了。	②我一时粗心，做错了一道非常简单的题。	③他们之间存在很多矛盾，一时解决不了。
交际实践	（在公司） A：你不认识刚才和你打招呼的人吗？ B：我好像在哪儿见过他，可一时又想不起来了。	（在教室） A：今天的考试怎么样？ B：不怎么样，我一时粗心，做错了一道非常简单的题。	（在教室） A：他俩怎么又闹矛盾了？你去劝劝，调解调解吧。 B：他们之间存在很多矛盾，一时解决不了。

◎ **补充例句**

①这个打击太突然了，他一时接受不了。
②我一时找不到这个资料，找到会尽快发给你。
③听到这个消息，我一时说不出话来。
④他遭遇了那么大的不幸，一时对自己失去了信心。
⑤地震发生的时候，大家一时都慌了，他反而很冷静。
⑥大卫一时紧张，答错了老师的问题。

◎ **结构特点**

"一时"只能作状语，用于主语后边、动词性成分或形容词前边。

①S + 一时 + VP
　这个打击太突然了，他　一时　接受不了。
②S + 一时 + Adj
　我　一时　粗心，做错了一道非常简单的题。

小提示

（1）"一时"只能放在主语后面、动词性成分前面，不能放在主语前。例如：

＊一时我找不到这个资料，找到会尽快发给你。

我一时找不到这个资料，找到会尽快发给你。

（2）"一时"具有陈述性的意味，一般不用于疑问句。例如：

＊这个打击太突然了，他一时接受不了吗？

这个打击太突然了，他一时接受不了。

11 时间副词（3）：早晚

【六08】

◎ 基本语义及用法

意思是"或者早或者晚"，表示事情到最后总会有一个结果。

It means "sooner or later", indicating that there will be a result at last.

◎ 典型例句和对话

例句	①他早晚会知道事情的真相。	②再这样高强度地工作，你早晚会累坏身体。	③再这样下去，公司早晚会破产。
交际实践	（在办公室） 班长：我们要不要现在告诉他呢？ 老师：他早晚会知道事情的真相，但现在还不到时候。	（在公司） A：我昨天又熬夜工作了。 B：再这样高强度地工作，你早晚会累坏身体。	（在公司） A：公司最近在资金方面出了点儿问题。 B：再这样下去，公司早晚会破产。

◎ 补充例句

①你一直这么努力地学习，早晚会考上理想的大学。

②孩子早晚是要离开父母独立生活的。

③他们恋爱以来争吵不断，早晚会分手。

④早晚我会学好中文的。

⑤他早晚会明白父母为什么对他严格要求。
⑥早晚法律会变得更完善的。

◎ **结构特点**

"早晚"作状语，可用于主语后边、动词性成分前边，也可用于主语前边。

① S + 早晚 + VP
他　早晚　会知道事情的真相。

② 早晚 + S + VP
早晚　我　会学好外语的。

💡 **小提示**

"早晚"具有陈述性的意味，一般不用于疑问句。例如：

* 他早晚会知道事情的真相吗？
　他早晚会知道事情的真相。

12 关联副词：便　【六09】

◎ **基本语义及用法**

表示某事在很短的时间以内就会发生，多用于书面语。
It means something is about to happen in a minute. It is usually used in written Chinese.

◎ **典型例句和对话**

例句	①他一下课便回宿舍了。	②我和老师说句话，说完便走。	③一干起活儿来便什么都忘了。
交际实践	（在教室） A：大卫呢？ B：他一下课便回宿舍了。	（在教室） A：你准备什么时候走？ B：我和老师说句话，说完便走。	（在家） 儿子：你怎么还戴着手套？ 妈妈：啊，忘摘了！一干起活儿来便什么都忘了。

◎ **补充例句**

①他刚躺下便睡着了。

②老师刚说完，同学们便快速回到了自己的座位上。
③会议一结束，我便回公司了。
④他一毕业便决定回国。
⑤老师刚走到教室门口，同学们便安静下来了。
⑥这个学生很聪明，一说便懂。

◎ **结构特点**

"便"位于动词性成分或形容词性成分前面，常与"一、刚"等词搭配使用。

① S + V₁ + 便 + V₂
　他　转身　便　跑。
② S + 一/刚 + VP₁ + 便 + VP₂（+了）
　他　一　下课　便　回家　了。
　他　刚　躺下　便　睡着　了。
③ S₁ + 一/刚 + VP₁，S₂ + 便 + VP₂/AP（+了）
　会议　一　结束，我　便　回公司　了。
　老师　刚　走到教室门口，同学们　便　安静下来　了。

💡 **小提示**

"便"表示某事在很短的时间以内就会发生，口语中常替换成"就"。例如：
他一下课就回家了。
他转身就跑。

13 方式副词（1）：不禁 bùjīn 【六10】

◎ **基本语义及用法**

表示控制不住对某事做出反应，多用于书面语。
It means "cannot help a reaction to something". It is usually used in written Chinese.

◎ 典型例句和对话

例句	①我不禁回忆起第一次跟她见面的场景。	②表演到了精彩的地方，观众不禁鼓起掌来。	③她的故事十分感人，我不禁流下了眼泪。
交际实践	（在咖啡馆） A：看到这张照片，你又想起你女朋友了？ B：是的，我不禁回忆起第一次跟她见面的场景。	（在教室） A：昨天观众的表现怎么样？ B：非常好。表演到了精彩的地方，观众不禁鼓起掌来。	（在图书馆） A：这部小说里的女主角真了不起！ B：是啊！她的故事十分感人，我不禁流下了眼泪。

◎ 补充例句

①听到他这样天真的问题，老师不禁笑了。
②读到精彩的地方，他不禁大声叫好。
③听到这可怕的消息，我的心不禁凉了。
④看着她的打扮，大家不禁哈哈大笑起来。
⑤听了老人的故事，在场的人们都不禁流下了眼泪。
⑥看到那张照片，我不禁回忆起过去美好的日子。

◎ 结构特点

"不禁"位于主语之后、动词性成分之前，在句中作状语。

> S + 不禁 + VP
> 读到精彩的地方，他　不禁　大声叫好。

💡 小提示

"不禁"引导的分句一般是肯定句。例如：
＊听了他这样天真的问题，老师不禁没笑了。
　听了他这样天真的问题，老师不禁笑了。

14 方式副词（2）：赶忙 【六10】

◎ **基本语义及用法**

表示快速做事，不耽误。
It means doing something quickly without any delay.

◎ **典型例句和对话**

例句	①要迟到了，我赶忙出门，早饭都没吃。	②听说家里出事了，他赶忙跑了回去。	③我到教室才发现没带课本，刚才赶忙回宿舍拿了一下儿。
交际实践	（在办公室） A：还没到午饭时间，你就饿了？ B：对呀。早上要迟到了，我赶忙出门，早饭都没吃。	（在公司） A：小张人呢？ B：他请假走了。听说家里出事了，他赶忙跑了回去。	（在教室） A：你怎么现在才来？ B：我到教室才发现没带课本，刚才赶忙回宿舍拿了一下儿。

◎ **补充例句**

①下雨了，我赶忙打开了伞。
②上课的铃声一响，学生们赶忙回到自己的座位上。
③眼看火车要开了，她赶忙上了车。
④他不小心撞了人，于是赶忙道歉。
⑤雨突然大起来了，他赶忙关上窗户。
⑥老师来了，他赶忙把课本拿了出来。

◎ **结构特点**

"赶忙"位于动词性成分前作状语，前面一般还会有一个说明情境的分句。

> ……，S + 赶忙 + VP
> 雨突然大起来了，他　赶忙　关上窗户。

💡 小提示

"赶忙"只能用于过去发生的事情。例如：

* 下星期就要考试了，我得赶忙复习功课了。（事情还未发生）

他不小心撞了人，于是赶忙道歉。

15 方式副词（3）：亲眼

【六10】

◎ 基本语义及用法

表示用自己的眼睛去看，强调所看内容的准确、可信。

It means seeing with one's own eyes, emphasizing the accuracy and credibility of what's seen.

◎ 典型例句和对话

例句	①这件事是我亲眼所见，不会有假。	②我亲眼看见他来上班的，这么一会儿又上哪里去了？	③为了能亲眼看一看长城，很多人不远万里来到中国。
交际实践	（在公司） A：你确定是大卫干的？ B：这件事是我亲眼所见，不会有假。	（在办公室） A：今天王一没来吗？ B：奇怪！我亲眼看见他来上班的，这么一会儿又上哪里去了？	（在公园） A：听说万里长城特别壮观。 B：是的。为了能亲眼看一看长城，很多人不远万里来到中国。

◎ 补充例句

①在北京的外国朋友亲眼看见了这几十年来中国的巨大变化。

②我们亲眼看到了这几年人民生活的变化。

③如果不是亲眼看见，我绝对不会相信。

④昨天我亲眼看见了又大又亮的月亮挂在天空中。

⑤我亲眼看见他们俩离开了这个地方。

⑥如果你不相信，可以亲眼去看看。

◎ **结构特点**

"亲眼"位于动词性成分前，在句中作状语。

> S + 亲眼 + VP
> 我　　亲眼　　看见他们俩离开了这个地方。
> 外国朋友　亲眼　看见了这几十年来中国的巨大变化。

◎ **小提示**

"亲眼"后面的动词经常是与"看"相关的形式，如"看到、看见、看看、看一看"等。例如：

我们亲眼看到了这几年人民生活的变化。

我亲眼看见他们俩离开了这个地方。

16 方式副词（4）：特地、特意 【六10】

◎ **基本语义及用法**

表示专门为了某一件事情，多用于口语。

It means "specially; for a special purpose", usually used in spoken Chinese.

◎ **典型例句和对话**

例句	①我都准备好了，你不用特地跑来帮我。	②他今天第一天去公司实习，特意穿了双新皮鞋。	③这本书是特地给你买的。
交际实践	（在打电话） A：明天的考试你复习得怎么样？需要我晚上过去帮助你吗？ B：不用啦！我都准备好了，你不用特地跑来帮我。谢谢你！	（在校园） A：大卫每天都是运动服、运动鞋，今天怎么穿得这么正式？ B：他今天第一天去公司实习，特意穿了双新皮鞋，还穿了西装。	（在餐厅） A：这本书是特地给你买的。祝你生日快乐！ B：我太喜欢了，谢谢你的礼物。

◎ **补充例句**

①你男朋友还特地赶来看你,对你可真好!
②爸爸特地来信表示祝贺。
③开学了,同学们都特地跑来向老师问好。
④他回国前,朋友们特意为他举行了一个晚会。
⑤为了帮助大家复习,老师特意总结了学习重点。
⑥这次活动是为新同学特意安排的。

◎ **结构特点**

(1)"特地、特意"位于动词性成分前,在句中作状语。

> S + 特地 / 特意 + VP
> 大卫 特意 穿了双新皮鞋。

(2)"特地、特意"后可以是两个动词性成分(连动句)。

> S + 特地 / 特意 + VP_1 + VP_2
> 爸爸 特意 来信 表示祝贺。

(3)"特地、特意"后也可以是动作的对象与"给、为、为了"等组成的介宾短语。

> S + 特地 / 特意 + 给 / 为 / 为了 + Pron + VP
> 这本书 是我 特地 给 你 买 的。
> 这个晚会 是我 特意 为 你 准备 的。

17 情态副词:仿佛 fǎngfú 【六 11】

◎ **基本语义及用法**

表示"好像、似乎",多用于书面语。
It means "seem; as if", usually used in written Chinese.

◎ **典型例句和对话**

例句	①他干起工作来仿佛不知道什么是累。	②现在的气温仿佛是夏天。	③你看那天上的星星，仿佛在向我们眨眼睛。
交际实践	（在公司） A：小王怎么都不休息呀？ B：是啊，他干起工作来仿佛不知道什么是累。	（在公园） A：才四月，天气就这么热了。 B：是啊，现在的气温仿佛是夏天。	（在山上） A：你在看什么？ B：你看那天上的星星，仿佛在向我们眨眼睛。

◎ **补充例句**

①我们仿佛在哪儿见过似的。
②他仿佛把我的话都忘光了。
③爷爷的身体仿佛更坏了。
④他的样子仿佛十分为难。
⑤他俩见面不打招呼，仿佛谁也不认识谁。
⑥这里的孩子仿佛都把他当朋友。

◎ **结构特点**

（1）"仿佛"位于主语后、动词性成分或形容词性成分前，在句中作状语。

> S + 仿佛 + VP/AP
> 我们　仿佛　在哪儿见过似的。
> 爷爷的身体　仿佛　更坏　了。

（2）"仿佛"也可以用在主语前。

> 仿佛 + S + VP
> 仿佛　谁　也不认识谁。

◎ **小提示**

"仿佛"可与"似的、一样"搭配使用。例如：

他仿佛把我的话都忘光了似的。

这里的孩子仿佛都把他当朋友一样。

18 语气副词（1）：才³

【六 12】

◎ **基本语义及用法**

表示强调确定语气，句末常用"呢"。多用于口语。

It emphasizes a tone of sureness, and the sentence usually ends with 呢. It is usually used in spoken Chinese.

◎ **典型例句和对话**

例句	①我才不要父母的钱呢，我要自己赚钱。	②这才是真正的英雄！	③让我演坏人，我才不干呢！
交际实践	（在公司） A：你家里不缺钱，为什么还要出来做这么辛苦的工作？ B：我才不要父母的钱呢，我要自己赚钱。	（在教室） A：学了这篇文章，我才知道这个普通人做了那么多好事。 B：是啊，这才是真正的英雄！	（在会议室） 助理：这次导演准备让你演那个女经理。 女演员：啊？让我演坏人，我才不干呢！

◎ **补充例句**

①这儿才好呢！可以安静地看一会儿书。

②昨天那场球才精彩呢！

③谈话不算数，你才是骗子！

④这才是真正的好人！

⑤逛街太浪费时间了，我才不去呢！

⑥这件事他不知道才怪呢！

◎ **结构特点**

"才³"后面可以是动词性成分或形容词性成分，在句中作状语。

（1）"才³"后面如果是形容词，经常与"呢"共现。

> S + 才³ + Adj + 呢！
> 昨天那场球 才 精彩 呢！

（2）"才³"后面如果是动词性成分，多用于否定句。

> S + 才³ (+不) + V + 呢！
> 我 才 不 去 呢！

（3）"才³"还可以用在"是"前，含有"别的不是"的意思。

> S + 才³ + 是 + NP
> 这 才 是 真正的英雄！

💡 **小提示**

在句中，"才³"之前的主语是强调的对象，需要重读。例如：

昨天那场球才精彩呢！（重读"昨天那场球"）

这才是名副其实的英雄！（重读"这"）

我才不去呢！（重读"我"）

19 语气副词（2）：刚好 　【六12】

◎ **基本语义及用法**

指正好在那个点上，不多不少，不早不晚。多用于口语。

It means "exactly the right (amount, time, etc.)", usually used in spoken Chinese.

◎ 典型例句和对话

例句	①我要出门找他的时候他刚好回来了。	②人数刚好够。	③我这儿刚好有两张票。
交际实践	（在家） 妈妈：你今天是在哪里找到你弟弟的？ 哥哥：太巧了，我要出门找他的时候他刚好回来了。	（在羽毛球馆） A：今晚能来几个人？够打一场双打吗？ B：四个。人数刚好够。	（在咖啡馆） A：你晚上想去看电影吗？我这儿刚好有两张票。 B：太好了！这正是我想看的电影。

◎ 补充例句

①我的体重刚好是一百斤，不多不少。
②今天刚好有空儿，咱们去爬山吧。
③在我的房间刚好能看见那座白塔。
④这箱子刚好装二十五斤大米。
⑤进公司一看表刚好是九点。
⑥这个柜子放在这里刚好合适。

◎ 结构特点

（1）"刚好"位于动词性成分或形容词性成分前，在句中作状语。

S + 刚好 + VP/Adj
我要出门找他的时候　他　刚好　回来　了。
这张桌子放在这里　刚好　合适。

（2）"刚好"还可以用于有数量词的句子，表示数量上不多不少，正好在那个点上。

刚好 + V + NumP（+ N）
我的体重　刚好　是　一百斤，不多不少。
这箱子　刚好　装　二十五斤　大米。

20 语气副词（3）：偏

【六12】

◎ 基本语义及用法

表示故意跟外来要求或客观情况相反，常与"要、不"合用。

It means intentionally going against the extrinsic requirement or objective situation, usually used together with 要 or 不.

◎ 典型例句和对话

例句	①北方的冬天非常寒冷，可他偏要去那儿旅行。	②你为什么偏要这么做？	③大家叫他多穿点儿衣服，可是他偏不，穿一件衬衫就走了。
交际实践	（在教室） A：北方的冬天非常寒冷，可他偏要去那儿旅行。 B：你再好好劝劝他。	（在公司） A：你为什么偏要这么做？ B：我就是想气气他。谁让他欺负人！	（在家） 女儿：爷爷也太不听话了。大家叫他多穿点儿衣服，可是他偏不，穿一件衬衫就走了。 爸爸：老人家有时候就是劝不动。

◎ 补充例句

①你想知道，我偏不告诉你。
②不让我去我偏要去。
③事情没成功，你怎么偏说成了呢？
④大家都准备好了，你偏说没准备好。
⑤天气预报说明天有雨，有的人偏不信。
⑥父母叫孩子做的事，孩子偏不爱做。

◎ 结构特点

"偏"位于动词性成分前，在句中作状语，常与"要、不"搭配组成"偏要、偏不"。

> S + 偏（要/不）+ VP
> 不让我去 我 偏要 去。
> 北方的冬天非常寒冷，可 他 偏要 去那儿旅行。
> 天气预报说明天有雨，有的人 偏不 信。

💡 小提示

"偏"一般不能用在主语前。例如：

* 大家都信，偏他不信。

　大家都信，他偏不信。

21 语气副词（4）：恰好

【六12】

◎ 基本语义及用法

表示不同事物的某一方面在无意中符合要求或正合适，多用于书面语。

It indicates that a certain aspect of something is unintentionally up to par or suitable. It is usually used in written Chinese.

◎ 典型例句和对话

例句	①大家正找你呢，你恰好来了。	②举行毕业典礼的那天恰好是我生日。	③哥哥非常粗心，弟弟却恰好相反。
交际实践	（在公司门口） A：我来了！ B：太好了！大家正找你呢，你恰好来了。	（在教室） A：你生日是哪天啊？ B：7月2号。举行毕业典礼的那天恰好是我生日。	（在学校） A：他们兄弟俩的性格相同吗？ B：完全不同。哥哥非常粗心，弟弟却恰好相反。

◎ 补充例句

①你要看的那本书恰好我这里有。

②不多不少，这些水果恰好有十斤。

③两个好朋友的生日恰好是同一天。

④鞋子的大小恰好合适。

⑤你去上海，恰好老王也去上海。

⑥你们来得真巧，今天我恰好在家。

◎ **结构特点**

"恰好"用在动词性成分或形容词性成分前，在句中作状语，句子中可以包含数量词。

> ① S + 恰好 + VP/Adj
> 你们来得真巧，今天 我 恰好 在家。
> 这件衣服的大小 恰好 合适。
> ② 恰好 + S + VP/Adj
> 你去上海，恰好 老王 也去上海。
> ③ S + 恰好 + V + NumP（+N）
> 不多不少，这些水果 恰好 有 十斤。

22 介词（引出时间、处所）：于 【六13】

◎ **基本语义及用法**

引出时间、处所，主要用于书面语。
It introduces a time or place, usually used in written Chinese.

◎ **典型例句和对话**

例句	①大熊猫生活于中国西南地区。	②我出生于1995年。	③马丁毕业于北京语言大学。
交际实践	（在图书馆） A：你知道大熊猫主要生活在什么地方吗？ B：知道！大熊猫生活于中国西南地区。	（在教室） 老师：请各位同学说一下儿自己出生于哪一年。 学生：我出生于1995年。	（在公司） A：马丁毕业于北京语言大学。 B：这么巧，我也是北京语言大学毕业的。

◎ **补充例句**

① 研究所成立于1984年。
② 导演于北京完成了这部电影的拍摄。
③ 那座城市位于长江边。

④他已于上月离开北京去了南方。
⑤木村于三年前结束了在中国的生活。
⑥来信已于昨日收到。

◎ **结构特点**

"于"常与时间名词或处所名词组合,可位于动词性成分前作状语,也可位于动词性成分后作补语。

①于 + N$_{时间}$/N$_{处所}$ + VP(作状语)
　他已　于　上月　离开北京去了南方。
　导演　于　北京　完成了这部电影的拍摄。
②VP + 于 + N$_{时间}$/N$_{处所}$(作补语)
　我　出生　于　1995 年。
　马丁　毕业　于　北京语言大学。

 **小提示**

"于 + N$_{时间}$/N$_{处所}$"作补语的使用频率,较之作状语要低一些。

23 介词(引出方向、路径):沿(着) 【六 14】

◎ **基本语义及用法**

表示经过的路线,引出方向和路径。
It means "along", indicating the route one takes. It is followed by a direction or path.

◎ **典型例句和对话**

例句	①我喜欢沿着湖散步。	②你沿这条路一直走,一会儿就到了。	③我沿着他指的路,很快就找到了他家。
交际实践	(在教室) A:你平时喜欢在哪儿散步? B:我喜欢沿着湖散步。	(在路边) A:请问北京饭店怎么走? B:你沿这条路一直走,一会儿就到了。	(在公园) A:你昨天去朋友家还顺利吗? B:顺利。他给我打了电话,我沿着他指的路,很快就找到了他家。

◎ 补充例句

①沿着这条高速公路一直开,就能到达那座城市。
②我们沿着湖边走了一会儿就回宿舍了。
③老人沿着墙边种了很多花。
④你沿着我说的方向走下去,就能找到那家饭馆。
⑤我们沿着历史的脚印前进,可以发现很多值得思考的问题。
⑥你沿这个思路进行下去,就能找到解决问题的方法。

◎ 结构特点

"沿(着)"通常与表示处所或具有抽象意义的名词性成分组合在一起,在句中作状语。

> S + 沿(着) + NP + VP
> 他　喜欢晚上　沿着　湖边　走一会儿。
> 你　沿着　这个思路　进行下去。

💡 小提示

当"沿(着)"后面的名词性成分较长或是抽象意义的词语时,"着"必须出现。例如:

*我沿他指的路,很快就找到了他家。
我沿着他指的路,很快就找到了他家。
*你沿这个思路进行下去,就能找到解决问题的方法。
你沿着这个思路进行下去,就能找到解决问题的方法。

24 介词(引出对象)(1):同[1]

【六 15】

◎ 基本语义及用法

引出动作的对象或比较的对象,后面的对象一般为"人"。多用于书面语。
It introduces the target of an action or comparison, often a person. It is usually used in written Chinese.

◎ 典型例句和对话

例句	①同你一样，我也是学生。	②他上午已经同我告过别了。	③留学四年，我一直同安娜住在一起。
交际实践	（在校园） A：我是一名学生，你呢？ B：同你一样，我也是学生。	（在教室） A：大卫要离开北京了，你知道吗？ B：他上午已经同我告过别了。	（在咖啡厅） A：在留学期间，你是一个人住吗？ B：不是。留学四年，我一直同安娜住在一起。

◎ 补充例句

①大卫同我一样，今天都要上课。
②同哥哥相比，马丁更聪明。
③汉语同其他语言一样，想学好一定要多听多说多练。
④他同这件事没有任何关系。
⑤他同我一样，都不喜欢唱歌。
⑥我们同B组合作，终于完成了此项任务。

◎ 结构特点

（1）"同[1]"与名词性成分或代词组合在一起，在句中作状语。"同[1]"后面的名词性成分或代词一般是动作的对象或协同对象。

> S + 同[1] + NP/Pron + VP
> 我们　同　B组　合作，终于完成了此项任务。（NP/Pron为协同对象）
> 他　上午已经　同　我　告过别　了。（NP/Pron为动作对象）

（2）"同[1]"后面有时是比较的对象，一般以"同[1]……相比/一样"形式出现。

> （S +）同[1] + N/Pron + 相比/一样，（S +）AP/VP
> 同　哥哥　相比，马丁　更聪明。（N/Pron为比较对象）
> 他　同　我　一样，都不喜欢唱歌。（N/Pron为比较对象）

小提示

"同[1]"用作介词时，可与"跟"互换使用，口语中更倾向于用"跟"。例如：

他同哥哥一样聪明。

他跟哥哥一样聪明。

同哥哥相比，他更聪明。

跟哥哥相比，他更聪明。

25 介词（引出对象）（2）：与[1]   【六15】

◎ **基本语义及用法**

引出动作的对象或比较的对象，相当于"跟、向"。多用于书面语。

It introduces the target of an action or comparison, equivalent to 跟 or 向. It is usually used in written Chinese.

◎ **典型例句和对话**

例句	①你要与同学搞好关系。	②我与他越来越无法沟通了。	③我们要敢于与困难做斗争。
交际实践	（在家） 妈妈：到了新的学校，你要与同学搞好关系。 儿子：放心吧，我很喜欢交朋友。	（在咖啡厅） A：你怎么了？看起来心情不好。 B：和男朋友吵架了，现在我与他越来越无法沟通了。	（在教室） A：考进那家公司太难了，我不想去面试了。 B：别放弃，遇到困难的时候，我们要敢于与困难做斗争。

◎ **补充例句**

①他与此事无关，别去问他了。

②目前的情况与去年完全不同。

③最后我们与他成了很好的朋友。

④我没与任何人提起过这件事。

⑤吵是没用的，你要与他一起解决问题。

⑥与大家相比，我的中文水平很低。

◎ **结构特点**

"与¹"与名词性成分或代词组合在一起，在句中作状语，可放在主语前，也可放在主语后。"与¹"后面的名词性成分或代词一般是动作的对象、协同对象或比较对象。

> ① S + 与¹ + NP/Pron + VP/AP
> 我　没　与　任何人　提起过这件事。（NP/Pron 为动作的对象）
> 你　要　与　他　一起解决问题。（NP/Pron 为协同对象）
> 目前的情况　与　去年　完全不同。（NP/Pron 为比较对象）
> ② 与¹ + NP/Pron + 相比/一样，S + AP
> 与　大家　相比，我的中文水平　很低。（NP/Pron 为比较对象）

26 介词（引出对象）(3)：至于 【六16】

◎ **基本语义及用法**

表示另提一事，引进另一话题，常用在两个分句之间。
It is used to bring up another topic, usually used between two clauses.

◎ **典型例句和对话**

例句	①旅行的时间已经定了，至于费用问题，还需要再讨论。	②学校决定下个月举行运动会，至于具体时间，请等待学校通知。	③超市将于节日期间举行优惠活动，至于详细情况，可上网查询。
交际实践	（在旅行社） A：我们旅行的时间定下来了吗？大概费用是多少？ B：旅行的时间已经定了，是下周五，至于费用问题，还需要再讨论。	（在教室） 学生：学校什么时候举行运动会呢？ 老师：学校决定下个月举行运动会，至于具体时间，请等待学校通知。	（在超市） 顾客：你好，请问超市最近有新的活动吗？ 工作人员：超市将于节日期间举行优惠活动，至于详细情况，可上网查询。

◎ 补充例句

①这仅仅是我的个人观点，至于这样做好不好，大家再考虑考虑。
②这两年来，村里新盖的房子就有几百间，至于村民新增加的电器，就更多了。
③这是我个人的意见，至于别人怎么想，我就不知道了。
④他刚参加工作，至于什么时候结婚，他忙得没时间考虑。
⑤女朋友跟他分手了，至于为什么会这样，他自己都说不清楚。
⑥他们只是一般同事，至于他今晚为什么会约自己出来吃饭，她不明白。

◎ 结构特点

"至于"后面的名词性成分或动词性成分是话题，后面常有停顿。

> （……,）至于 + NP/VP,（S +）P
> 学校决定下个月举行运动会，至于 具体时间， 请等待学校通知。
> 这仅仅是我的个人观点，至于 这样做好不好，大家 再考虑考虑。
> 女朋友跟他分手了，至于 为什么会这样，他自己 都说不清楚。

27 介词（引出目的、原因）：因 【六17】

◎ 基本语义及用法

引出目的和原因，同"因为"。多用于书面语。
It introduces the purpose and reason, same as 因为. It is usually used in written Chinese.

◎ 典型例句和对话

例句	①昨天她因病请假了。	②他因出门太晚迟到了。	③因公司的业务需要，她要去中国出差。
交际实践	（在教室） A：小张昨天怎么没来学校？ B：昨天她因病请假了。	（在学校） A：吉米怎么有点儿不高兴？ B：他因出门太晚迟到了，没赶上他最喜欢的当代文学课。	（在公司） A：听说总经理又要出差了，这次是去哪儿？ B：因公司的业务需要，她要去中国出差。

◎ **补充例句**

①今天的会议因故改期了。
②因天气原因，飞机不能按时起飞了。
③他因身体原因请假了。
④他因缺乏经验失败了。
⑤大卫因年龄太小不能参加这项比赛。
⑥他因没受到经理的重视生气了。

◎ **结构特点**

（1）"因"一般与名词性成分、动词性成分组合在一起，在句中作状语。

> S + 因 + NP/VP + P
> 他　因　身体原因　请假了。
> 他　因　出门太晚　迟到了。

（2）"因"与名词性成分或动词性成分组合后，也可用在主语前，后面有停顿。

> 因 + NP/VP，S + P
> 因　天气原因，飞机　不能按时起飞了。
> 因　缺乏经验，他　失败了。

28 介词（表示排除）：除 【六18】

◎ **基本语义及用法**

表示排除，不计算在内，后面可加"外、以外、而外、之外"。多用于书面语。

It means excluding and not counting something, often used in coordination with 外，以外，而外，or 之外 after it. It is usually used in written Chinese.

◎ 典型例句和对话

例句	①除他以外，所有人都来了。	②除这个纪念品以外，其他我都能答应你。	③除这个箱子以外，没有其他行李了。
交际实践	（在公司） A：会议马上就要开始了，都到齐了吗？ B：小王还没到。除他以外，所有人都来了。	（在朋友家） A：房间里的东西我都可以拿吗？ B：除这个纪念品以外，其他我都能答应你。	（在机场） 工作人员：你还有其他行李吗？ 乘客：除这个箱子以外，没有其他行李了。

◎ 补充例句

①除漂亮外，她还有很多优点。
②除杰克以外，我们都没去过长城。
③上午除写了两封信以外，我什么都没做。
④除下大雨以外，他每天都坚持跑步。
⑤除画画儿以外，我还会跳舞。
⑥除房间有点儿小以外，这套房子也还不错。

◎ 结构特点

"除"通常与名词性成分、动词性成分、形容词等组合，后面常加"外、以外、之外"。"除……"通常用在主语前，后面有停顿。

（1）"除"表示排除特殊，强调一致，后面分句一般用"都、全"等呼应。

> 除 + NP/VP$_1$ + 外 / 以外 / 之外，S + 都 / 全 + VP$_2$
> 除　杰克　以外，我们　都　没去过长城。
> 上午　除　写了两封信　以外，我　什么　都　没做。

（2）"除"表示排除已知，补充其他，后面分句一般用"还、也"等呼应。

> 除 + Adj/VP$_1$ + 外 / 以外 / 之外，S + 还 / 也 + VP$_2$
> 除　漂亮　外，她　还　有很多优点。
> 除　画画儿　以外，我　还　会跳舞。

29 介词（引出凭借、依据）：据 【六19】

◎ 基本语义及用法

引出凭借和依据，多用于书面语。
It introduces the basis and foundation, usually used in written Chinese.

◎ 典型例句和对话

例句	①据专家介绍，这个信息是准确的。	②据统计，大多数家庭有一到两个子女。	③据他说，他还没决定放弃。
交际实践	（在办公室） A：昨天网上的关于中国人口的数据是准确的吗？ B：据专家介绍，这个信息是准确的。	（在教室） A：中国现在一个家庭一般有几个孩子？ B：据统计，大多数家庭有一到两个子女。	（在教室） A：他腿受伤了，是不是就不参加运动会了？ B：据他说，他还没决定放弃。

◎ 补充例句

①据我们掌握的数据，这个地区的石油资源十分丰富。
②据最新资料，这种疾病的治疗已经有了突破。
③这个问题据我观察不难解决。
④他的病据医生说很快会好的。
⑤据他说，来中国前他没学过汉语。
⑥据估计，今年的出口量将超过去年。

◎ 结构特点

（1）"据"通常与名词性成分组合在一起，在句中作状语。"据+NP"一般放在主语前，后面常有停顿。

> 据+NP，S+VP
> 据　最新资料，这种疾病的治疗　已经有了突破。

（2）"据"可以与动词性成分组合在一起，在句中作状语。

> S + 据 + VP₁ + VP₂
> 这个问题　据　我观察　不难解决。

（3）"据 + VP₁"可在主语前，后面常有停顿。

> 据 + VP₁，S + VP₂
> 据　估计，今年的出口量　将超过去年。

💡 小提示

"据"可以跟单音节词组合，也可以跟多音节词组合。例如：
据说，来中国前他没学过汉语。
他的病据医生说很快会好的。

30 连词（连接词或短语）(1)：而² 【六20】

◎ **基本语义及用法**

连接并列的成分，表示补充，前后成分为并列、承接或递进关系。多用于书面语。

It connects coordinate elements, indicating complementation. The elements before and after it are in a coordinating, successive, or progressive relationship. It is usually used in written Chinese.

◎ **典型例句和对话**

例句	①这座山高而险，我们未必能爬得上去。	②这篇文章写得真好，故事生动而感人。	③她善良而乐观。
交际实践	（在山下） A：这座山高而险，我们未必能爬得上去。 B：说的是，不过我还是想挑战一下儿。	（在杂志社） 编辑A：这篇文章写得真好，故事生动而感人。 编辑B：是啊，很久都没有看到这么好的文章了。	（在咖啡馆） A：你为什么那么喜欢玛丽？ B：因为她善良而乐观，性格非常好。

◎ 补充例句

①这树上的苹果大而红,看着就甜。
②大家积极而努力地工作着。
③勤劳而勇敢的人民是我们最可爱的人。
④这座城市干净而整洁。
⑤我非常喜欢这些温暖而有力的文字。
⑥王老师善良而美好,像母亲一样。

◎ 结构特点

"而^2"连接形容词,表示并列关系。"Adj$_1$ + 而^2 + Adj$_2$"在句中可作谓语、定语、状语。

> Adj$_1$ + 而^2 + Adj$_2$
> 她 善良 而 乐观。(作谓语)
> 勤劳 而 勇敢 的人民是我们最可爱的人。(作定语)
> 大家 积极 而 努力 地工作着。(作状语)

💡 小提示

当连接的是两个单音节形容词时,"而^2"不能省略。例如:

* 那座山高险。
　那座山高而险。
　我们的人民勤劳勇敢。
　我们的人民勤劳而勇敢。

31 连词(连接词或短语)(2):同^2 【六20】

◎ 基本语义及用法

意思是"和",表示并列关系。
It indicates a coordinating relationship, equivalent to 和 in meaning.

◎ **典型例句和对话**

例句	①我同他都是新员工。	②你同他到底是什么关系?	③我同他都是大学教授。
交际实践	(在公司) A：麦克是新员工吗? B：是的，我同他都是新员工。	(在咖啡厅) A：你同他到底是什么关系? B：其实他原来是我的男朋友，现在我们分手了。	(在办公室) A：您同张老师的共同点还真多。 B：是啊。我同他都是大学教授，又都是学中文的。

◎ **补充例句**

①我同小王是一起回学校的。
②饮料同蛋糕已经准备好了，我们开始吧。
③父亲同母亲一起去旅行，一个孩子也没带。
④我同他是老同学，我们认识二十年了。
⑤吉米同玛丽昨天已经离开了北京。
⑥我、大卫同他都住在学校。

◎ **结构特点**

"同²"与名词性成分或代词组合在一起，在句中作主语。

> $N_1/Pron_1 + 同^2 + N_2/Pron_2 + VP$
> 父亲　同　母亲　一起去旅行。
> 我　同　他　都住在学校。

💡 **小提示**

"$N_1/Pron_1 + 同^2 + N_2/Pron_2$"结构不能作宾语。例如：
＊我的职业是教师同作家。
　我的职业是教师与作家。

32 连词（连接词或短语）(3)：与²

【六20】

◎ 基本语义及用法

意思是"和"，表示并列关系或选择关系。多用于书面语。

It means "和" and indicates a coordinating or alternative relationship. It is usually used in written Chinese.

◎ 典型例句和对话

例句	①成与不成，都看你的啦！	②父亲与母亲都是大学毕业。	③我的论文题目是《中文语法教学与研究》。
交际实践	（在体育馆） A：成与不成，都看你的啦！ B：大家这样相信我，我一定尽我最大的努力。	（在学校） A：你们在家里经常用中文交流吗？ B：是的。我父亲与母亲都是大学毕业，他们在大学都学过中文。	（在学校） A：你的论文题目是什么？ B：我的论文题目是《中文语法教学与研究》。

◎ 补充例句

①学校教育与家庭教育同样重要。
②这道菜是你与妈妈一起做的？
③我们的教室与宿舍都很干净、整洁。
④导游带领我们参观了博物馆与美术馆。
⑤走与不走，你来决定。
⑥去与留，你和家人商量后告诉我。

◎ 结构特点

（1）"与²"连接名词性成分或代词，在句中作主语或宾语。

$N_1/Pron_1$ + 与² + $N_2/Pron_2$

父亲 与 母亲 都是大学毕业。（作主语）
导游带领我们参观了 博物馆 与 美术馆。（作宾语）

（2）"与²"还可以连接动词的肯定形式与否定形式，后面通常有停顿。

> V+与²+不V，S+VP
> 走 与 不走，你 来决定。

33 连词（连接分句或句子）(1)：不料 【六 21】

◎ 基本语义及用法

表示"没想到、出乎意料"的意思。前一分句说明先前的想法，后一分句表示转折，常与"却、竟、还、仍、倒"连用。

It means "unexpectedly; out of expectation". The first clause states the original thought, and the second clause indicates an adversative transition. It is usually used together with 却, 竟, 还, 仍, or 倒.

◎ 典型例句和对话

例句	①我今天本想去操场踢足球，不料操场上有别的活动，不让进。	②本来想去动物园的，不料来了位朋友，没去成。	③本来想让大家好好玩儿，不料却弄出这么大的麻烦。
交际实践	（在打电话） A：你不是说今天要出门吗？怎么还在宿舍？ B：我今天本想去操场踢足球，不料操场上有别的活动，不让进。	（在学校） A：你昨天怎么没去动物园？ B：本来想去动物园的，不料来了位朋友，没去成。	（在公园） A：本来想让大家好好玩儿，不料却弄出这么大的麻烦。 B：没事儿，这也不能怪你。

◎ 补充例句

①本来打算好好看书，不料却接了好几个电话。
②他们队去年连前八名都没有进入，不料今年竟夺得了冠军。
③周日本来打算休息，不料老板来电话让我加班。
④本来以为明天可以去爬山，不料却突然降温了。
⑤本以为周末可以一个人安静一会儿，不料家里来了很多客人。
⑥本以为他不会参加这次活动，不料他倒第一个报了名。

◎ **结构特点**

"不料"用在两个分句之间,前一分句经常有"本来、本(来)打算、本(来)以为"等,后一分句一般有"却、还、竟然"等副词。

> (本来/本打算/本以为+)VP₁,不料(+却/还/竟然)+VP₂
> 本来 想去动物园,不料 来了位朋友。
> 本以为 周末可以一个人安静一会儿,不料 家里 来了很多客人。

◎ **小提示**

"不料"表示说话人出乎意料,多用于后一个分句,"不料"之后出现与自己的预期相反的情况。例如:

 * 不料他第一个报了名,我太开心了。
   本以为他不会参加这次活动,不料他倒第一个报了名。

34 连词(连接分句或句子)(2):可³ 【六21】

◎ **基本语义及用法**

连接分句或句子,表示转折。多用于口语。

It connects clauses or sentences to indicate an adversative transition, meaning "but". It is usually used in spoken Chinese.

◎ **典型例句和对话**

例句	①我们约定一起去长城玩儿,可他突然有事来不了了。	②这篇文章虽然不长,可内容很丰富。	③我倒是愿意,可他不一定有时间。
交际实践	(在车站) A:你怎么一个人来了?田中呢? B:我们约定一起去长城玩儿,可他突然有事来不了了。	(在教室) A:你觉得这篇文章怎么样? B:这篇文章虽然不长,可内容很丰富。	(在家门口) 爸爸:下次带你男朋友一起来玩儿吧。 女儿:我倒是愿意,可他不一定有时间。

◎ 补充例句

①我喜欢这本书,可他好像并不喜欢。
②我喜欢他,可他不喜欢我。
③虽然春天来了,可天气还很冷。
④这道菜看上去不怎么样,可吃起来很香。
⑤她个子不高,可跑得很快。
⑥他不说话,可心里乐着呢!

◎ 结构特点

(1)"可³"用在两个分句之间,两分句的主语不同。

$S_1 + VP_1/AP_1$,可³$+ S_2 + VP_2/AP_2$
我 喜欢这本书,可 他 好像并不喜欢。
这篇文章 虽然 不长,可 内容 很丰富。

(2)当"可³"所连接的前后分句的主语一致时,后一分句的主语要省略。

$S + VP_1/AP_1$,可³$+ VP_2/AP_2$
他 不说话,可 心里乐着 呢!

💡 小提示

"可³"表示转折,意思跟"可是"相同,一般出现在后一分句,前一分句往往有"虽然"与之搭配。例如:

虽然春天来了,可天气还很冷。

35 连词(连接分句或句子)(3):若

【六21】

◎ 基本语义及用法

意思是"如果",表示假设。多用于书面语。
It indicates a hypothesis, meaning "if". It is usually used in written Chinese.

◎ 典型例句和对话

例句	①若这个时间你不方便，我们就换一个。	②若能从失败中获得教训，就可能走向成功。	③若这么重要的数字都出错，会闹出笑话儿的。
交际实践	（在咖啡馆） A：咱们下周二见面，如何？若这个时间你不方便，我们就换一个。 B：下周二，没问题！	（在公司） A：我们是得好好想想问题出在哪里。 B：若能从失败中获得教训，就可能走向成功。	（在办公室） A：你再确认一下儿，若这么重要的数字都出错，会闹出笑话儿的。 B：稍等，我再检查一遍。

◎ 补充例句

①若不是亲眼所见，我真的很难相信。
②若处理得不合适，手术就很容易失败。
③若你不想说，可以不回答。
④若发音不标准，口语考试不会得高分的。
⑤你若不按照我说的去做，这次考试很可能得不到好成绩。
⑥你若碰到他，请告诉他这件事。

◎ 结构特点

（1）"若"一般用在复句中的前一分句，后面常有"就、便"等配合使用。

> （S_1 +）若 + VP_1，S_2（+ 就 / 便）+ VP_2
> 若　处理得不合适，手术　就　很容易失败。
> 若　不按时吃饭，身体　便　会受到很大的伤害。
> 你　若　不按照我说的去做，这次考试　很可能得不到好成绩。

（2）当前后分句的主语一致时，往往只保留一个主语。

> ① S + 若 + VP_1，VP_2
> 你　若　碰到他，请告诉他这件事。
> ② 若 + VP_1，S + VP_2
> 若　不是亲眼所见，我　真的很难相信。

③若 + S + VP₁, VP₂
若 你 不想说，可以不回答。

36 结构助词：所 【六22】

◎ **基本语义及用法**

用在及物动词前，使"所+动"成为名词性短语。多用于书面语。
It is used before a transitive verb to form a nominal phrase. It is usually used in written Chinese.

◎ **典型例句和对话**

例句	①据我所知，这件事不是真的。	②你所做的每个决定我都支持。	③这部电影正是我所喜欢的。
交际实践	（在咖啡厅） A：听说王老师快要结婚了，真的吗？ B：据我所知，这件事不是真的。	（在家） 女儿：我想明年去英国留学。 爸爸：只要你有充分的理由，你所做的每个决定我都支持。	（在教室） A：你对这部电影感兴趣吗？ B：这部电影正是我所喜欢的。

◎ **补充例句**

①我们要把所学的知识运用到生活中去。
②他所了解的情况与事实不符。
③她是大家所熟悉的著名教授。
④如果不了解别人的所思所想，就不要做出评价。
⑤这次所用的计算方法又简单又实用。
⑥老师今天所介绍的只是一些基本方法。

◎ **结构特点**

"（N/Pron +）所 + V + 的"构成名词性短语，可以作主语、定语、宾语。"所"也可以直接与单音节动词组合。

① (N/Pron +) 所 + V + 的

老师 今天 所 介绍 的 只是一些基本方法。(作主语)
她是 大家 所 熟悉 的 著名教授。(作定语)
这部电影正是 我 所 喜欢 的。(作宾语)

② 所 + V单

据我 所 知，这件事不是真的。
如果不了解别人的 所 思 所 想，就不要做出评价。

37 语气助词（1）：罢了

【六 23】

◎ **基本语义及用法**

用在陈述句末尾，表示前面所说的内容不重要、不严重、程度不高。

It is used at the end of a declarative sentence, indicating that what's said previously is not important, serious or high in degree.

◎ **典型例句和对话**

例句	①别生气，我只是开个玩笑罢了。	②他只不过是一时粗心罢了，下次认真些就好了。	③我只是做了我应该做的事情罢了。
交际实践	（在办公室） A：别生气，我只是开个玩笑罢了。 B：希望你以后别再开这种玩笑了。	（在教室） A：天哪！麦克的作业怎么错了那么多？ B：他只不过是一时粗心罢了，下次认真些就好了。	（在车站） 乘客：谢谢你帮我找回了护照。 警察：不客气，我只是做了我应该做的事情罢了。

◎ **补充例句**

①我只是说说罢了，你不要太认真。
②别失望，只是失败一次罢了，以后还会有机会的。
③无非就是通不过这次考试罢了，下次再考。
④不过是丢了一个玩具罢了，至于这么伤心吗？

⑤您客气了,不过一件小事罢了。
⑥不要太担心,只是小感冒罢了。

◎ **结构特点**

"罢了"常常与"不过、只是、无非"等副词配合使用。在复句中,"罢了"可用在前一分句,也可用在后一分句。

① (S+) 不过/只是/无非 + NP/VP + 罢了,……
　　这　不过　一件小事　罢了,不必客气。
　　只是　失败一次　罢了,以后还会有机会的。
　　无非　就是通不过这次考试　罢了,下次再考。
② ……, (S+) 不过/只是/无非 + NP/VP + 罢了
　　您客气了,这　不过　一件小事　罢了。
　　不要太担心,只是　小感冒　罢了。
　　别生气,我　只是　开个玩笑　罢了。

38 语气助词(2):啦 【六23】

◎ **基本语义及用法**

(1) 表示对已经出现的情况加以肯定。

It indicates an affirmation of a situation that has already appeared.

(2) 表示埋怨或不满的情绪。

It expresses complaint or unsatisfaction.

(3) 表示提醒对方注意。

It is used to call the other party's attention.

(4) 表示劝阻。

It is used for dissuasion.

◎ **典型例句和对话**

例句	①我终于把这个问题搞明白啦！	②你上哪儿去啦？怎么这么晚回来？	③妈妈，我回来啦！
交际实践	（在教室） A：我终于把这个问题搞明白啦！ B：你真厉害！这么难的题都算出来了！	（在打电话） A：你上哪儿去啦？怎么这么晚回来？ B：对不起，我去隔壁宿舍聊了会儿天。	（在家） 儿子：妈妈，我回来啦！ 妈妈：好，快点儿洗手吃饭。

◎ **补充例句**

①你年纪也不小啦，有女朋友了吗？
②太激动了，终于能回国啦！
③都十二点了，该睡觉啦！
④你别再问啦，我现在不想回答。
⑤别忘啦，常给奶奶打电话！
⑥你们俩别再吵啦，都冷静一下儿。

◎ **结构特点**

"啦"大多放在句末或分句后，句末常用叹号。

> （S＋）VP＋啦
> 我　终于能回国　啦！（表示加以肯定）
> 你　别再问　啦，我现在不想回答。（表示不满）
> 都十二点了，该睡觉　啦！（表示提醒）
> 你们俩　别再吵　啦，都冷静一下儿。（表示劝阻）

◎ **小提示**

"啦"有时与"行、好"等词组合在一起，可以表示劝阻。例如：
好啦好啦，别再吵啦！
行啦，你少说两句吧！

39 语气助词（3）：嘛 【六 23】

◎ **基本语义及用法**

用在句末，表示事情本应该如此或理由显而易见或表示期望、劝阻。

It is used at the end of a sentence to indicate that something should be so or the reason goes without saying or to express a hope or an attempt to dissuade someone.

◎ **典型例句和对话**

例句	①什么事，你快说嘛！	②是他自己要去嘛，我有什么办法？	③有意见你就提嘛！
交际实践	（在校园） A：今天咱们学校里发生了一件奇怪的事情。 B：什么事，你快说嘛！	（在咖啡厅） A：小王怎么去了那么危险的地方？ B：是他自己要去嘛，我有什么办法？	（在教室） A：老师，我可不可以说说我的观点？ B：当然可以，有意见你就提嘛！

◎ **补充例句**

①我本来就不想去嘛！
②你不说我怎么知道嘛！
③你冷就穿上衣服嘛，别冻着！
④你去问他嘛，他一定知道的。
⑤不让你去，你就别去嘛！
⑥路不平，就走慢一点儿嘛！

◎ **结构特点**

"嘛"主要用在句尾，句末常用叹号。

> S + VP + 嘛！
> 你不说 我 怎么知道 嘛！（表示事情本应如此）
> 我 本来就不想去 嘛！（表示理由显而易见）
> 不让你去，你 就别去 嘛！（表示期望或劝阻）

小提示

"嘛"有时用在句中停顿处,以唤起听话人对下文的注意。例如:

他嘛,聪明得很。

其实嘛,这道题也不太难。

所以嘛,我让你早点儿回家。

40 结构类型:数词+形容词+量词 【六24】

◎ 基本语义及用法

表示量的大小。

It indicates a quantity in terms of scale.

◎ 典型例句和对话

例句	①我刚刚喝了一大杯茶。	②他说了一长串话。	③我要一小碗米饭。
交际实践	(在朋友家) A:快请坐,喝点儿什么? B:不用了,我刚刚喝了一大杯茶。	(在办公室) A:今天老王发言了吗?说了些什么? B:他说了一长串话,不过我没听明白,不知道他说了些什么内容。	(在饭馆) A:你吃多少米饭? B:我要一小碗米饭。

◎ 补充例句

①老张买了一大包花生。

②一小杯水也可以救活一个人。

③他一口气读了一长串数字。

④父子俩各吃了一大碗米饭。

⑤一大张桌子上全都是书。

⑥一个人住,一次买一小袋米就可以了。

◎ 结构特点

格式"数词+形容词+量词"中,数词以"一"为主,形容词多为"大、小、长",量词根据后面所修饰的名词成分变化。

```
一 + 大 / 小 / 长 + M + N
一   大   张   桌子
一   小   碗   饭
一   长   串   数字
```

41 固定短语：或 A 或 B

【六 25】

◎ **基本语义及用法**

（1）表示两种动作行为或状态同时存在或交替出现，相当于"有的……有的……、有时……有时……"，如"或坐或站、或大或小"。

It indicates that two actions or states exist at the same time or take turns to appear, equivalent to "有的……，有的……" (some..., some...) and "有时……有时……" (sometimes..., some other times...), for example, 或坐或站 (some are sitting, and some are standing), 或大或小 (some are big, while others small).

（2）表示要从 A、B 两个选项中进行选择，相当于"或者 A 或者 B"，如"或走或留、或生或死"。

It indicates choosing from A and B, equivalent to "either A or B", for example, 或走或留 (either to leave or to stay), 或生或死 (either to live or to die).

◎ **典型例句和对话**

例句	①每位市民都为这座城市的发展做出过或大或小的贡献。	②这幅画儿共有六个人物，或坐或站。	③或走或留，我们现在必须做选择了。
交际实践	（在电视上） 记者：张市长，这些年您为这座城市做出了非常大的贡献。 张市长：其实，每位市民都为这座城市的发展做出过或大或小的贡献。	（在美术馆） A：这幅画儿共有六个人物，或坐或站，造型都很美观。 B：而且他们每个人的表情都很生动。	（在会议室） A：还是没有消息吗？或走或留，我们现在必须做选择了。 B：再等等结果吧。

◎ 补充例句

①今年大家都或多或少地增加了收入。
②各个企业都有一套或高或低的质量监测管理标准。
③这一去时间或长或短，长的话要一两年，短的话两三个月就能回来。
④这些动物图片或挂或贴，把房间装饰得非常可爱。
⑤她常常一个人待在家里，或坐或躺，一天就这么过去了。
⑥作者自己对生命的认识肯定会或明或暗地反映到作品中。

◎ 结构特点

（1）从内部构造上看，A、B可以是动词，如"或坐或站、或走或留、或生或死、或输或赢"；A、B也可以是形容词，如"或大或小、或多或少、或高或低、或快或慢"。

（2）"或A或B"可以作谓语、定语和状语。

> ① (S +) 或 V_1/Adj_1 或 V_2/Adj_2（作谓语）
>
> **这些动物图片 或 挂 或 贴**，把房间装饰得非常可爱。
>
> **这一去 时间 或长或短**，长的话要一两年，短的话两三个月就能回来。
>
> ② 或 Adj_1 或 Adj_2 + 的 + N（作定语）
>
> 每位市民都为这座城市的发展做出过 **或大或小** 的 **贡献**。
>
> ③ S + 或 Adj_1 或 Adj_2 + 地 + VP（作状语）
>
> **今年 大家 都 或多或少 地 增加了收入**。

42 固定短语：无 A 无 B 【六26】

◎ 基本语义及用法

（1）强调没有，如"无法无天、无依无靠"。

It emphasizes "not having", for example, 无法无天 (disregarding law; lawless and ungovernable), 无依无靠 (having no one to rely on; friendless and helpless).

（2）表示应该有区别但是没有区别，如"无日无夜、无大无小"。

It indicates a distinction should have been made yet not, for example, 无日无夜 ([to work, etc.] day and night), 无大无小 (to show no respect for one's elders).

◎ 典型例句和对话

例句	①这孩子再不管管就无法无天了。	②他一个人在北京无依无靠。	③这个不错,无毒无害,不伤皮肤,你试试吧!
交际实践	(在家) 妈妈:这孩子再不管管就无法无天了。 爷爷:现在他只怕他爸爸一个人,别人管不了了。	(在家) 儿子:杰克他一个人在北京无依无靠,挺不容易的。 妈妈:那你多叫他来咱们家玩儿。	(在商场) 顾客:你能给我介绍一下儿这个产品吗? 营业员:这个不错,无毒无害,不伤皮肤,你试试吧!

◎ 补充例句

①我无儿无女,一个人吃饱全家不饿。
②妈妈无时无刻不在想念着在国外留学的孩子。
③这个世界上没有无缘无故的爱,也没有无缘无故的恨。
④我无日无夜不在想念着远方的亲人。
⑤工作无好无坏,你喜欢就好好干。
⑥这是作家想象中的形象,无美无丑,无好无坏,读者可以自己判断。

◎ 结构特点

"无 A 无 B"是四字格固定短语。

(1)从内部构造上看,A、B 可以是名词,如"无儿无女、无缘无故";A、B 也可以是动词,如"无穷无尽、无依无靠";A、B 还可以是形容词,如"无大无小、无美无丑"。

(2)"无 A 无 B"可以作谓语、定语和状语。

① S + 无 V_1 无 V_2(作谓语)
他 一个人在北京 无依无靠,挺不容易的。
② S + 无 N_1 无 N_2 + VP(作状语)
妈妈 无时无刻 不在想念着在国外留学的孩子。
③ 无 N_1 无 N_2 + 的 + N(作定语)
这个世界上没有 无缘无故 的 爱,也没有 无缘无故 的 恨。

43 固定短语：A 这 A 那

◎ 基本语义及用法

表示动作涉及众多事物，用于口语。
It indicates that the action involves a large scale of things. It is used in spoken Chinese.

◎ 典型例句和对话

例句	①他总是很耐心地听她说这说那。	②他这个人真是麻烦，总是嫌这嫌那的。	③你出门在外别怕这怕那，要大胆一点儿。
交际实践	（在学校） A：山本对女朋友的照顾真是太细致了。 B：是啊，他总是很耐心地听她说这说那。	（在咖啡店） A：你们新来的经理怎么样？ B：他这个人真是麻烦，总是嫌这嫌那的。	（在机场） 爸爸：你出门在外别怕这怕那，要大胆一点儿。 女儿：好的，你们放心吧。

◎ 补充例句

①孩子总是喜欢拉着大人问这问那。
②她总说家里缺这缺那的，让我买很多东西。
③她是个好女儿，经常给父母买这买那。
④你别老想这想那，小心晚上睡不着。
⑤我在博物馆看这看那，眼睛都忙不过来了。
⑥他给邻居送这送那，热情得不得了。

◎ 结构特点

四字格固定短语"A 这 A 那"中的 A 是单音节动词，整个短语一般作谓语。"A 这 A 那"所在的小句*不能独立成句，前边或后边会有其他小句。

---

* 小句是最小的具有表述性和独立性的语法单位。小句可以是单句、复句中的分句，一个小句一般是一个主谓短语。

① S + V 这 V 那，……

他　给邻居　送这送那，热情得不得了。

②……，(S+) V 这 V 那

她是个好女儿，经常给父母　买这买那。

💡 小提示

A 也可以是双音节动词或动词性短语。例如：

你们天天讨论这讨论那，讨论出什么来了？

你看不惯这看不惯那，到底想干什么？

你要相信我和孩子，别老不放心这不放心那。

44 固定短语：左 A 右 B

【六 28】

◎ **基本语义及用法**

强调同类行为的反复，如"左躲右闪、左挑右选、左思右想"。

It emphasizes the repetition of actions of the same kind, for example, 左躲右闪 (to hide and dodge), 左挑右选 (to pick and choose), 左思右想 (to think from different angles).

◎ **典型例句和对话**

例句	①他左躲右闪，终于把球踢进了球门。	②第一次出门，他兴奋得左瞧右看，眼睛都不够用了。	③我左说右劝，家人总算同意我辞职创业了。
交际实践	（在家看电视） A：最后一个球是五号踢进去的吗？ B：是的。他左躲右闪，终于把球踢进了球门。	（在公园） A：你带着儿子去北京旅行，玩儿得怎么样？ B：第一次出门，他兴奋得左瞧右看，眼睛都不够用了。	（在公司） A：麦克，你真的决定辞职啊，你家人同意吗？ B：我左说右劝，家人总算同意我辞职创业了。

◎ 补充例句

①他在球场上左冲右撞，被裁判罚下了场。
②他左思右想，觉得这件事不能这样就完了。
③妈妈在商场左挑右选，终于选中了一件红毛衣。
④我们左说右劝，可是她还是坚持要退出比赛。
⑤竹子被风吹得左摇右摆，快去固定一下儿。
⑥同学们上课的时候不要左瞧右看，注意力要集中。

◎ 结构特点

（1）"左A右B"是四字格固定短语。A、B一般是意思相同或相近的不同动词，如"左说右劝、左瞧右看、左挑右选、左躲右闪、左冲右撞"。

（2）"左A右B"不能带宾语，主要作谓语、补语。"左A右B"作谓语时不能独立成句，后边一般要出现其他小句。

① S + 左 V_1 右 V_2，……（作谓语）
　他　左躲右闪，终于把球踢进了球门。
　我　左说右劝，家人总算同意我辞职创业了。
② S + VP/Adj + 得 + 左 V_1 右 V_2，……（作补语）
　竹子　被风吹　得　左摇右摆，快去固定一下儿。
　他　兴奋　得　左瞧右看，眼睛都不够用了。

45 固定短语：不怎么 【六29】

◎ 基本语义及用法

用在动词前表示不喜欢或不经常做某件事，也可以用在形容词前表示某种东西的特征不明显或程度不深。

It is used before a verb to indicate that one does not like to do something or does not do it often or before an adjective to indicate that a characteristic of something is not apparent or the degree is not deep.

◎ 典型例句和对话

例句	①这件衣服不怎么好看，换一件吧。	②他不怎么在乎这些小事。	③他今天好像不怎么舒服。
交际实践	（在商场） A：你觉得这件衣服怎么样？ B：这件衣服不怎么好看，换一件吧。	（在公司） A：昨天我用了他的打印机，他不会生气吧？ B：不会的，他不怎么在乎这些小事。	（在学校） A：还没放学呢，杰克怎么提前回宿舍了？ B：他今天好像不怎么舒服。

◎ 补充例句

①大卫不怎么迟到，偶尔迟到也是因为有重要的事。
②她不怎么喜欢旅游，放假都是一个人待在家里。
③我最近状态不怎么好，工作的效率很低。
④哥哥的工作很忙，所以他不怎么回家。
⑤妹妹长得不怎么漂亮，但非常可爱。
⑥中村的感冒不怎么严重，所以仍然坚持来上课。

◎ 结构特点

"不怎么"后可以加形容词性成分，表示程度不深；也可以加动词性成分，表示不喜欢或不经常做某事。

> ① S + 不怎么 + Adj
> 　这件衣服　不怎么　好看，换一件吧。
> ② S + 不怎么 + VP
> 　哥哥的工作很忙，所以　他　不怎么　回家。

💡 小提示

"不怎么 + V"结构强调的是动作发生的频率不高，所以不能和表示时态的"着、了、过"同时出现。例如：

＊哥哥的工作很忙，所以不怎么回过家。
＊哥哥的工作很忙，所以不怎么回家了。
　哥哥的工作很忙，所以不怎么回家。

46 固定短语：不怎么样 【六30】

◎ **基本语义及用法**

有"不满意、不好"的意思，表达主观感受。多用于口语。

It means "unsatisfactory; not good", expressing a subjective feeling, usually used in spoken Chinese.

◎ **典型例句和对话**

例句	①她跳舞跳得不怎么样。	②不怎么样。	③我的口语很好，汉字写得不怎么样。
交际实践	(在剧场) A：你觉得这位女演员跳舞跳得好吗？ B：她跳舞跳得不怎么样。	(在商场) A：你看这件衣服怎么样？ B：不怎么样。	(在教室) A：你的中文学得怎么样？ B：我的口语很好，汉字写得不怎么样。

◎ **补充例句**

①我期末考试考得不怎么样。
②他这次写书法写得不怎么样。
③这家餐厅不仅菜不怎么样，而且服务态度也不好。
④他刚学会开车，技术还不怎么样。
⑤这套房子虽然比较便宜，但是周围的环境不怎么样。
⑥他打篮球打得不怎么样。

◎ **结构特点**

"不怎么样"可以出现在"V得不怎么样"句式中，V为单音节动词，也可以出现在名词性成分后面。

> ① S + V$_单$ + O + V$_单$ + 得 + 不怎么样
> 这位女演员 跳 舞 跳 得 不怎么样。
> 他 这次 写 书法 写 得 不怎么样。

② NP + 不怎么样

他刚学会开车，技术还不怎么样。
这套房子虽然比较便宜，但是周围的环境不怎么样。

小提示

"不怎么样"可以单独成句，用来表示事物的状态或某种情况不令人满意。例如：
女儿：这件衣服怎么样？
妈妈：不怎么样。
"不怎么样"不能描述心理状态。例如：
*心里不怎么样。

47 固定短语：好（不）容易 【六31】

◎ **基本语义及用法**

表示花了很多力气才做到某件事。
It means that it has taken a lot of effort to achieve something.

◎ **典型例句和对话**

例句	①我好不容易给你争取来这个机会，你怎么能不抓住呢？	②你好容易走到这一步，怎么能说放弃就放弃呢？	③我好不容易说服他来参加比赛，你一定要留住他。
交际实践	（在学校） 学生：老师，这次写作比赛，我不想参加了。 老师：我好不容易给你争取来这个机会，你怎么能不抓住呢？	（在家） 儿子：我不打算去国外留学了。 妈妈：你好容易走到这一步，怎么能说放弃就放弃呢？	（在体育场） 同学：班长，吉米让我替他请个假。 班长：我好不容易说服他来参加比赛，你一定要留住他。

◎ **补充例句**

①马克好不容易才考了第一名,我们应该好好表扬表扬他。
②山路太难走了,我们好不容易才爬到山顶。
③她好容易才不哭了,你就别提她的伤心事了。
④你好不容易才找到这份工作,怎么能随便辞职呢?
⑤作业太多了,我好容易才写完。
⑥她连续工作了那么多天,今天好容易才有空儿休息。

◎ **结构特点**

"好(不)容易"常与副词"才"配合使用,后边一般加动词性成分。

> S + 好(不)容易(+才)+ VP
> 我　好不容易　　给你争取来这个机会,你怎么能不抓住呢?
> 她　好容易　才　不哭　了,你就别提她的伤心事了。

💡 **小提示**

"好(不)容易"表示不容易,因此前面不能再出现"不、没、没有"等表示否定的词。例如:

＊她不好容易才哭了,你就别提她的伤心事了。
　她好容易才不哭了,你就别提她的伤心事了。

48 固定短语:那倒(也)是 【六32】

◎ **基本语义及用法**

表示对情况的肯定,但有退而求其次、让步的意味。
It indicates the affirmation of a situation, but implies a compromise and concession.

◎ 典型例句和对话

例句	①现在看来，那倒是个很好的办法。	②实在没办法，那倒也是个办法。	③那倒也是。
交际实践	（在公司） A：当年我们没有别的选择，只能这样。 B：现在看来，那倒是个很好的办法。	（在公司） A：如果公司还是一直资金不足，就去银行贷款吧。 B：实在没办法，那倒也是个办法。	（在教室） A：如果能找到失败的原因，那倒是件值得高兴的事。 B：那倒也是。

◎ 补充例句

①如果能按你说的这么做，那倒是方便。
②大卫考完试还得准备足球比赛，那倒也是辛苦。
③如果放假不出去旅游而是在家陪父母，那倒也是个不错的选择。
④尽管出了点儿错，但他还是努力地去把事做好，那倒也是应该表扬一下儿的。
⑤虽然经历了很多困难，但总算完成了任务，那倒也是一个不错的结果。
⑥你想考一个及格的成绩，那倒是不难。

◎ 结构特点

（1）"那倒（也）是"后面可加名词性成分、形容词或动词性成分，多用于后一分句。

> ……，那倒（也）是 + NP/Adj/VP
> 现在看来，那倒也是 一个很好的办法。
> 如果能按你说的这么做，那倒是 方便。
> 尽管出了点儿错，但他还是努力地去把事做好，那倒也是 应该表扬一下儿的。

（2）"那倒（也）是"可以单独成句。

> A：如果能找到失败的原因，那倒是件值得高兴的事。
> B：那倒也是。

💡 小提示

"那倒（也）是"只能放在后面分句的开头或单独成句，不能放在句首或句中。

49 固定短语：就是说 / 这就是说　【六33】

◎ **基本语义及用法**

用来对前面的话进行解释，也可以用来表示推断，相当于"所以"。

It means "that is to say", used to explain what's said previously or to make an inference in the same way as 所以 does.

◎ **典型例句和对话**

例句	①就是说，他是一个不诚实的人。	②这就是说，责任不在你，你千万不要怪自己。	③世界上没有完美的人。这就是说，每个人都有缺点。
交际实践	（在学校） A：其实他昨天根本没生病，就是不想参加我们的活动。 B：就是说，他是一个不诚实的人。	（在家） 妻子：都怪我，竟然没注意到酸奶的生产日期，还买回家给孩子喝。 丈夫：商店明明知道酸奶质量有问题，还要出售。这就是说，责任不在你，你千万不要怪自己。	（在公司） A：世界上没有完美的人，这就是说，每个人都有缺点。 B：所以我们都要不停地改错，才能不断地完善自己。

◎ **补充例句**

①尊重是相互的。就是说，你尊重别人，别人才会尊重你。
②这就是说，实践才能检验出真理。
③车上的指示灯亮了。这就是说，油箱没油了。
④经理让你回去好好准备。就是说，你还有机会。
⑤受到经济危机的影响，这家公司的产品一直找不到市场。这就是说，公司随时可能倒闭。

⑥人如果满足于现状，就不会进步。就是说，你得从现在起重新规划了。

◎ **结构特点**

"就是说、这就是说"作插入语，通常用在表示推断或解释的句子之前。

> 就是说 / 这就是说，S + P
>
> 就是说，他 是一个不诚实的人。（表示推断）
>
> 世界上没有完美的人。这就是说，每个人 都有缺点。（表示解释）

小提示

"就是说、这就是说"前不能出现主语。例如：

* 他就是说，他是一个不诚实的人。

　就是说，他是一个不诚实的人。

50 固定短语：算了 【六34】

◎ **基本语义及用法**

（1）用作动词，表示作罢，不计较某事，常带有规劝的语气。

It is used as a verb to indicate dropping or passing over something, usually expressing a tone of exhortation.

（2）用作语气助词，用在句末，表示祈使、终止等语气。

It is used as a modal particle at the end of a sentence to express an imperative or dissuasive tone.

◎ **典型例句和对话**

例句	①这件事就这样算了吧。	②他不去算了，不要为难他了。	③算了，你说不过他的。
交际实践	（在办公室） A：你就不想追究他的责任了吗？ B：他已经道歉了，我也有一定的问题，这件事就这样算了吧。	（在学校） A：这么重要的活动，马克怎么能不参加呢？ B：他不去算了，不要为难他了。	（在学校） A：不行，我得好好问问他。 B：算了，你说不过他的。

◎ **补充例句**

①你别等了,早点儿去算了。
②既然你不愿意陪我去逛街,那就算了。
③我们已经尽力了,再不成功就算了。
④今天看来是干不完了,就干到这里算了。
⑤这种事听听就算了,不必放在心上。
⑥他不想吃饭就算了,我们先吃吧。

◎ **结构特点**

(1)用作动词,表示不计较某事。

> ……(+就)+算了(+吧)
> 这件事就这样　算了　吧。
> 既然你不愿意陪我逛街,那　就　算了。

(2)用作语气助词,位于句末,表示劝别人做某事。

> ……,VP(+就)+算了
> 今天看来是干不完了,就干到这里　算了。
> 你别等了,早点儿去　算了。

(3)单用,表示规劝的语气。

> 甲:不行,我得好好问问他。
> 乙:算了,你说不过他。

💡 **小提示**

"算了"通常出现在具有消极态度的句子中,是一种没有办法的选择。例如:
他不去算了,不要为难他了。
他不想吃饭就算了,我们先吃吧。

51 固定格式：A 一＋量词，B 一＋量词 【六 35】

◎ **基本语义及用法**

"A 一＋量词，B 一＋量词"是对举格式。从内部构造来说，可以细分为以下几种情况：

In terms of its internal construction, this antithetical structure comes in the following forms:

（1）"形容词₁＋一＋量词，形容词₂＋一＋量词"，表示不同的状态共同存在或交替出现，如"青一块，紫一块；高一声，低一声；深一脚，浅一脚"。

"Adjective₁ ＋ 一 ＋ measure word, adjective₂ ＋ 一 ＋ measure word" indicates different states coexist or alternate with each other, for example, "青一块，紫一块" (black-and-blue marks), "高一声，低一声" (alternating high and low voices), "深一脚，浅一脚" (alternating deep and shallow footprints).

（2）"代词₁＋一＋量词，代词₂＋一＋量词"，表示按照顺序依次进行，如"你一下儿，我一下儿；你一句，他一句；我一口，你一口"。

"Pronoun₁ ＋ 一 ＋ measure word, pronoun₂ ＋ 一 ＋ measure word" indicates taking turns to do something, for example, "你一下儿，我一下儿" (the two of us take turns), "你一句，他一句" (your words followed by his), "我一口，你一口" (I take a bite and you take a bite).

（3）"方位名词₁＋一＋量词，方位名词₂＋一＋量词"，表示数量多或零散、杂乱、没有顺序，如"左一件，右一件；东一句，西一句；东一下儿，西一下儿"（具体参见【六 36】）。

"Location noun₁ ＋ 一 ＋ measure word, location noun₂ ＋ 一 ＋ measure word" indicates being multitudinous, scattered, in a mess or out of order, for example, "左一件，右一件" (scattered here and there), "东一句，西一句" (disorganized speech), "东一下儿，西一下儿" (to act haphazardly). (See the next entry.)

◎ 典型例句和对话

例句	①他摔得很严重，身上青一块，紫一块的。	②大家你一句，我一句，搞得我反而没了主意。	③他俩说着话，突然你一下儿、我一下儿地打起来了。
交际实践	（在教室） A：听说你去医院看大卫了，他怎么样了？ B：他摔得很严重，身上青一块，紫一块的。	（在餐厅） A：大家你一句，我一句，搞得我反而没了主意。 B：那你可得根据自己的情况做出选择。	（在办公室） A：他俩说着话，突然你一下儿、我一下儿地打起来了。 B：真不敢相信，他们可是几十年的朋友了。

◎ 补充例句

①孩子们围在她身边，高一声、低一声地喊着"妈妈"。
②同学们踩着厚厚的雪，深一脚，浅一脚，终于走到学校了。
③大家你一句，他一句，最后形成了一个初步方案。
④他们不停地干杯，你一口，我一口，不一会儿就把酒喝光了。
⑤他左一句、右一句的"谢谢您"，客气得不得了。
⑥我们左一趟、右一趟地去请，王教授最终答应来演讲了。

◎ 结构特点

"A一+量词，B一+量词"可以作谓语、定语、状语。

① S + $Adj_1/Pron_1$ 一 M，$Adj_2/Pron_2$ 一 M，……（作谓语）
他摔得很严重，身上 青一块，紫一块 的。
大家 你一句，我一句，搞得我反而没了主意。

② $Pron_1/N_{方位1}$ 一 M、$Pron_2/N_{方位2}$ 一 M + 的 + NP（作定语）
听着 你一声、他一声 的"好好休息、注意身体"，我心里非常感动。
他 左一句、右一句 的"谢谢您"，客气得不得了。

③ $Adj_1/Pron_1/N_{方位1}$ 一 M、$Adj_2/Pron_2/N_{方位2}$ 一 M + 地 + VP（作状语）
孩子们围在她身边，高一声、低一声 地 喊着"妈妈"。
他俩说着话，突然 你一下儿、我一下儿 地 打起来 了。
我们 左一趟、右一趟 地 去请，王教授最终答应来演讲了。

52 固定格式：东一A，西一A

【六36】

◎ **基本语义及用法**

"东……西……"的意思是"这里……那里……"。"东一A，西一A"表示零散、杂乱、没有顺序。

"东……西……" means "here... there...". "东一A，西一A" indicates being scattered, in a mess or out of order.

◎ **典型例句和对话**

例句	①天黑还下雨，他东一脚、西一脚地赶回来了。	②他说话东一句，西一句，完全没有重点。	③他做事情总是东一下儿，西一下儿，既无计划更无耐心。
交际实践	（在家） 爸爸：儿子回来了吗？ 妈妈：洗澡呢。天黑还下雨，他东一脚、西一脚地赶回来了，身上都湿透了。	（在会议室） 评委A：大家觉得一号选手的表达能力怎么样？ 评委B：他说话东一句，西一句，完全没有重点。	（在公司） 经理：你们项目的那个实习生表现怎么样？ 项目经理：你说那个新来的？他做事情总是东一下儿，西一下儿，既无计划更无耐心。

◎ **补充例句**

①公园的树林东一片，西一片，没有整体规划。
②你的衣服东一件，西一件，扔得哪儿都是。
③这些图案东一块，西一块，你的画儿想表达什么？
④书房里摆满了书，客厅里也是东一堆、西一堆的书。
⑤最近他东一本、西一本地看了不少书。
⑥这个村子人不多，东一户、西一户地分布在大山里。

◎ **结构特点**

A是量词，"东一A，西一A"一般作谓语，也可以作定语、状语。例如：

①S+东一M，西一M，……（作谓语）

他说话 东一句，西一句，完全没有重点。

他做事情 总是 东一下儿，西一下儿，既无计划更无耐心。

②东一M、西一M+的+N（作定语）

书房里摆满了书，客厅里也是 东一堆、西一堆 的 书。

③东一M（、）西一M+地+VP（作状语）

天黑还下雨，他 东一脚、西一脚 地 赶回来 了。

53 固定格式：为了……而……

【六37】

◎ **基本语义及用法**

表示由于某个原因导致某种结果，或者为达到某个目的采取某种行动。

It means "for the sake of", indicating a certain reason causing a certain result or taking a certain action for a certain purpose.

◎ **典型例句和对话**

例句	①你为了这么一件小事而生气，不值得。	②他为了这次比赛而努力了很久。	③这是为了讨论改善环境问题而召开的会议。
交际实践	（在打电话） A：他竟然跟我开这样的玩笑，气死我了。 B：你为了这么一件小事而生气，不值得。	（在教室） A：演讲比赛取消了，大卫非常难过。 B：太可惜了，他为了这次比赛而努力了很久。	（在办公室） A：领导说让大家马上去开会，是什么会啊？ B：这是为了讨论改善环境问题而召开的会议。

◎ **补充例句**

①有些家长为了孩子而改变了自己的人生。

②这里所有的人都在为了梦想而努力。

③他为了实现去中国留学的愿望而去咖啡馆打工挣钱。

④这些产品是为了满足人们的需要而生产出来的。
⑤王老师为了检查学生的预习情况而设计了这套练习题。
⑥这是专门为了这次运动会而设计的邮票。

◎ **结构特点**

"为了A而B"一般作谓语,也能作定语。A可以是名词性成分,也可以是动词性成分;"而"起连接作用;B一般是动词性成分或形容词性成分。

① S + 为了 + NP/VP₁ + 而 + AP/VP₂(作谓语)
 他 为了 这次比赛 而 努力了很久。
 他 为了 实现去中国留学的愿望 而 去咖啡馆打工挣钱。
② 为了 + NP/VP + 而 + V + 的 + N(作定语)
 这是专门 为了 这次运动会 而 设计 的 邮票。
 这是 为了 讨论改善环境问题 而 召开 的 会议。

54 趋向补语5:表示状态意义(引申用法)(1):形容词 + 下来/下去

【六39】

◎ **基本语义及用法**

用在形容词后边,"下来"表示某种状态开始出现并继续发展,强调开始出现;"下去"表示某种状态已经存在并将继续发展,强调继续发展。

When used after an adjective, 下来 indicates that a certain state appears and continues to develop, emphasizing the beginning, while 下去 indicates that a certain state exists and will continue to develop, emphasizing continuing development.

◎ **典型例句和对话**

例句	①等老师来了，大家很快就会安静下来。	②火车慢下来了，要进站了。	③他对工作的兴趣渐渐淡了下去。
交际实践	（在教室） A：快要上课了，教室里怎么这么热闹啊？ B：等老师来了，大家很快就会安静下来。	（在火车上） A：火车慢下来了，要进站了。 B：我们赶紧把东西收拾收拾吧。	（在办公室） A：经历了这次事故后，他对工作的兴趣渐渐淡了下去。 B：他一定是受了很大的刺激吧。

◎ **补充例句**

①天渐渐黑下来了。
②开始锻炼后，我渐渐瘦下来了。
③看见女儿哭了，爸爸的态度一下子温和下来了。
④他的声音低了下去，后面的话我就听不清楚了。
⑤事情过去了，她的心终于平静下来了。
⑥海浪已经平静下去了。

◎ **结构特点**

> S + Adj + 下来 / 下去
>
> 火车　慢　下来　了，要进站了。
> 海浪　已经　平静　下去　了。

55 趋向补语5：表示状态意义（引申用法）(2)：动词 + 起来

【六39】

◎ **基本语义及用法**

用在动词后边，"起来"表示动作完成或达到目的，兼有聚拢、结合的意思。
When used after a verb, 起来 indicates the completion of an action or the attainment of a goal. It can also indicate gathering or union.

◎ 典型例句和对话

例句	①我们先把礼物藏起来。	②手机别到处放，你快收起来吧。	③请帮我把这个盒子包起来。
交际实践	（在家） 弟弟：我看爸爸到楼下了。 姐姐：我们先把礼物藏起来，给他个惊喜吧。	（在火车上） A：手机别到处放，你快收起来吧。 B：好的，谢谢提醒，我马上收起来。	（在商店） 顾客：请帮我把这个盒子包起来。 营业员：没问题。

◎ 补充例句

①这两笔钱加起来一共是多少？
②老师想把大家的问题集中起来。
③你把头发扎起来，会凉快一点儿。
④这座桥是由几十条船连起来的。
⑤你把衣服收拾起来吧。
⑥大家必须团结起来，才能战胜当前的困难。

◎ 结构特点

> S（+把+O）+V+起来
> 你 把 衣服 收拾 起来 吧。

💡 小提示

"起来"表示状态意义时，动词的对象一般出现在动词前边。如：
* 你收起来手机吧。
　手机你收起来吧。
　你把手机收起来吧。
* 你扎起来头发，会凉快一点儿。
　你把头发扎起来，会凉快一点儿。

56 趋向补语5：表示状态意义（引申用法）(3)：动词+过来/过去

【六39】

◎ **基本语义及用法**

用在动词后，"过来"表示恢复或转变到正常的、积极的状态；"过去"表示失去正常的状态，多用于不好的意思。

When used after a verb, 过来 means restoring or returning to a normal, positive state, while 过去 means losing the normal state, usually used for undesirable situations.

◎ **典型例句和对话**

例句	①经过医生的抢救，他终于醒过来了。	②你把这几个小错误改过来就可以了。	③小云刚才突然昏过去了。
交际实践	（在医院门口） A：王教授现在身体怎么样了？ B：经过医生的抢救，他终于醒过来了。	（在办公室） 玛丽：老师，我的论文还要进行大的修改吗？ 老师：不用，你把这几个小错误改过来就可以了。	（在运动会上） A：小云刚才突然昏过去了，怎么办？ B：别着急，我马上叫医生过来。

◎ **补充例句**

①医生把那个病人救过来了。
②听了你的分析，我才明白过来。
③你要把不健康的生活习惯调整过来。
④到最后，大部分人才觉悟过来。
⑤快叫医生，病人昏过去了。
⑥事故发生得太突然了，司机还没来得及反应就死过去了。

◎ **结构特点**

"过来、过去"表示状态意义时，"V+过来/过去"一般不带宾语。

```
S + V + 过来/过去
他 终于 醒 过来 了。
医生 把那个病人 救 过来 了。
小云 刚才突然 昏 过去 了。
```

💡 **小提示**

跟"过来"搭配的动词比较有限,如"醒、改、救、明白、觉悟、调整"等;跟"过去"搭配的动词限于"昏、晕、死"等几个。

57 "把"字句4:表致使(1):主语(非生物体)+ 把+宾语+动词+其他成分

【六40】

◎ **基本语义及用法**

在宾语前面用"把"组成介词短语作状语的一种句子,表示事物(非生物体)对人或物产生的影响或造成的结果。

It is a sentence in which the object, together with 把 preceding it, serves as an adverbial modifier, indicating the influence or consequence that the subject (an inorganic matter) brings to somebody or something.

◎ **典型例句和对话**

例句	①这双鞋把脚磨破了。	②外面的声音把我吵醒了。	③这里美丽的风景把我迷住了。
交际实践	(在商店门口) A:我想进去买双新鞋,这双鞋把脚磨破了。 B:那我们进去看看。	(在家) 妈妈:怎么这么晚还不睡觉? 儿子:我本来已经睡着了,外面的声音把我吵醒了。	(在山上) A:时间不早了,快下山吧! B:这里美丽的风景把我迷住了,真想一直留在这儿。

◎ 补充例句

①水果刀把我的手划破了。
②太阳把湿衣服晒干了。
③雨水把窗户打湿了。
④头发把她的眼睛挡住了。
⑤这个相声把大伙儿笑得肚子疼。
⑥这部电影把现场观众看哭了。

◎ 结构特点

"把"字句"主语（非生物体）+ 把 + 宾语 + 动词 + 其他成分"中的动词一般为单音节动词，"其他成分"是指动词后说明结果的补语。

> ①肯定形式：
>   S（非生物体）+ 把 + O + $V_单$ + C + 了
>   这双鞋　把　脚　磨　破　了。
>   外面的声音　把　我　吵　醒　了。
> ②否定形式：
>   S（非生物体）+ 没/没有 + 把 + O + $V_单$ + C
>   这双鞋　没/没有　把　脚　磨　破。

小提示

（1）这个结构的否定形式一般是在"把"前面加"没"或者"没有"，不能加"不"。例如：

　　＊这双鞋不把脚磨破。
　　　这双鞋没/没有把脚磨破。

（2）时间副词、否定副词要放在"把"前面，不能放在"把"字短语和谓语动词之间。例如：

　　＊外面的声音把我刚刚吵醒了。
　　　外面的声音刚刚把我吵醒了。
　　＊这双鞋把脚没/没有磨破。
　　　这双鞋没/没有把脚磨破。

58 "把"字句4：表致使（2）：主语+把+宾语（施事）+动词+其他成分

【六40】

◎ 基本语义及用法

在宾语前面用"把"组成介词短语作状语的一种句子，表示对人或物产生的影响或造成的结果。

It is a sentence in which the object, together with 把 preceding it, serves as an adverbial modifier, indicating the influence or consequence produced on somebody or something.

◎ 典型例句和对话

例句	①他把爸爸气得一夜没睡。	②他把大伙儿笑得肚子疼。	③孩子把妈妈感动得流下了眼泪。
交际实践	（在家） 妈妈：哥哥又跟爸爸吵架了，他把爸爸气得一夜没睡。 弟弟：他可真得改改这个臭脾气了。	（在公司） A：老张说的笑话儿可真有趣。 B：可不是嘛，他把大伙儿笑得肚子疼。	（在客厅） 儿子：电视上这个孩子太感人了，做的事恐怕大人都做不到。 妈妈：可不是嘛，你看孩子把妈妈感动得流下了眼泪。

◎ 补充例句

①警察把小偷儿吓得不敢动了。
②他把爸爸愁得在房间走来走去。
③大卫把大伙儿乐坏了。
④他快把他妈妈气疯了。
⑤他把自己都吓了一跳。
⑥动物园里的大熊猫把游客乐得哈哈大笑。

◎ 结构特点

S + 把 + O（施事）+ VP/AP
他　把　爸爸　气得一夜没睡。

59 被动句4：主语＋被/叫/让＋宾语＋给＋动词＋其他成分

【六41】

◎ **基本语义及用法**

在谓语动词前面，用介词"被、叫、让"引出施事的被动句，表示事情发生或者事物发生变化后产生的结果。

It is a passive sentence where 被/叫/让 is used before the predicate verb to introduce the agent of the action, indicating the occurrence of something or the result caused by the change in something.

◎ **典型例句和对话**

例句	①杯子被她不小心给摔碎了。	②她的小猫叫人给抱走了。	③这件事差点儿让我给忘了。
交际实践	（在公司） A：我的杯子怎么破成这样了？ B：是小华，杯子被她不小心给摔碎了，她说要给你买个新的。	（在学校门口） A：你妹妹今天怎么哭得那么伤心？ B：她的小猫叫人给抱走了，一直没找回来。	（在教室） A：明天是玛丽的生日，你准备送什么礼物？ B：这件事差点儿让我给忘了，我这就去选礼物。

◎ **补充例句**

①伞被他给落在家里了。
②会议时间让我给搞错了。
③衣服叫他给穿反了。
④零食全部被弟弟给吃光了。
⑤花园里的花几乎叫他给摘完了。
⑥我的手让刀给划伤了。

◎ **结构特点**

被动句"主语＋被/叫/让＋宾语＋给＋动词＋其他成分"中的动词一般为单音节动词，"其他成分"是指动词后说明结果的补语成分，也可以是"了"。

> S + 被/叫/让 + O + 给 + V单(+C) + 了
> 杯子 被 她 不小心 给 摔碎 了。
> 自行车 叫 小偷儿 给 偷 走 了。
> 这件事 差点儿 让 我 给 忘 了。

60 并列复句：时而……，时而…… 【六42】

◎ **基本语义及用法**

表示不同的现象或事情在一定时间内交替发生。

It indicates different phenomena or matters alternate with each other during a certain period of time.

◎ **典型例句和对话**

例句	①这儿的天气变来变去，时而晴天，时而下雨。	②生活就是这样，时而让人失望，时而让人充满信心。	③她的情绪很不稳定，时而积极，时而消极。
交际实践	（在机场大巴上） 乘客：我第一次来这儿出差，想知道这儿的天气怎么样。 司机：这儿的天气变来变去，时而晴天，时而下雨。	（在咖啡馆） A：没想到上次面试失败了，这次的面试却顺利通过了。 B：生活就是这样，时而让人失望，时而让人充满信心。	（在学校） 老师：这件事对她影响太大了，她受得了吗？ 学生：她的情绪很不稳定，时而积极，时而消极。

◎ **补充例句**

①他时而低头读书，时而抬头看向窗外。
②爸爸对我们时而温和，时而严厉。
③我听到了远处的歌声，时而高，时而低，非常好听。
④随着季节的变换，那些树的叶子时而深绿，时而浅黄。
⑤她对人时而冷，时而热，说不清是什么性格。
⑥这里的冬天不怎么出太阳，时而阴天，时而下雪。

◎ **结构特点**

"时而……，时而……"所连接的前后两个分句中的谓语（动词性成分或形容词性成分）应该为相同结构。

> S + 时而 + Adj_1/VP_1，时而 + Adj_2/VP_2
> 爸爸 对我们 时而 温和，时而 严厉。
> 他 时而 低头读书，时而 抬头看向窗外。

61 并列复句：一时……一时……

【六43】

◎ **基本语义及用法**

前一分句表示事物或现象的一种状态，后一分句表示事物或现象的另一种状态，说明某个事物或现象不稳定。

The first clause indicates one state of a matter or phenomenon, and the second clause indicates another state, indicating the unstableness of the matter or phenomenon.

◎ **典型例句和对话**

例句	①年纪太大了，身体一时好一时坏。	②这家公司的产量一时上升一时下降。	③他的情绪有波动，一时高兴一时悲伤。
交际实践	（在打电话） 妈妈：奶奶年纪太大了，身体一时好一时坏，你多回来陪陪她。 儿子：好的，妈妈。	（在公司） 经理：这家公司的产量怎么样？ 员工：这家公司的产量一时上升一时下降，不太稳定。	（在教室） A：遇到这么大的打击，他最近状态怎么样？ B：他的情绪有波动，一时高兴一时悲伤。

◎ **补充例句**

①她的工作时间很灵活，一时紧张一时轻松。
②他的成绩很不稳定，一时好一时差。
③这段时间天气变化快，一时冷一时热。
④人们对政策的态度也在变，一时支持一时反对。
⑤他的情绪一时冷静一时冲动，不太稳定。
⑥这家公司的产品价格一时高一时低，不断地波动。

◎ **结构特点**

"一时……一时……"所连接的前后两个分句中的谓语（动词性成分或形容词性成分）应该为相同结构。

> (S +) 一时 + Adj₁/V₁ + 一时 + Adj₂/V₂
> 奶奶的身体 一时 好 一时 坏。
> 他的情绪 一时 冷静 一时 冲动，不太稳定。
> 人们对政策的态度 也在变，一时 支持 一时 反对。

62 承接复句：……便……

【六44】

◎ **基本语义及用法**

表示某个动作刚发生，另一个动作紧接着发生。
It means that one action follows another immediately.

◎ **典型例句和对话：**

例句	①我一走出校门，抬头便看见了她。	②她放下电话，衣服都没换便往医院赶。	③一回到家，他便看到了桌子上的饭菜。
交际实践	(在教室) A：你昨天放学见到你女朋友了吗？ B：我一走出校门，抬头便看见了她。	(在客厅) 爸爸：刚才是医院来的电话吗？你妈妈又去病房啦？ 女儿：是的。来了新病人，她放下电话，衣服都没换便往医院赶。	(在卧室) 妈妈：今天儿子饿坏了吧？ 爸爸：对呀。一回到家，他便看到了桌子上的饭菜，一下子全吃光了。

◎ **补充例句**

①他没吃几口饭，便拿起书包出门了。
②我大致翻了一遍，便把书还给他了。
③我昨天太累了，一躺下便睡着了。

④领导还没讲完,他便提前离开了。
⑤她看我心情不好,便找我聊天儿。
⑥我们谈好职务分配,准备好资金,便联手开公司。

◎ **结构特点**

"……便……"所连接的前后两个分句中的主语可以相同,也可以不相同。

> ① S + P_1,便 + P_2
> 　他　没吃几口饭,便　拿起书包出门了。
> ② S_1 + P_1,S_2 + 便 + P_2
> 　领导　还没讲完,他　便　提前离开了。

💡 **小提示**

(1)在使用"……便……"的承接复句中,如果两个分句的主语相同,第二个分句的主语可以省略,不必重复出现。例如:

＊他没吃几口饭,他便拿起书包出门了。
　他没吃几口饭,便拿起书包出门了。

(2)在使用"……便……"的承接复句中,如果两个分句的主语不同,第二个分句的主语不可以省略,必须出现,而且应该放在"便"的前边。例如:

＊领导还没讲完,便起身离开了。
＊领导还没讲完,便他起身离开了。
　领导还没讲完,他便起身离开了。

63 递进复句:不但不/不但没有……,反而……【六45】

◎ **基本语义及用法**

前一分句表示否定,后一分句补充情况,把否定的意思推进一层。

The first clause indicates a negation, and the second clause complements the situation and furthers the negation.

◎ **典型例句和对话**

例句	①他不但不帮我，反而还给我添麻烦。	②夏天过去了，天气不但没有凉快，反而更热了。	③他不但没有鼓励我，反而还批评了我一顿。
交际实践	（在教室） A：大卫今天帮你打扫卫生了吗？ B：他不但不帮我，反而还给我添麻烦。	（在公司） A：夏天过去了，天气不但没有凉快，反而更热了。 B：看来空调还要再开一段时间。	（在公司） A：跟老板谈了吗，他觉得你的建议怎么样？ B：别提了！他不但没有鼓励我，反而还批评了我一顿。

◎ **补充例句**

①他在图书馆里不但不学习，反而不停地打电话，打扰到了别人。
②他不但不改正错误，反而继续犯更大的错误。
③我考得不好，妈妈不但没批评我，反而还安慰我。
④你这样做不但没有解决问题，反而增加了新问题。
⑤火不但没有灭，反而越烧越猛了。
⑥取得成功以后，他不但没有骄傲，反而更加努力了。

◎ **结构特点**

S + 不但不/没有 + VP_1/AP_1，反而 + VP_2/AP_2
他　在图书馆里　不但不　学习，反而　不停地打电话，打扰到了大家。
你这样做　不但没有　解决问题，反而　增加了新问题。
取得成功以后，他　不但没有　骄傲，反而　更加努力　了。

◎ **小提示**

如果两个分句的主语相同，第一个分句的主语只能放在"不但不、不但没有"前面，第二个分句的主语可以省略，不必重复出现。例如：

＊不但不他改正错误，反而继续犯更大的错误。

他不但不改正错误，反而继续犯更大的错误。

64 递进复句：不是……，还/还是…… 【六46】

◎ **基本语义及用法**

表示后一分句的意思比前一分句更进一层，一般由少到多、由小到大、由轻到重、由浅到深、由易到难。

The second clause is further in meaning than the first clause, usually showing progress in quantity, size, weight, depth, or difficulty.

◎ **典型例句和对话**

例句	①不是读完了就可以了，还应该写一篇作文。	②这事不是你想做就能做的，还是要听老板的意见。	③想学好中文不是努力就够了，还要讲究方法。
交际实践	（在教室） 学生：老师，这篇课文我已经读完了。 老师：不是读完了就可以了，还应该写一篇作文。	（在公司） A：我觉得这个方案不错，我们开始实施吧。 B：这事不是你想做就能做的，还是要听老板的意见。	（在办公室） 学生：我已经很努力地学了，可成绩还是不理想。 老师：想学好中文不是努力就够了，还要讲究方法。

◎ **补充例句**

①一门语言不是一天两天就能学会的，还要经过长期的练习。
②不是光有目标就可以了，还要行动起来。
③弹钢琴不是一下子就能学会的，还需要多多练习。
④任何人都不是随随便便就能成功的，还要付出艰苦的努力。
⑤不是上课认真听就能学好中文，还要时常复习。
⑥这不是我一个人能解决的，还是需要同事们的积极配合。

◎ **结构特点**

两个分句的主语相同，主语的位置可前可后，一般只保留一个。

① (S+) 不是 + VP$_1$，还/还是 + VP$_2$
　　弹钢琴　不是　一下子就能学会的，还　需要多多练习。

②不是 + S + VP₁,还/还是 + VP₂

不是 你 想做就能做的,还是 要听听老板的意见。

③不是 + VP₁, S + 还/还是 + VP₂

不是 读完了就可以了,你 还 应该写一篇作文。

💡 小提示

(1) 当两个分句的主语相同时,主语只能放在"不是"前边,在第二个分句中则可以省略,不必重复出现。例如:

* 想学好中文不是努力就够了,想学好中文还要讲究方法。

想学好中文不是努力就够了,还要讲究方法。

(2) 如果第二个分句有主语,主语应放在"还、还是"前边,不能出现在后边。例如:

* 不是读完了就可以了,还你应该写一篇作文。

不是读完了就可以了,你还应该写一篇作文。

65 递进复句:连……也/都……,……更…… 【六47】

◎ 基本语义及用法

前一分句是后一分句的衬托,后一分句的意思更进一层。

The first clause is the background against which the second clause is presented. The second clause is further in meaning.

◎ 典型例句和对话

例句	①连大人都做不到,孩子更做不到。	②连老人也喜欢看,孩子们更是喜欢得不得了。	③她连切菜都不会,更不会炒菜。
交际实践	(在家) 爸爸:学校通知,要让孩子自己办一场活动。 妈妈:这连大人都做不到,孩子更做不到。	(在教室) A:你知道吗?最近电视台播出的动画片很受欢迎。 B:是呀,连老人也喜欢看,孩子们更是喜欢得不得了。	(在家) 爸爸:让女儿帮你一起做菜吧。 妈妈:她连切菜都不会,更不会炒菜,肯定越帮越忙。

◎ **补充例句**

①连家人都不相信他,其他人更不信。
②这个汉字连中国人都容易读错,外国人更容易读错了。
③这个行李箱连小孩儿都提得动,你更没问题。
④这个汉字连中国同学都不认识,我更不认识了。
⑤她连周末也没时间去,平时更没时间。
⑥连这么简单的题你都做错了,难题更做不对了。

◎ **结构特点**

"连……也/都……,……更……"句式中,两个分句的主语可以相同,也可以不相同。

> ①连 + S_1 + 也/都 + VP_1, S_2 + 更 + VP_2
>   连　家人　都　不相信他,其他人　更　不信。
> ② S + 连 + VP_1 + 也/都 + VP_2, 更 + VP_3
>   她　连　切菜　都　不会,更　不会炒菜。

💡 **小提示**

(1) 当"连……也/都……,……更……"连接的两个分句只有一个主语时,该主语只能放在"连"的前边,不能放在"连"的后边。例如:

　　*连她切菜都不会,更不会炒菜。
　　她连切菜都不会,更不会炒菜。

(2) 当"连……也/都……,……更……"连接的两个分句有两个主语时,第一个主语只能放在"连"的后边,第二个主语只能放在"更"的前边。例如:

　　*连家人都不相信他,更其他人不信。
　　连家人都不相信他,其他人更不信。

66 选择复句:要么……,要么……　【六48】

◎ **基本语义及用法**

两个分句间是选择关系,前后分句说出两种情况,二者选其一,表示非此即彼。
The two clauses are in an alternative relationship, giving two options to choose from.

◎ 典型例句和对话

例句	①你要么跟他一组，要么一个人一组，尽快决定吧。	②面对困难，我们要么被它吓倒，要么战胜它。	③大家要么在写作业，要么在小声讨论。
交际实践	（在公司） 员工：组长，这次小组汇报怎么分组？ 组长：你要么跟他一组，要么一个人一组，尽快决定吧。	（在公司） A：这次的经济危机对我们公司冲击很大，必须想办法解决。 B：面对困难，我们要么被它吓倒，要么战胜它。	（在办公室） 老师：教室里的同学们都在学习吗？ 班长：是的。大家要么在写作业，要么在小声讨论。

◎ 补充例句

①假期他要么出去玩儿，要么在家看书。
②你要么找份工作，要么继续上学，别再闲着了。
③这间房子要么姐姐住，要么妹妹住，要么一起住。
④名额只有一个，要么你去，要么他去。
⑤他做的菜要么太咸，要么太辣，我都不爱吃。
⑥他平时要么在食堂吃，要么在饭馆吃，从来不做饭。

◎ 结构特点

主语可以放在"要么"的前面也可以放在"要么"的后面。主语可以是相同的，也可以是不同的。

① S + 要么 + VP_1/AP_1，要么 + VP_2/AP_2
　你　要么　找份工作，要么　继续上学，别再闲着了。
　他　平时　要么　在食堂吃，要么　在饭馆吃。
　面对困难，我们　要么　被它吓倒，要么　战胜它。
　他做的菜　要么　太咸，要么　太辣，我都不爱吃。

② 要么 + S_1 + V_1/AP_1，要么 + S_2 + V_2/AP_2
　名额只有一个，要么　你　去，要么　他　去。

小提示

（1）在"要么A，要么B"结构中，A、B可以是动词性成分或形容词性成分，也可以是小句。例如：

他做的菜要么太咸，要么太辣，我不爱吃。（形容词性短语）

你要么什么都不说，要么把话说完，话说一半让人很难理解。（小句）

（2）在"要么A，要么B"结构中，如果前后两个分句的主语相同，后一分句的主语往往省略。例如：

*假期他要么出去玩儿，他要么在家看书。

假期他要么出去玩儿，要么在家看书。

67 转折复句：虽……，但/可/却/也……   【六49】

◎ 基本语义及用法

表示转折，前后两分句的意思相反，后一分句是说话人真正想表达的内容。

It indicates an adversative transition. The two clauses are contrary in meaning, with the latter being what the speaker really wants to express.

◎ 典型例句和对话

例句	①他年纪虽小，但经验不少。	②我虽没得到奖励，可仍然对自己充满信心。	③他虽失败了，却仍然微笑面对。
交际实践	（在公司） A：刚来的员工这么年轻，能独立承担这个项目吗？ B：他年纪虽小，但经验不少，我看好他。	（在赛场） A：这次比赛没得奖，失望吗？ B：我虽没得到奖励，可仍然对自己充满信心。	（在教室） A：这次比赛小李最终失败了，真可惜！ B：他虽失败了，却仍然微笑面对，真了不起！

◎ 补充例句

①大卫虽病了，也坚持来上课。

②我这次虽没考好,但并不伤心,会继续努力。
③这道题虽有难度,可我做出来了。
④事情虽小,意义却重大。
⑤他俩虽闹矛盾了,却没到分手的程度。
⑥这段时间虽累,但收获很多。

◎ **结构特点**

> ① S + 虽 + VP₁,但/可/却/也 + VP₂
> 　我　这次　虽　没考好,　但　并不伤心,会继续努力。
> 　我　虽　没得到奖励,　可　仍然对自己充满信心。
> 　他俩　虽　闹矛盾　了,　却　没到分手的程度。
> ② S₁ + 虽 + Adj₁,S₂ + 却 + Adj₂
> 　事情　虽　小,意义　却　重大。

◎ **小提示**

如果两个分句的主语相同,后一分句的主语往往可以省略,不必重复出现。例如:

　* 虽她病了,也坚持来上课。
　* 她虽病了,她也坚持来上课。
　　她虽病了,也坚持来上课。

68 假设复句:……,要不然/不然…… 【六50】

◎ **基本语义及用法**

前一分句表示假设希望实现的结果,后一分句表示不按预期做会产生的不好的结果。

The first clause assumes a situation that is desired, and the second clause indicates the consequences that will appear if things are not done as desired.

◎ **典型例句和对话**

例句	①大家要认真对待考试，要不然会影响毕业的。	②我得赶快出发了，要不然就迟到了。	③这个活动你一定要参加，不然你会后悔的。
交际实践	（在教室） 老师：大家要认真对待考试，要不然会影响毕业的。 学生：知道了，老师，我们会好好准备毕业考试的。	（在家） 妈妈：你吃完早饭再走吧，别着急。 儿子：我得赶快出发了，要不然就迟到了。	（在教室） A：雨下得越来越大，我们今天还参加这个活动吗？ B：这个活动你一定要参加，不然你会后悔的。

◎ **补充例句**

①你要每天练习听力，要不然没有进步。
②你要及时治疗，要不然病情会越来越严重。
③这件事你应该告诉家里，不然家里人会担心。
④你赶紧吃饭吧，要不然饭都凉了。
⑤做任何事都要认真仔细，不然就会出错。
⑥还好他反应快，不然就摔倒了。

◎ **结构特点**

① S_1 + VP_1，要不然 / 不然 + S_2 + VP_2
　你　要每天练习听力，要不然　　没有进步。
　这件事你　应该告诉家里，不然　家里人　会　担心。

② S_1 + VP，要不然 / 不然 + S_2 + AP
　你　要及时治疗，要不然　病情　会越来越严重。

③ S + VP_1，要不然 / 不然 + VP_2
　我　得赶快出发　了，要不然　就迟到　了。
　大家　要认真对待考试，不然　会影响毕业的。

💡 小提示

（1）用"要不然、不然"来表示假设的复句中，"要不然、不然"只能位于第二个分句中，不能位于第一个分句中。

　　＊要不然病情会越来越严重，你要及时治疗。

　　你要及时治疗，要不然病情会越来越严重。

（2）在"……，要不然/不然……"复句中，如果两个分句的主语相同，第二个分句的主语不必重复出现。

　　＊我得赶快出发了，我要不然就迟到了。

　　我得赶快出发了，要不然就迟到了。

（3）在"……，要不然/不然……"复句中，如果两个分句的主语不同，第二个分句的主语可以省略，或者放在"要不然、不然"的后边，不能放在"要不然、不然"的前边。例如：

　　＊你要及时治疗，病情要不然会越来越严重。

　　你要及时治疗，要不然病情会越来越严重。

69 条件复句：凡是……，都……　　【六51】

◎ **基本语义及用法**

前一分句是后一分句的充足条件，后一分句表示在具备这种条件的情况下就能产生相应的结果。

The first clause is the sufficient condition for the second clause, and the second clause indicates the corresponding result that will appear as long as this condition is satisfied.

◎ **典型例句和对话**

例句	①凡是听到高兴的事，他都和朋友分享。	②凡是跟他合作，都能顺利完成任务。	③凡是对的，我们都应该坚持。
交际实践	（在教室） A：凡是听到高兴的事，他都和朋友分享。 B：所以他的朋友非常多。	（在公司） A：小张的工作能力很强，有良好的团队合作精神。 B：我也发现了，凡是跟他合作，都能顺利完成任务。	（在办公室） A：事实证明这个方案是合理的，已经看到了成效。 B：凡是对的，我们都应该坚持，继续做下去吧。

◎ 补充例句

①凡是帮助过我的人，我都很感激。
②凡是学生，都要遵守学校的制度。
③凡是错误的行为，我们都应该纠正。
④凡是感兴趣的事，我都会去尝试。
⑤凡是有机会，他都会努力争取。
⑥凡是她不懂的问题，她都要问明白。

◎ 结构特点

①凡是 + VP₁/NP，S + 都 + VP₂
　凡是　听到高兴的事，他　都　和朋友分享。
　凡是　对的，我们　都　应该坚持。
②凡是 + VP₁/N，都 + VP₂
　凡是　跟他合作，都　能顺利完成任务。
　凡是　学生，都　要遵守学校的规则。

◎ 小提示

在"凡是……，都……"复句中，第一个分句的主语往往不出现，第二个分句的主语可以省略，也可以出现，出现时只能放在"都"的前边，不能放在"都"的后边。例如：

＊凡是听到高兴的事，都他和朋友分享。
　凡是听到高兴的事，他都和朋友分享。

70 让步复句：就算/就是……也……　【六52】

◎ 基本语义及用法

表示让步，前一分句表示假设一种极端的情况，后一分句表示转折。
It indicates a concession. The first clause assumes an extreme situation, and the second clause indicates an adversative transition.

◎ **典型例句和对话**

例句	①就算成绩最好的同学也无法回答这个问题。	②就是你想马上瘦下来也不能每天不吃饭。	③就算他做错了你也要注意教育的方法,他还小呢。
交际实践	(在教室) A：你觉得有人能回答这个问题吗? B：恐怕就算成绩最好的同学也无法回答这个问题。	(在餐厅) 女儿：我不吃晚饭了,我在减肥呢。 爸爸：就是你想马上瘦下来也不能每天不吃饭,健康第一。	(在客厅) 妈妈：儿子今天又犯错误了,我得好好批评他一顿。 爸爸：就算他做错了你也要注意教育的方法,他还小呢。

◎ **补充例句**

①就算困难再大也不会阻碍他前进的脚步。
②就算工作再累她也从不抱怨。
③她就算再忙也会抽时间锻炼身体。
④他就是生气也不会骂人。
⑤他已经决定了,你就算再劝也没用。
⑥我就是不睡觉也要完成项目策划。

◎ **结构特点**

①就算/就是 + S + AP + 也 + VP
　就算　困难　再大　也　不会阻碍他前进的脚步。
　就算　她　再忙　也　会抽时间锻炼身体。

②就算/就是 + VP_1 + S + 也 + VP_2
　就是　不睡觉　他　也　要完成项目策划。

③S + 就算/就是 + VP_1 + 也 + VP_2
　你　就算　再劝　也　没用。
　他　就是　不睡觉　也　要完成项目策划。

④就算/就是 + S_1 + VP_1 + S_2 + 也 + VP_2
　就算　他　做错了　你　也　要注意教育的方法,他还小呢。

⑤ S_1 + 就算/就是 + VP_1 + S_2 + 也 + VP_2
　他　就算　做错了　你　也　要注意教育的方法，他还小呢。

小提示

（1）"就算/就是……，也……"复句可以只有一个主语，也可以有两个不同的主语。例如：

　　她就算再忙也会抽时间锻炼身体。
　　就算他做错了你也要注意教育的方法，他还小呢。

（2）当"就算/就是……，也……"复句只有一个主语时，该主语可以放在"就算、就是"的前边，也可以放在"就算、就是"的后边，还可以放在"也"的前边。例如：

　　你就是想马上瘦下来也不能每天不吃饭。
　　就是你想马上瘦下来也不能每天不吃饭。
　　就是想马上瘦下来你也不能每天不吃饭。

（3）当"就算/就是……，也……"复句有两个主语时，第一个主语放在"就算、就是"的前边或后边，第二个主语只能放在"也"的前边。例如：

　　*就算他做错了也你要注意教育的方法，他还小呢。
　　就算他做错了你也要注意教育的方法，他还小呢。
　　他就算做错了你也要注意教育的方法，他还小呢。

71 紧缩复句：不……不……

【六53】

◎ 基本语义及用法

是复句"如果不……就不……"的紧缩形式，表示假设。

It is a compressed form of the complex sentence "如果不……就不……", indicating a hypothesis.

◎ **典型例句和对话**

例句	①你们两个人可真是不打不成交。	②市中心的房价不问不知道,一问吓一跳。	③她今天一直在练习,不达标准不休息。
交际实践	(在教室) A:我和她以前还吵过架呢,现在我俩好得不得了。 B:你们两个人还真是不打不成交。	(在售楼处) 丈夫:市中心的房价不问不知道,一问吓一跳。 妻子:这里的价格确实高,咱们再去郊区看看吧。	(在家) 妈妈:女儿还在院子里吗?该进屋吃饭了。 爸爸:明天就要比赛了,她今天一直在练习,不达标准不休息。

◎ **补充例句**

①您尝尝这个苹果,不甜不要钱。
②机器出问题要马上维修,不修不安全。
③公司坚持要做这个项目,不完成任务不放假。
④我得打电话问问他,不问不放心。
⑤你要不断地练习这些舞蹈动作,不练不熟悉。
⑥不达目的不放弃,这是我的办事原则。

◎ **结构特点**

> 不 + VP_1/Adj_1 + 不 + VP_2/Adj_2
> 公司坚持要做这个项目,不　完成任务　不　放假。
> 机器出问题要马上维修,不　修　不　安全。
> 您尝尝这个苹果,不　甜　不　要钱。

◎ **小提示**

"不……不……"句式是"如果不……就不……"的紧缩形式,前后两个分句表示假设关系,不是并列关系。例如:

　*你们两个人可真是不打不闹。
　你们两个人可真是不打不成交。

72 多重复句：二重复句2：复句+复句 【六54】

◎ **基本语义及用法**

二重复句"复句+复句"的前后两个复句可以分别表达多种复句关系。

In a double complex sentence in which there are two complex sentences, the two complex sentences can express multiple kinds of relationship.

◎ **典型例句和对话**

例句	①成功的基础是奋斗，奋斗的收获是成功，所以，只有不断努力的人才有机会走上成功的高峰。	②这个国王既不关心他的军队，也不喜欢去看戏，也不喜欢乘着马车去游玩，——除非是要展示一下儿自己的新衣服。	③承认错误，才能正确看待出现在自己身上的问题；同时，只有虚心接受别人的批评，解决了自己的问题，才能取得下一步的成功。
交际实践	（在采访现场） 记者：请问您成功的经验是什么呢？可以和我们分享一下儿吗？ 被采访人：成功的基础是奋斗，奋斗的收获是成功，所以，只有不断努力的人才有机会走上成功的高峰。	（在图书馆） A：小说是怎么描述这个国王的？ B：这个国王既不关心他的军队，也不喜欢去看戏，也不喜欢乘着马车去游玩，——除非是要展示一下儿自己的新衣服。	（在办公室） 学生：老师，这件事是我的错，我承认。 老师：承认错误，才能正确看待出现在自己身上的问题；同时，只有虚心接受别人的批评，解决了自己的问题，才能取得下一步的成功。

◎ **补充例句**

①这个新产品不但外观精美，而且节省材料，由于在设计时考虑了环保的因素，因而大大降低了成本。

②这段时间天气变化大,时而阴天,时而下雨,如果一直这样,我们就推迟运动会的举行时间吧。
③凡是对提高成绩有利的方法,我都会去尝试,哪怕效果不明显,我也要试一试。
④这家店的菜虽好吃却贵,要是你接受不了价格,我们就换一家吧。
⑤这个景点风景好,服务棒,所以很受欢迎,只要一到假日就有很多游客。
⑥尽管策划方案很难,但是我们依然要积极思考,只有不断地活跃思想,才能创新,做出令人满意的成果。

◎ **结构特点**

> 复句 + 复句
> 成功的基础是奋斗,奋斗的收获是成功,所以,只有不断努力的人才有机会走上成功的高峰。

◎ **小提示**

在"复句 + 复句"构成的二重复句中,前后复句的语义联系要紧密,前后逻辑关系不能颠倒。例如:

* 这个景点只要一到假日就有很多游客,风景好,服务棒,所以很受欢迎。
这个景点风景好,服务棒,所以很受欢迎,只要一到假日就有很多游客。

73 用"非……不可"表示强调 【六55】

◎ **基本语义及用法**

用于口语,可以表示三种意义:
It is used in spoken Chinese. Its meaning is threefold:

(1)表示某人主观上一定要做某事。如:"我们都让他不用来,但他非来不可。"
It indicates someone is determined to do something, for example, "我们都让他不用来,但他非来不可" (We all said that he didn't need to come, but he insists on coming).

(2)表示某人迫于外在原因不得不做某事。如:"这么说,这电脑我是非买不可了。"
It indicates that someone is forced to do something by external reasons, for example, "这么说,这电脑我是非买不可了" (In that way, I have to buy this computer).

（3）表示推测一定会出现某种结果。如："他这么粗心，非出错不可。"

It indicates a speculation that a certain result is sure to appear, for example, "他这么粗心，非出错不可" (He is too careless to not make any mistakes).

◎ **典型例句和对话**

例句	①不管天气怎么样，我们非去不可。	②这次演出非他指挥不可。	③我们这时候出门，非堵车不可。
交际实践	（在家） A：好像要下雨，你们别去跑步了。 B：不管天气怎么样，我们非去不可。	（在练习室） A：李老师可能来不了了，能不能换一位？ B：不行，这次演出非他指挥不可。	（在家） 妹妹：快八点了，我们走吧。 哥哥：我们这时候出门，非堵车不可。

◎ **补充例句**

①他身体不好，我们都让他不用来，但他非来不可。
②爸爸正生着气呢，你非现在说不可吗？
③这项任务非他去不可，别人完成不了。
④这次活动非你组织不可。
⑤他这么粗心，非出错不可。
⑥今天的会议很重要，我非参加不可。

◎ **结构特点**

①……，S + 非 + V + 不可
　不管天气怎么样，我们　非　去　不可。
　今天的会议很重要，我　非　参加　不可。
②S + 非 + Pron + V + 不可
　这次演出　非　他　指挥　不可。
　这项任务　非　他　去　不可，别人完成不了。
③S + AP/VP$_1$，非 + VP$_2$ + 不可
　他　这么粗心，非　出错　不可。
　我们　这时候出门，非　堵车　不可。

74 口语格式：X 到 Y 头上来了

【六 56】

◎ **基本语义及用法**

表示某动作行为涉及 Y 身上，对 Y 来说，这一般不是好事。用于口语。

It indicates that the action X, usually something not good for Y, involves Y, a person. It is used in spoken Chinese.

◎ **典型例句和对话**

例句	①他都欺负到你头上来了，你也不在乎吗？	②这种好事怎么轮到我头上来了？	③小妹还管到大哥头上来了。
交际实践	（在家） 妻子：他都欺负到你头上来了，你也不在乎吗？ 丈夫：别生气了，咱们以后不跟他来往就是了。	（在学校） A：这种好事怎么轮到我头上来了？ B：说明你运气好呀！请客吧。	（在家） 爸爸：听说小妹还管到大哥头上来了。 小妹：那当然，他错了我就能管。

◎ **补充例句**

①人家都求到我们头上来了，还是帮帮他们吧。
②你怎么骗到朋友头上来了？以后谁还敢相信你啊！
③你们开玩笑开到我头上来了呀。
④他到处借钱，现在借到我们同事头上来了。
⑤这事跟我有什么关系，怎么骂到我头上来了？
⑥赶紧道歉吧，邻居都找到我们头上来了。

◎ **结构特点**

X 是动词，Y 是代词或名词性成分，"X 到 Y 头上来了"作谓语。

S + V + 到 + Pron/N + 头上来了
他　都　欺负　到　你　头上来了。
你　怎么　骗　到　朋友　头上来了？

75 口语格式：X 就 X 吧

【六57】

◎ **基本语义及用法**

表示勉强接受事实或对方的看法。
It indicates reluctantly accepting a fact or the other party's opinion.

◎ **典型例句和对话**

例句	①等等就等等吧，没有别的办法了。	②少点儿就少点儿吧，总比没有强。	③五千就五千吧，我们现在能签合同吗？
交际实践	（在火车站） A：春节期间去上海的高铁票一个星期前就卖完了，现在只能等人退票了。 B：等等就等等吧，没有别的办法了。	（在办公室） A：老板说这个月只能发百分之八十的工资。 B：少点儿就少点儿吧，总比没有强。	（在看房） A：这里的房租五千块已经是最低的了。 B：五千就五千吧，我们现在能签合同吗？

◎ **补充例句**

①明天就明天吧，你一定要来啊。
②小李就小李吧，反正别人也没时间。
③换就换吧，只要质量没问题就行。
④不还就不还吧，看看以后谁还敢借给他钱。
⑤贵就贵吧，重要的是要让老人用起来满意。
⑥晚点儿就晚点儿吧，来得及就行。

◎ **结构特点**

"X 就 X 吧"一般用于前句，后句说明理由或提出建议、看法。X 可以是名词性成分，也可以是动词性成分或形容词性成分。"吧"可以省略，这样显得语气比较干脆。

> N/VP/AP + 就 + N/VP/AP（+ 吧），……
> 明天　就　明天　吧，你一定要来啊。
> 等等　就　等等　吧，没有别的办法了。
> 少点儿　就　少点儿　吧，总比没有强。

76 口语格式：X 是 X

【六58】

◎ 基本语义及用法

表示对某种行为或性状的肯定。

It indicates the confirmation of a certain action or quality.

◎ 典型例句和对话

例句	①去是去了，就是不知道结果怎么样。	②好是好，但不知道老师会不会同意我们这样做。	③这件衣服漂亮是漂亮，但也太贵了。
交际实践	（在家） 妈妈：你去参加那个公司的面试了吗？ 儿子：去是去了，就是不知道结果怎么样。	（在学校） 副班长：这个活动策划挺好的，你觉得呢？ 班长：好是好，但不知道老师会不会同意我们这样做。	（在商场） 营业员：这是我们设计师的最新作品，3200块。 顾客：这件衣服漂亮是漂亮，但也太贵了。

◎ 补充例句

①他们俩吵是吵，但感情一直都不错。
②我们讨论是讨论了，可是还没达成一致意见。
③那道题做是做了，可是我不知道对不对。
④累是累，不过我觉得很开心。
⑤游客多是多了一些，但这个景点很值得去。
⑥贵是贵了一点儿，但高铁确实又快又舒服。

◎ 结构特点

X 可以是形容词，也可以是动词。"X 是 X"用于前句，后句表示转折。

① (S+) Adj + 是 + Adj (+了一些/了一点儿)，但（是）/可是/不过/就是……
这件衣服 漂亮 是 漂亮，但 也太贵了。
游客 多 是 多 了一些，但 这个景点很值得去。
贵 是 贵 了一点儿，但 高铁确实又快又舒服。
② S+V+是+V (+了)，但（是）/可是/不过/就是……
他们俩 吵 是 吵，但 感情一直都不错。
我们 讨论 是 讨论 了，可是 还没达成一致意见。
我 去 是 去 了，就是 不知道结果怎么样。

小提示

有时候，前一个 X 是单个动词或形容词，后一个 X 后面带有补语。例如：
贵是贵了一点儿，但高铁确实又快又舒服。
游客多是多了一些，但这个景点很值得去。

77 口语格式：不 X 不……，一 X…… 【六59】

◎ **基本语义及用法**

表示没有做某事以前不了解情况，直到做了才发现出乎意料的情况，常表示震惊。用于口语。

It indicates that one didn't know about the situation before doing something and only by doing it did one find the situation out of expectation. It is often used to express shock in spoken Chinese.

◎ **典型例句和对话**

例句	①不看不知道，一看吓一跳，这里变化太大了！	②这题目看起来简单，不做不知道，一做真不会！	③不检查不要紧，一检查发现问题了。
交际实践	（在家乡） A：你这次回来，觉得家乡怎么样？ B：不看不知道，一看吓一跳，这里变化太大了！	（在教室） A：我拿回来的题目你都做出来了吗？ B：这题目看起来简单，不做不知道，一做真不会！	（在办公室） A：你这么仔细地检查，咱们的报告还有问题吗？ B：不检查不要紧，一检查发现问题了。

359

◎ **补充例句**

①不学不知道,一学才知道汉字这么有意思。
②这茶不尝不知道,一尝就放不下了。
③不说不知道,一说才觉得你俩确实长得很像。
④我不算不知道,一算才知道每个月要花这么多钱。
⑤不整理不要紧,一整理才发现自己竟然有这么多衣服!
⑥不出门不知道,一出门才发现到处都是人。

◎ **结构特点**

该格式中,X 是动词。

> (S +) 不 + V_1 + 不 + V_2,一 + V_1……
> 不 看 不 知道,一 看 吓一跳,这里变化太大了!
> 这茶 不 尝 不 知道,一 尝 就放不下了。

78 口语格式:好你个 X 【六60】

◎ **基本语义及用法**

表示说话人对听话人表达不满、生气、责怪等情绪。
It indicates that the speaker is unsatisfied, angry, etc. with or is blaming the other party.

◎ **典型例句和对话**

例句	①好你个小偷儿,敢偷我的东西,我送你去警察局!	②好你个大骗子,还好我聪明,没上你的当!	③好你个老王,一点儿忙都不帮我!
交际实践	(在街上) 行人:好你个小偷儿,敢偷我的东西,我送你去警察局! 小偷儿:对不起,对不起,我再也不敢了,你放了我吧。	(在商店) A:好你个大骗子,还好我聪明,没上你的当! B:别生气,我跟你开玩笑的。	(在饭馆) A:好你个老王,一点儿忙都不帮我! B:不是我不帮,我是真的帮不了。

◎ **补充例句**

①好你个小张，赚了点儿钱就不知道自己姓什么了！
②好你个小偷儿，竟然还敢回来。
③好你个李明，就这么对父母说话啊。
④好你个姓王的，今天不把话说清楚，我就不让你走了。
⑤好你个李大年，居然敢背后说我坏话。
⑥好你个王小云，原来是你出的主意。

◎ **结构特点**

X 是名词性成分，经常是表示贬义的词或是人名等称呼。"好你个 X"常用于前半句，后面是说话人的进一步说明。

> 好你个 + NP，……
> 好你个　老王，一点儿忙都不帮我！
> 好你个　大骗子，还好我聪明，没上你的当！

79 口语格式：动词 + 什么（就）是什么 【六61】

◎ **基本语义及用法**

表示想做某事就能做某事，想有什么结果就有什么结果，不容置疑。
It indicates that one can do or get whatever he/she wants to, while others cannot doubt him/her.

◎ **典型例句和对话**

例句	①行啊！你说什么是什么，都听你的。	②哪有这么容易的，你想什么就是什么。	③大家抽到什么就是什么，不能换啊。
交际实践	（在咖啡馆） A：我建议咱们坐火车去，坐飞机回。 B：行啊！你说什么是什么，都听你的。	（在办公室） A：如果公司天天都有这么多客户，每天都赚钱，那该多好啊。 B：哪有这么容易的，你想什么就是什么。	（在教室） 学生：老师，这个题目太难了，可以换一个吗？ 老师：大家抽到什么就是什么，不能换啊。

◎ **补充例句**

①他是个好演员，演什么是什么。
②随便点儿吧，又不是见什么外人，穿什么就是什么。
③孩子要什么是什么，这样是不行的。
④你干什么是什么，领导果然没有看错你。
⑤你不能听到什么就是什么，而是要自己判断。
⑥看你们的运气了，抓到什么就是什么。

◎ **结构特点**

①S + VP + 什么（就）是什么，……
　你　说　什么是什么，都听你的。
　大家　抽到　什么就是什么，不能换啊。

②……，VP + 什么（就）是什么
　他是个好演员，演　什么是什么。
　看你们的运气了，抓到　什么就是什么。

80 口语格式：早（也）不 X，晚（也）不 X 【六62】

◎ **基本语义及用法**

表示某行为发生或某情况出现的时间不合时宜，常有不满、责备的感情色彩。用于口语。

It indicates that a certain action or situation took place at a bad time, usually expressing an unhappy or reproaching tone. It is used in spoken Chinese.

◎ 典型例句和对话

例句	①早不来，晚不来，恰好要出门的时候他来了。	②早也不走，晚也不走，需要他的时候他却走了。	③这手表早不坏，晚不坏，偏要考试的时候坏了。
交际实践	（在办公室） A：麦克打电话说他到楼下了。 B：这下好了。早不来，晚不来，恰好要出门的时候他来了。	（在公司） A：怎么就你一个人在忙？小王呢？ B：被人叫走了，早也不走，晚也不走，需要他的时候他却走了。	（在教室） A：这手表早不坏，晚不坏，偏要考试的时候坏了。 B：旧的不去，新的不来，赶紧去买块新的吧。

◎ 补充例句

①早不忙，晚不忙，有事时他就说自己很忙。
②早不困，晚不困，要吃饭了，他却说自己要睡觉。
③这雨早不下，晚不下，我们跑步时下起来了。
④早也不说，晚也不说，他出门的时候才说。
⑤早不停水，晚不停水，我洗澡的时候居然停水了。
⑥早不回来，晚不回来，饭刚做好你就回来了。

◎ 结构特点

X 一般是形容词或动词性成分，"也"可以省略。"早（也）不 X，晚（也）不 X"作为前半句，后半句是说话人不希望在那个时间发生的某种行为或出现的情况。

> (S +) 早（也）不 Adj/VP，晚（也）不 Adj/VP，……
> 这手表　早不坏，晚不坏，偏要考试的时候坏了。
> 早也不走，晚也不走，需要他的时候他却走了。
> 早不停水，晚不停水，我洗澡的时候居然停水了。

81 口语格式：看/瞧把+宾语（施事）+X 得 【六63】

◎ 基本语义及用法

表示对某人出现某种状态的评价。

It is used to comment on a certain state that someone comes into.

◎ 典型例句和对话

例句	①小孩子就是这样，看把他乐得。	②瞧把他高兴得，都不知道说什么好了。	③看把你笑得，都流眼泪了。
交际实践	（在公园） A：这孩子看见玩具就不哭了。 B：小孩子就是这样，看把他乐得。	（在教室） A：这次考试大卫得了第一名呢。 B：瞧把他高兴得，都不知道说什么好了。	（在家） 丈夫：哈哈，这个相声太好笑了。 妻子：看把你笑得，都流眼泪了。

◎ 补充例句

①看把老王累得，都站不起来了。
②瞧把儿子辣得，已经喝了两杯凉水了。
③看把他们高兴得，又唱又跳。
④看把你哭得，像再也见不了面似的。
⑤你声音能小一点儿吗？瞧把孩子吓得。
⑥瞧把他忙得，都没时间吃饭了。

◎ 结构特点

X 一般是形容词或动词，"看/瞧把+宾语（施事）+X 得"可以单独成句，也可以在后边补充小句说明具体状态。宾语一般是 X 的施事或主体。

> ①看/瞧把+N/Pron+Adj/V 得，……
> 　瞧把　他　高兴得，都不知道说什么好了。
> 　看把　你　笑得，都流眼泪了。

> ②……，看/瞧把+N/Pron+Adj/V 得
> 真是小孩子呀，看把他乐得。
> 你声音能小一点儿吗？瞧把孩子吓得。

82 口语格式：放着 X 不 Y 【六64】

◎ **基本语义及用法**

　　这个格式表示某人放弃了 YX 这个一般人认为不错的选择，却挑选了另一个不如 YX 的选项。用于口语。

　　It indicates that someone has given up a commonly preferred choice for one that is not as good. It is used in spoken Chinese.

◎ **典型例句和对话**

例句	①你放着新买的皮鞋不穿，怎么穿这双旧鞋子呀？	②他放着好好的学不上，非要跑去外面打工。	③为了环保，我坚持每月有一天或两天放着汽车不开，乘坐公交或地铁上下班。
交际实践	（在家） 妻子：你放着新买的皮鞋不穿，怎么穿这双旧鞋子呀？ 丈夫：这双旧鞋子穿着更舒服。	（在办公室） A：你儿子怎么了？老师打电话让你赶紧去学校呢！ B：这孩子净给大人添麻烦。他放着好好的学不上，非要跑去外面打工。	（在家） A：为了环保，我坚持每月有一天或两天放着汽车不开，乘坐公交或地铁上下班。 B：我觉得挺好的，每人少开一天车，就能多为环保做一点儿贡献。

◎ **补充例句**

①你放着司机不用，偏要自己开车，为什么呢？
②我们放着大房子不住，挤在这么小的房间里，就是为了方便孩子上学。
③你可别放着好日子不过，净想些没用的。
④老李放着大官不做，却带着我们农民种蔬菜，我们都非常感激他。
⑤小王放着自己的工作不做，却去帮别人干活儿，真不知道他在想什么。
⑥她放着家里的事不管，跑来帮我们，太让我们感动了。

◎ **结构特点**

X 是名词性成分，Y 一般是单音节动词。"放着 X 不 Y"后边常常是一般人认为不如 YX 的另一个选择。

> （S+）放着 + NP + 不 + V，（S+）……
> 他　放着　好好的学　不　上，非要跑去外面打工。
> 放着　大房子　不　住，我们　挤在这么小的房间里，就是为了方便孩子上学。

83 口语格式：X 来 X 去，都是/就是……　【六65】

◎ **基本语义及用法**

表示不管怎么反复进行某个动作行为，结果都一样或者没有取得预期的结果。

It indicates that no matter how many times a certain action is repeated, the result is the same or the expected result doesn't come.

◎ **典型例句和对话**

例句	①不管我们怎么争来争去，都是没有用的。	②说来说去，就是没有统一的意见。	③想来想去，我就是想不出来一个好名字。
交际实践	（在教室） A：不管我们怎么争来争去，都是没有用的，我们还是去问问老师吧。 B：用不着问老师吧，网上一查就知道了。	（在办公室） A：你们小组达成统一意见了吗？ B：说来说去，就是没有统一的意见。	（在家） 妻子：你打算给孩子起个什么名字？ 丈夫：想来想去，我就是想不出来一个好名字。

◎ **补充例句**

①看来看去，都是差不多的风景。
②我们吵来吵去，其实都是为了一些小事。
③他找来找去，就是没找到那个本子。
④我挑来挑去，就是挑不出一件好看的衣服。

⑤练来练去,我就是瘦不下来。
⑥大家讨论来讨论去,就是确定不了解决方案。

◎ **结构特点**

> (S+) V 来 V 去,都是 / 就是……
> 看来看去,都是　差不多的风景。
> 我　挑来挑去,就是　挑不出一件好看的衣服。

84 口语格式:X 了就 X 了,(没)有……

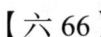

◎ **基本语义及用法**

表示已经发生的事情或可能出现的结果虽然不符合心理预期,但能接受、容忍,常用来安慰他人。

It indicates that though an occurrence or possible result might not be what one wants, it can be accepted and tolerated. It is often used to comfort others.

◎ **典型例句和对话**

例句	①手机坏了就坏了,有什么大不了的?	②输了就输了,没有什么好难过的。	③丢了就丢了,有什么好心疼的?
交际实践	(在办公室) A:手机坏了就坏了,有什么大不了的? B:不行,我一定要修好它。	(在运动场) A:都怪我,要不是我差点儿摔倒,咱们准拿第一。 B:输了就输了,没有什么好难过的。	(在学校) A:对不起,我把你送我的生日礼物弄丢了。 B:丢了就丢了,有什么好心疼的?明天我再送你一个。

◎ **补充例句**

①他走了就走了,你有什么好担心的?
②那药扔了就扔了,有什么可惜的?
③杯子碎了就碎了,有什么好抱怨的?
④忘了就忘了,没什么关系。

⑤那酒喝了就喝了,没有什么可惜的。
⑥钱花了就花了,没什么好后悔的。

◎ **结构特点**

X 一般是单音节的形容词或动词,"X 了就 X 了"后边经常出现"(没)有……",表示"不用担心、不必可惜"等意思。

> (S+) Adj/V 了就 Adj/V 了,(没)有……
> 手机　坏了就坏了,有　什么大不了的?
> 那酒　喝了就喝了,没有　什么可惜的。

85 口语格式:这/那也不 X,那/这也不 Y 【六67】

◎ **基本语义及用法**

常用来表达责备、抱怨,用于口语。

It is usually used in spoken Chinese to express a reproach or complaint.

◎ **典型例句和对话**

例句	①那也不合适,这也不满意,我真的不明白她到底想怎样。	②这也不吃,那也不喝,结果就是身体越来越差。	③他这也不肯拿,那也不肯带,只装了几件衣服。
交际实践	(在办公室) A:都改了五遍了,经理还没同意你们的活动方案吗? B:还没有。那也不合适,这也不满意,我真的不明白她到底想怎样。	(在饭店) 女儿:你别劝我了,我正在减肥,晚饭不吃肉,也不吃蔬菜,就吃点儿水果。 爸爸:你看着吧,这也不吃,那也不喝,结果就是身体越来越差。	(在打电话) 哥哥:妈妈,弟弟行李多不多?我去机场接他。 妈妈:只有一个小箱子。他这也不肯拿,那也不肯带,只装了几件衣服。

◎ **补充例句**

①这也不安全,那也不可靠,有些家长对孩子管得太多了。
②你到底想要什么?那也不好,这也不对。
③她这也不来,那也不去,一定是家里有事,否则她肯定积极参加。
④如果不从小培养孩子的独立生活能力,他们以后可能这也不懂,那也不会。
⑤那也不喜欢,这也不满意,你怎么能找到工作呢?
⑥她整天这也不想吃,那也不想喝,我都不知道做什么饭。

◎ **结构特点**

X、Y 一般是形容词或动词性成分,可以是意思相近的不同词语,也可以是相同的词语。

①这/那也不 + V_1/Adj_1,那/这也不 + V_2/Adj_2,……
　那也不　喜欢,这也不　满意,你怎么能找到工作呢?
　那也不　合适,这也不　满意,我真的不明白她到底想怎样。

②……,这/那也不 V_1/Adj_1,那/这也不 V_2/Adj_2
　如果不从小培养孩子的独立生活能力,他们以后可能　这也不　懂,那也不　会。
　你到底想要什么?那也不　好,这也不　对。

③这/那也不 + VP/Adj,那/这也不 + VP/Adj,……
　他　这也不　肯拿,那也不　肯拿,只装了几件衣服。
　这也不　安全,那也不　安全,有些家长对孩子管得太多了。

④……,这/那也不 + V/Adj,那/这也不 + V/Adj
　不知道他今天怎么了,这也不　去,那也不　去。
　你到底想要什么?那也不　好,这也不　好。

一、语素

【六01】类前缀：超-、多-、反-、无-、亚-、准-

【六02】类后缀：-化、-式、-型、-性

类词缀，也叫作"准词缀"。类词缀在构词上有词缀的作用，是词汇意义有所虚化而尚未完全虚化的词素，可分为类前缀和类后缀。

1. 类前缀

常用的类前缀有"超-、多-、反-、无-、亚-、准-"。例如：

（1）超-：表示越出一定的程度或范围，如"超自然、超水平、超能力、超速度、超空间"。

（2）多-：表示数量多，如"多角度、多文化、多层次"。

（3）反-：表示相反或相对，和"正"相对，如"反作用、反战、反潮流、反势力"。

（4）无-：表示没有，如"无烟、无毒、无色、无味"。

（5）亚-：表示次一等，如"亚健康、亚文化、亚潮流、亚热带、亚中心"。

（6）准-：表示是准备阶段的，不是正式的，如"准妈妈、准爸爸、准新娘、准教师、准医生"。

2. 类后缀

常用的类后缀有"-化、-式、-型、-性"。例如：

（1）-化：表示转变成某种性质或状态，如"现代化、美化、年轻化、智能化"。

（2）-式：表示样式，如"美式、中式、女式、传统式、现代式"。

（3）-型：表示类型，如"小型、大型、轻型、重型、智能型"。

（4）-性：表示事物的某种性质或性能，如"普遍性、积极性、稳定性、坚固性"。

二、词类

量词表示计量单位。量词可以分为名量词、动量词和时量词三类，另外还有一些名词可以做借用量词。

1. 名量词

【四03】名量词：打、袋、根、卷、棵、批

（1）打：十二个为一打，如"一打啤酒、两打铅笔、三打练习本"。

（2）袋：用于用袋子装好的物品，如"一袋米、一袋花生"。

（3）根：用于细长的东西，如"一根头发、两根筷子"。

（4）卷：用于成卷儿的东西，读 juǎn，如"一卷纸、一卷胶带"；也可以用来指书的一部分，读 juàn，如"第一卷、上卷"。

（5）棵：多用于植物，如"一棵树、一棵草、一棵白菜"。

（6）批：用于大宗的货物或多数的人，如"一批纸张、一批职员、一批志愿者"。

【五02】名量词：册、朵、幅、届、颗、匹、扇

（1）册：用于书籍，如"一册书、十册漫画（书）"。

（2）朵：用于花朵和云彩或像花和云彩的东西，如"一朵花、一朵白云"。

（3）幅：用于图画、布帛等，如"一幅画儿、一幅字"。

（4）届：用于定期的会议或毕业的班级等，如"一届学生、第三届会议、本届毕业生"。

（5）颗：多用于颗粒状的东西，如"一颗糖"。

（6）匹：用于马、骡或整卷的布、绸子等，如"一匹马、一匹布"。

（7）扇：用于门窗等，如"一扇窗、一扇门"。

【六04】名量词：餐、串、滴、副、股、集、枝

（1）餐：一顿饭叫一餐，如"一餐饭、一日三餐"。

（2）串：用于连贯起来的东西，如"一串葡萄"。

（3）滴：用于滴下的液体，如"一滴水、一滴汗、一滴油"。

（4）副：多用于成套的东西，如"一副球拍、一副手套"。

（5）股：用于成条的东西或用于气体、气味、力气等，如"一股线、一股香味儿、一股力量"。

（6）集：某些篇幅较长的著作或作品中相对独立的部分，如"一集电视剧"。

（7）枝：用于带枝的花朵，如"一枝花"。

2. 动量词

【六05】动量词：番、声、趟

（1）番：用于费时较多、用力较大或过程较长的动作，数词限于"一"，如"调查了一番、考虑了一番、讲了一番、讨论一番"。

（2）声：表示声音发出的次数，如"说一声、喊了两声、叫了几声"。

（3）趟：用于一往一来的动作，一往一来为一趟，如"去一趟、跑了两趟"。

动词带宾语时，宾语一般放在"趟"的后面，但宾语为处所词语时，也可以放在"趟"的前面，如"搬了两趟书、我想回家一趟、我想回一趟家"。

3. 借用量词

借用量词又称临时量词，是指把本来不是量词的词临时借过来作为量词用。借用量词也可以分为名量词、动量词两类。

【四04】借用名量词：碗、脸、手、屋子、桌子

（1）碗：一碗汤。

（2）脸：一脸水、一脸欢笑。

（3）手：一手油、一手泥、一手面。

（4）屋子：一屋子人、一屋子书、一屋子电器。

（5）桌子：一桌子书、一桌子菜、一桌子土。

【四04】借用动量词：刀、针

（1）刀：切两刀、砍一刀、刺一刀。

（2）针：打一针、扎两针。

三、句子成分

【四34】主语：主谓短语作主语

主谓短语可以作主语，表示某事。例如：

他不去也可以。

身体健康很重要。

我参加中文水平考试是为了获得奖学金去中国留学。

【四35】主语：受事主语

从语义关系看，主语表示的事物一般是动作行为的发出者，如"他吃面包"中的"他"。但有时候主语表示的事物是动作行为支配、涉及的对象，我们把这样的主语叫作受事主语。例如：

饭都吃光了。（"饭"是动词"吃"的受事）

作业我做完了。（"作业"是动词"做"的受事）

这本书我已经看过三遍了。（"这本书"是动词"看"的受事）

他被汽车撞倒了。（"他"是动词"撞"的受事）

【四36】定语：多项定语

在定中偏正短语中，如果中心语前边有两个或者两个以上的定语，如"一条漂亮的围巾"，"围巾"前边有两个定语，我们把这样的定语叫作多项定语。

多项定语可以分为并列关系的多项定语和递加关系的多项定语两种类型。

（1）并列关系的多项定语，指几个定语之间没有主次之分，并列地修饰一个中心语。并列关系的定语顺序是自由的，可以互换位置。例如：

北京和上海的人口都很多。

上海和北京的人口都很多。

（2）递加关系的多项定语，是指几个定语彼此不互相修饰，依次修饰后边的中心语。例如：

我有一条漂亮的红围巾。

递加关系的多项定语要按一定的顺序排列：限制性定语＋描写性定语＋中心语。具体来说，其顺序一般是：

①表示领属关系的名词或代词，

②表示处所和时间的名词，

③数量短语，

④主谓短语、动词或动词性短语、介宾短语，

⑤形容词性短语及其他描写性词语，

⑥不用"的"的形容词和名词。

例如：

我那两件白色长衬衫放在哪里了？
① ③ ⑥

那位戴眼镜的非常精神的老人就是我们的校长。
③ ④ ⑤

【五32】宾语的语义类型1：（1）施事宾语（2）受事宾语

（1）施事宾语

如果宾语表示的事物是动作行为的发出者，那我们把这样的宾语叫作施事宾语。例如：

家里来了一位客人。

门口站着一个人。

主席台上坐着很多领导。

（2）受事宾语

从语义关系看，宾语表示的事物一般是动作行为支配、涉及的对象，我们把这样的宾语叫作受事宾语。例如：

你们要认真对待这个考试。

我要去超市采购一批食品。

王老师经常表扬她。

【六38】宾语的语义类型2：（1）处所宾语（2）结果宾语

（1）处所宾语

从语义关系看，宾语表示的事物是动作行为关联的地点、处所，我们把这样的宾语叫作处所宾语。处所宾语一般由处所名词、方位短语充当。例如：

我在宿舍。

听见铃声，他马上就进教室了。

他把东西都放桌子上了。

（2）结果宾语

从语义关系看，宾语表示的事物是动作行为发生或完成后的结果，我们把这样的宾语叫作结果宾语。也就是说，结果宾语在动作行为发生之前并不存在，是动作行为发生或完成后才出现的。例如：

他给我发了一封信。

在中国农村，盖房子是一件大事。

学校正在校园里建食堂。

【五33】状语：多项状语

在状中偏正短语中，如果中心语前边有两个或者两个以上的状语，如"在教室里认真地学习"，"学习"前边有两个状语，我们把这样的状语叫作多项状语。

多项状语可以分为并列关系的多项状语和递加关系的多项状语两种类型。

（1）并列关系的多项状语：指几个状语之间没有主次之分，平等地修饰一个中心语。并列关系的状语顺序是自由的，可以互换位置。例如：

这样做，对你、对我都有好处。

这样做，对我、对你都有好处。

（2）递加关系的多项状语：指几个状语彼此不互相修饰，而是依次修饰后边的中心语。如：

他昨天在教室里认真地写完了作业。

递加关系的多项状语的排列比较灵活，但也有一定的规律。一般顺序是：

①表示时间的状语，

②表示语气、关联句子的状语，

③描写动作者的状语，

④表示目的、依据、关涉、协同的状语，

⑤表示处所、空间、方向、路线的状语，

⑥表示对象的状语，

⑦描写动作的状语。

例如：

她为了通过考试在家复习了一整天。
         ④   ⑤

我前天在路上意外地碰见了多年没见的老朋友。
   ①   ⑤   ⑦

我们下午在教室里对这个问题进行了讨论。
     ①   ⑤   ⑥

【五37】状态补语2：动词/形容词+得+短语

动词、形容词也可以带状态补语，说明由于某种动作或性状而出现的状态。充当状态补语的一般是动词短语。例如：

他跑得满头大汗。

第一次看到雪，我激动得又哭又笑。

我们笑得肚子都疼了。

她伤心得哭了起来。

孩子得了冠军，父母乐得嘴都合不上了。

女儿半夜还没回来，妈妈在房间里急得走来走去。

形容词性成分作状态补语时，一般表示评价，可以用"怎么样"进行提问；动词性成分作状态补语时，带有很强的描写色彩，一般不用"怎么样"提问。例如：

A：她中文说得怎么样？

B：她中文说得很流利。

A：*第一次看到雪，你激动得怎么样？（第一次看到雪，你激动吗？）

B：第一次看到雪，我激动得又哭又笑。

四、句群

【五70】句群：用代词复指

用代词复指是句群连接的重要手段。具体来说，有三种情况：

（1）用人称代词复指

这个小伙子是我们学校的英国留学生。他来中国之前，在英国学过一点儿中文，他觉得中文很有意思。去年公司派他来中国学习中文，现在还想让他留在中国分公司工作。（用人称代词"他"复指第一句中的"这个小伙子"）

网络对我们的生活越来越重要。它随时告诉我们每天世界各地发生的新闻，很多人不出门就能通过它买东西、跟朋友交流，它让生活变得越来越方便。（用人称代词"它"来复指第一句中的"网络"）

（2）用指示代词复指

中国的南方人喜欢喝一种酒。这种酒是用米做的，味道甜甜的，大人小孩儿都能喝。这也是北方人去南方旅行之后喜欢买的东西之一。（用指示代词"这"复指第一句中的"一种酒"）

我的家乡在中国的南方。那是一个小城市，景色很漂亮，很适合旅游。我在那儿出生、长大，一直到十六岁才离开。那也是我最喜欢的城市。（用指示代词"那、那儿"复指第一句中的"我的家乡"）

（3）各种代词相间使用

《现代汉语词典》一书是中国语言研究人员多年的成果，2016年9月出版了第7版。这不仅是全世界华人学习现代汉语最重要的词典之一，同时也被称为世界上许多国家和地区的人们研究和学习汉语的"标准"。至今，《现代汉语词典》除了中国版以外，还拥有多个国外版。它的出版，对促进国内外学术交流和合作起到了积极的作用。(用指示代词"这"和人称代词"它"复指第一句中的《现代汉语词典》)

【五71】句群：带省略成分

（1）省略主语(为了说明方便，我们用Ø标记省略成分)

Ø决定出国留学，我不得不和父母告别，想到以后再也没有人保护我、关心我，Ø心里有些担心。Ø离开家乡的那一天，亲人们都来机场送我，Ø带着他们的祝福和希望，我登上了前往中国的航班，Ø开始了我的留学生活。(出现Ø的地方都省略了"我")

（2）省略宾语

世界上的任何事物都永远在运动、变化、发展，语言也是。语言的变化，包括语音、词汇和语法，短时间内不容易发现Ø，日子长了就表现出来了。(Ø处省略了"这些变化")

语法术语缩略形式一览表

缩略形式 Abbreviations	英文名称 Grammar Terms in English	中文名称 Grammar Terms in Chinese
Adv	Adverb	副词
Adj	Adjective	形容词
AP	Adjective Phrase	形容词性短语
L	Location	处所
M	Measure Word	量词
M名	Noun-Classifier	名量词
M动	Verb-Classifier	动量词
M时	Time-Classifier	时量词
N方位	Location Noun	方位名词
N	Noun	名词
NP	Noun Phrase	名词性短语
Num	Numeral	数词
NumP	Numeral Phrase	数量短语
O	Object	宾语
P	Predicate	谓语
Pron	Pronoun	代词
QPr	Question Pronoun	疑问代词
Prep	Preposition	介词
S	Subject	主语
T	Time	时间
V	Verb	动词
VP	Verb Phrase	动词性短语
V心理	Psychological Verb	心理动词
V单	Monosyllabic Verb	单音节动词
V双	Disyllabic Verb	双音节动词
C	Complement	补语
C动	Verb-Classifier Complement	动量补语
C时	Time-Classifier Complement	时量补语
C数	Quantitative Complement	数量补语

索 引

语法点	等级	页码
B		
"把"字句		
表处置：主语＋把＋宾语＋动词＋动量补语/时量补语	四级	72
表处置：主语＋把＋宾语＋动词＋了	五级	213
表处置：主语＋把＋宾语＋动词（＋一/了）＋动词	四级	69
表处置：主语＋把＋宾语（＋给）＋动词＋了/着	四级	70
表处置：主语＋把＋宾语＋一＋动词	五级	212
表处置：主语＋把＋宾语＋状语＋动词	五级	210
表处置：主语＋把＋宾语1＋动词＋宾语2	五级	215
表致使：主语＋把＋宾语（施事）＋动词＋其他成分	六级	334
表致使：主语（非生物体）＋把＋宾语＋动词＋其他成分	六级	332
被动句		
意念被动句	五级	216
主语＋被＋动词＋其他成分	四级	73
主语＋被/叫/让＋宾语＋给＋动词＋其他成分	六级	335

语法点	等级	页码
比较句		
A＋形容词＋B＋数量补语	五级	222
跟……相比	五级	221
并列复句		
不是……，而是……	四级	82
既……，又/也……	四级	84
时而……，时而……	六级	336
一时……一时……	六级	337
C		
承接复句		
……便……	六级	338
首先……，其次……	四级	85
……，于是……	四级	87
程度补语		
动词/形容词＋坏/透＋了	五级	207
形容词/心理动词＋得＋不得了/慌/厉害	五级	205
程度副词		
格外	四级	5
过于	五级	133
极、极其	四级	6
可[1]	五级	135
稍	五级	136
稍微	五级	137

381

语法点	等级	页码
特	六级	261
异常	六级	262
尤其	五级	139
存现句		
表示出现：处所词＋动词＋趋向补语／结果补语＋动态助词（了）＋数量短语＋人／物	四级	75
表示消失：处所词＋动词＋结果补语＋动态助词（了）＋数量短语＋人／物	四级	76

D

语法点	等级	页码
递进复句		
不但不／不但没有……，反而……	六级	339
不是……，还／还是……	六级	341
连……也／都……，……更……	六级	342
……，甚至……	四级	88

E

语法点	等级	页码
二重复句		
单句＋复句；复句＋单句	五级	240
复句＋复句	六级	353

F

语法点	等级	页码
范围副词		
大都	五级	140
范围、协同副词		
共	四级	8
尽	六级	263
净	六级	265

语法点	等级	页码
一齐	六级	266
一同	六级	268
方式副词		
不禁	六级	274
赶忙	六级	276
亲眼	六级	277
特地、特意	六级	278
偷偷	五级	153
否定副词		
未必	四级	19

G

语法点	等级	页码
固定短语		
A来A去	五级	182
A这A那	六级	313
A着A着	五级	183
不得了	五级	189
不敢当	五级	190
不怎么	六级	315
不怎么样	六级	317
大A大B	四级	46
得了	五级	191
好（不）容易	六级	318
或A或B	六级	310
就是说／这就是说	六级	321
看来	四级	49
来不及	四级	51
来得及	四级	50

语法点	等级	页码
没 A 没 B	五级	184
那倒（也）是	六级	319
说 A 就 A	五级	186
说不定	四级	52
算了	六级	322
无 A 无 B	六级	311
一 A 一 B	四级	47
一般来说	四级	54
用不着	五级	193
有 A 有 B	五级	187
左 A 右 B	六级	314
固定格式		
A 的 A，B 的 B	五级	198
A 一 + 量词，B 一 + 量词	六级	324
从……来看	五级	194
到……为止	五级	195
东一 A，西一 A	六级	326
够……的	五级	196
拿……来说	五级	197
为了……而……	六级	327
一 + 量词 + 比 + 一 + 量词	四级	55
由……组成	四级	57
在……方面	四级	58
在……看来	五级	200
在……上	四级	60
在……下	四级	61
在……中	四级	62

语法点	等级	页码
（自）……以来	四级	56
关联副词		
便	六级	273
却	四级	18
J		
假设复句		
……，否则……	四级	92
假如……，（就）……	四级	94
万一……，（就）……	四级	95
……，要不然 / 不然……	六级	346
要是……，（就）……，否则……	五级	228
一旦……，就……	五级	226
兼语句		
表爱憎义：主语 + 表扬 / 批评 + 宾语1 + 动词 + 宾语2	四级	78
表称谓或认定义：主语 + 叫 / 称（呼）/ 说 / 收 / 选 + 宾语1 + 做 / 为 / 当 / 是 + 宾语2	四级	79
表致使：主语 + 叫 / 令 / 使 / 让 + 人称代词 + 动词短语	五级	219
结构类型		
数词 + 形容词 + 量词	六级	309
结构助词		
所	六级	304
介词		
表示排除：除	六级	293
引出对象：对于	四级	31

语法点	等级	页码	语法点	等级	页码
引出对象：关于	四级	32	**口语格式**		
引出对象：替	四级	34	不管怎样说	五级	251
引出对象：同¹	六级	288	不 X 白不 X	四级	116
引出对象：与¹	六级	290	不 X 不……，一 X……	六级	359
引出对象：至于	六级	291	动词＋什么（就）是什么	六级	361
引出方向、路径：沿（着）	六级	287	动词＋一 X 是一 X	四级	117
引出目的、原因：因	六级	292	放着 X 不 Y	六级	365
引出凭借、依据：根据	四级	35	还 X 呢	四级	123
引出凭借、依据：据	六级	295	好你个 X	六级	360
引出凭借、依据：凭	五级	171	看你 X 的/瞧他 X 的	五级	252
引出凭借、依据：依据	五级	173	看/瞧把＋宾语（施事）＋X 得	六级	364
引出凭借、依据：依照	五级	174	（没）有什么（好）X 的	四级	118
引出凭借、依据：作为	四级	36	你 X 你的吧	四级	124
引出施事：由²	五级	170	让/叫你 X 你就 X	四级	125
引出时间、处所：随着	五级	168	什么 X 不 X（的）	五级	256
引出时间、处所：于	六级	286	说什么/怎么（着）也得 X	四级	126
引出时间、处所：自	四级	30	X 到 Y 头上来了	六级	356
引出受事：将	五级	169	X 归 X，Y 归 Y	五级	250
紧缩复句			X 就是了	四级	122
不……不……	六级	351	X 就 X 吧	六级	357
不……也……	四级	106	X 来 X 去，都是/就是……	六级	366
没有……就没有……	五级	237	X 了就 X 了，（没）有……	六级	367
无标记	四级	105	X 什么 X	五级	255
再……也……	五级	239	X 是它，Y 也是它	五级	247
K			X 是 X	六级	358
可能补语			X 是 X，Y 是 Y	四级	119
动词＋得/不得	五级	204	X 也不是，Y 也不是	五级	245

语法点	等级	页码
X 也得 X，不 X 也得 X	四级	121
X 也 X 不得，Y 也 Y 不得	五级	246
X 着也是 X 着	五级	249
早（也）不 X，晚（也）不 X	六级	362
这/那也不 X，那/这也不 Y	六级	368
真有 X 的	五级	253
L		
连词		
连接词或短语：并²	四级	38
连接词或短语：而²	六级	296
连接词或短语：同²	六级	297
连接词或短语：以及	四级	39
连接词或短语：与²	六级	299
连接分句或句子：不料	六级	300
连接分句或句子：此外	四级	40
连接分句或句子：从而	五级	175
连接分句或句子：而¹	四级	42
连接分句或句子：加上	五级	177
连接分句或句子：可³	六级	301
连接分句或句子：若	六级	302
连接分句或句子：完了	五级	178
连接分句或句子：一旦	五级	179
连接分句或句子：总之	四级	43
连动句		
前后两个动词性词语具有因果、转折、条件关系	五级	218

语法点	等级	页码
M		
目的复句		
……，好……	四级	103
……，为的是……	五级	235
……，以便……	五级	236
N		
能愿动词		
得	四级	3
P		
频率、重复副词		
偶尔	五级	151
一再	四级	15
再次	五级	152
再三	四级	17
Q		
其他助词		
似的	四级	44
也好	五级	180
强调的方法		
用反问句表示强调：由疑问代词构成的反问句	四级	110
用"非……不可"表示强调	六级	354
用副词"可"表示强调	五级	243
用"连……也/都……"表示强调	四级	114
用双重否定表示强调	四级	112

语法点	等级	页码
用"一＋量词（＋名词）＋也（都）/ 也没（不）……"表示强调	四级	113
用"再也不 / 没"表示强调	五级	242
用"怎么都 / 也＋不 / 没"表示强调	五级	244
情态副词		
几乎	四级	20
仿佛	六级	279
似乎	四级	22
趋向补语		
表示结果意义（引申用法）：动词＋出	四级	65
表示结果意义（引申用法）：动词＋起	四级	66
表示结果意义（引申用法）：动词＋上	四级	64
表示结果意义（引申用法）：动词＋下	四级	67
表示时间意义（引申用法）表示动作行为的持续：动词＋下去 / 下来	五级	202
表示时间意义（引申用法）表示动作行为的开始：动词＋上 / 起来	五级	201
表示状态意义（引申用法）：动词＋过来 / 过去	六级	331
表示状态意义（引申用法）：动词＋起来	六级	329

语法点	等级	页码
表示状态意义（引申用法）：形容词＋下来 / 下去	六级	328

R

语法点	等级	页码
让步复句		
即使……，也……	五级	233
就算 / 就是……也……	六级	349
哪怕……，也 / 还……	四级	102
人称代词		
人家	四级	4

S

语法点	等级	页码
时间副词		
按时	四级	9
不时	五级	141
即将	四级	10
急忙	四级	11
渐渐	四级	13
将	五级	142
将要	五级	144
尽快	四级	14
仍旧	五级	145
时常	五级	146
时刻	五级	147
时时	六级	269
依旧	五级	148
一向	五级	150
一时	六级	271
早晚	六级	272

语法点	等级	页码
"是……的"句		
强调说话人的看法或态度	四级	81
数的表示法		
概数表示法：数词＋来＋量词	四级	107
小数、分数、百分数、倍数的表示法	四级	109

T

语法点	等级	页码
叹词		
啊²	四级	45
条件复句		
不管……，都/也……	四级	97
除非……，才……	五级	229
除非……，否则/不然……	五级	231
凡是……，都……	六级	348
无论……，都/也……	四级	98

X

语法点	等级	页码
选择复句		
或是……，或是……	五级	223
或者……，或者……	四级	90
要么……，要么……	六级	343

Y

语法点	等级	页码
因果复句		
既然……，就……	四级	99
……，可见……	四级	101
……，因而……	五级	232
"有"字句		
表示存在、具有：主语＋有＋着＋宾语	五级	208

语法点	等级	页码
表示附着：主语＋动词＋有＋宾语	五级	209
语气副词		
毕竟	五级	154
不免	五级	156
才³	六级	281
差（一）点儿	五级	157
倒是	五级	158
的确	四级	23
反而	四级	24
干脆	五级	160
刚好	六级	282
还⁴	四级	26
竟然	四级	27
究竟	四级	28
就⁴	五级	161
居然	五级	162
可²	五级	163
明明	五级	165
偏	六级	284
恰好	六级	285
总算	五级	166
语气助词		
罢了	六级	305
啦	六级	306
嘛	六级	308

387

语法点	等级	页码
Z		
指示代词		
本	六级	259
彼此	五级	131
此	六级	260

语法点	等级	页码
如此	五级	132
转折复句		
尽管……，但是／可是……	五级	225
……，然而……	四级	91